Nicolaus Sombart
Nachdenken über Deutschland

SERIE PIPER
Band 596

Zu diesem Buch

»Deutschland« und die deutsche Geschichte sind wieder ein Thema geworden. Angefangen von der Auseinandersetzung über ein deutsches Nationalmuseum in Berlin bis hin zum Streit über die richtige Behandlung der deutschen Geschichte in den Schulen – über Deutschland wird wieder nachgedacht. Der bekannte Publizist Nicolaus Sombart tut dies in den Aufsätzen des vorliegenden Buches mit Schwerpunkt auf dem Wilhelminischen Zeitalter, das auch für unsere Vorstellungen von Deutschland in vielem noch bestimmend ist. Sombart behandelt dabei Wissenschaftler wie Max Weber, Sigmund Freud oder seinen Vater Werner Sombart ebenso wie Politiker wie Fürst Eulenburg oder Kaiser Wilhelm II. Dieser ist Mittelpunkt zweier Arbeiten, in denen der Versuch unternommen wird, ein Bild des Kaisers jenseits der gängigen Klischees zu zeichnen. Beiträge über den »Nachkriegswilhelminismus« der Weimarer Republik und des »Dritten Reiches« runden den Band ab. Ein historisches Buch, aus dem man auch viel über die deutsche Gegenwart lernen kann.

Nicolaus Sombart, geboren 1923 in Berlin, Studium der Philosophie, Soziologie und Staatswissenschaften, Promotion 1952 bei Alfred Weber. Von 1954 bis 1972 Leiter der Kulturabteilung des Europarates in Straßburg. Seit 1983 Lehrbeauftragter an der Freien Universität Berlin. Er veröffentlichte u. a. das vielbeachtete Erinnerungsbuch »Jugend in Berlin« (1983). Sombart arbeitet derzeit an einer Studie über Wilhelm II.

Nicolaus Sombart

Nachdenken über Deutschland

Vom Historismus zur Psychoanalyse

Piper
München Zürich

ISBN 3-492-10596-3
Originalausgabe
Januar 1987
© R. Piper GmbH & Co. KG, München 1987
Umschlag: Federico Luci,
unter Verwendung von
Fotos des Süddeutschen Bilderdienstes
Foto Umschlagrückseite: Pressebilderdienst
Kindermann & Co, Berlin
Gesamtherstellung: Clausen & Bosse, Leck
Printed in Germany

Inhalt

Vorwort: Nachdenken über Deutschland   7

I. Ohnmacht des Geistes

Werner Sombart: Sozialismus und soziale Bewegung
im 19. Jahrhundert 14
Max Weber und Otto Gross: Zum Verhältnis von
    Wissenschaft, Politik und Eros im Wilhelminischen
    Zeitalter 22
Freuds Vienna 52
Walther Rathenau – Maximilian Harden
    Zur Edition ihres Briefwechsels 62

II. Mechanismen der Macht

»Kein Nationalstaat« 74
Kaiser Wilhelm II. in neuer Sicht (1) 77
Kaiser Wilhelm II. in neuer Sicht (2) 88
Fürst Philipp zu Eulenburg-Hertefeld (1)
    Zum zweiten Band seiner politischen
    Korrespondenz 96
Fürst Philipp zu Eulenburg-Hertefeld (2)
    Zum dritten Band seiner politischen Korrespondenz . . 114
»Prinz Kuckuck«
    Der Zeitroman des Wilhelminismus 122
Räuber und Gendarmen
    Zur Psychologie der Anarchismusangst 134

III. Aspekte des Nachkriegswilhelminismus

Ernst Jünger: Der Arbeiter
   Zur Neuauflage 1964 144
Winifried Wagner
   Zu Hans Syberbergs Film 162
Wir sind mit Hitler noch lange nicht fertig 175
Alfred Weber: Der dritte oder der vierte Mensch 186
Carl Schmitts Endspiel: Der Partisan 196

Statt eines Nachwortes:
Vom Historismus zur Psychoanalyse
   Standortbestimmung 1968 203

Quellenverzeichnis 214

Vorwort:
Nachdenken über Deutschland

Als ich am 1. September 1939 mit der sensationellen Nachricht vom Einmarsch der deutschen Truppen in Polen aus der Schule zu meinem Vater rannte, sagte er, nachdem er mich gefragt hatte, ob ich wisse, was das bedeute, die schrecklichen Worte: »Das ist das Ende Deutschlands!« Alles – so schrieb ich in meinem Erinnerungsbuch »Jugend in Berlin 1933–43« – was ich seitdem in meinem Leben getan habe, kann eigentlich als der Versuch angesehen werden, die Bedeutung dieser apokalyptischen Worte meines Vaters zu ergründen, die wenige Jahre darauf eine so schreckliche Verifikation gefunden haben.

Die Sammlung von Aufsätzen, die hier unter dem Titel »Nachdenken über Deutschland« erscheint, ist ein Zeugnis dieser permanenten Bemühung. Es handelt sich um Beiträge zur Erforschung der mentalen, psychischen und sozialen Voraussetzungen des »Deutschen Sonderweges« – mit anderen Worten des Weges der Deutschen in den Untergang.

Eine Veröffentlichung dieser Texte im Jahre 1986 findet ihre Rechtfertigung auch darin, daß im Zuge der Vorarbeiten zur Konzeption des »Deutschen Historischen Museums« in Berlin die deutsche Öffentlichkeit zu einer Diskussion über die Akzentsetzungen eines neuen Selbstverständnisses der Deutschen und Sinndeutung ihrer Geschichte aufgerufen ist. Als ob es nicht seit vierzig Jahren darum ginge! Nichts scheint jedoch schwieriger, als sich von den Zwängen überlieferter Denkschablonen zu befreien, in denen sich tief eingeschliffene mentale Strukturen perpetuieren. Das Nachdenken über Deutschland bedarf immer wieder neuer Anstöße.

Die vorliegenden Arbeiten haben eines gemeinsam: sie respektieren weder die Tabus der Rechten noch die der Linken. Tabuverletzung ist der Preis der Aufklärung – es gibt keinen anderen Zugang zur Wahrheit. Die Respektlosigkeit gilt auch den Territorialansprüchen und Grenzkämpfen der sogenannten Disziplinen. Sie geht – wie sich gezeigt hat – bis zur Selbstzerstörung in der Mißachtung der Herrschaftsansprüche und des Deutungsmonopols der »Zunft«. Aber die deutsche Geschichte ist eine zu ernste Sache, als daß man sie den Historikern überlassen könnte. Daß wir immer noch ein von Vorurteilen verzerrtes Bild von ihr haben, ist weitgehend deren Schuld.

Welches auch immer im einzelnen das Thema sei, es läßt sich aus der bunten Vielfalt der Texte eine Grundidee herauslesen, die ihnen – ob *idée fixe* oder *idée force* – ihre substantielle Einheit gibt: Die Überzeugung von der Bedeutsamkeit der Wilhelminischen Epoche.

Man kann weder die Weimarer Zeit, noch Hitlerdeutschland, noch auch unser Nachkriegsdeutschland mit seinen zwei Staaten verstehen, wenn man nicht zuerst ein klares Bild vom Wilhelminischen Reich – vom Zweiten Deutschen Reich, vom Reiche Bismarcks, oder wie immer man dieses politische Gebilde nennen will, das 1871 in Versailles begründet und 1919 in Versailles sein Ende gefunden hat – gewonnen hat, in dessen Bann wir bis heute noch stehen und dessen ungelöste und vielleicht unlösbare Probleme das deutsche Geschick – oder müssen wir sagen, Mißgeschick – determiniert haben.

Christoph Stehling prägte, in den 30er Jahren, die Formel vom »Nachkriegswilhelminismus« und meinte die Weimarer Zeit. Wenn wir auch weit davon entfernt sind, der konfusen Reichsmystik des Schweizer Apostaten irgendeinen Geschmack abgewinnen zu können, so müssen wir neidlos anerkennen, daß er mit dieser Formulierung etwas Wesentliches getroffen hat, die Tatsache nämlich, daß die Wilhelminische Ära nicht 1918 mit dem Untergang des Bismarckschen Staates beendet war. Sie war es auch nicht 1933 oder 1945, sondern prägte auch noch unsere Nachkriegszeit bis zur definitiven Teilung Deutschlands in zwei Staaten. Die Wilhelminische Ära umfaßt ein Säkulum der deutschen Geschichte. Das ist nicht nur eine Frage der »Periodisierung«, sondern eines verschärften Problembewußtseins.

Wir leben bis heute von der politischen und kulturellen Erbmasse des Wilhelminischen Reiches und werden nicht fertig mit der Aufarbeitung der Widersprüche, an denen es gescheitert ist. Zweifellos müssen wir die Teilung Deutschlands in zwei Staaten, in denen sich die alten Bürgerkriegsparteien, jetzt geographisch auseinanderdividiert, gegenüberstehen, in diesem Sinne verstehen – als positiven Problemlösungsansatz, mit dem der offenbar vergebliche Versuch, eine nationale Identität zu schaffen – »ein Reich, ein Volk, ein Kaiser« – zugunsten eines pluralistisch-föderativen, den Deutschen gemäßeren Ordnungsmodells – »les Allemagnes« – aufgegeben wird. Ihre definitive Anerkennung würde in der Tat einen epochalen Paradigmawechsel – und somit das Ende der Wilhelminischen Ära – einleiten. Vorläufig setzt sich diese in der Rivalität um eine nationalstaatliche Sinndeutung der deutschen Geschichte auf gespenstische Weise fort.

Das scheint sich langsam herumzusprechen. Das Interesse an der Epoche des deutschen Kaiserreiches ist ungebrochen. Unzählige Publikationen und Ausstellungen bezeugen es. Man könnte denken, daß sich aus der Fülle partieller Einsichten, die man durch verdienstvolle Einzelforschung auf immer neuen Sondergebieten in die gesellschaftlichen Verhältnisse und kulturellen Zusammenhänge der großen Wendezeit um 1900 gewinnt, neue Perspektiven für ein deutsches Geschichtsverständnis ergeben, das nicht mehr von der Hypothek fortgeschleppter Fehleinschätzungen belastet wird. Aber es ist offenbar nicht leicht, gewisse Grunddogmen der deutsch-nationalen Historiographie aus der Welt zu schaffen.

Da genügt es nicht, endlich mit dem Bismarck-Mythos aufzuräumen, sondern man muß die Gründe dafür suchen, warum dieser Staat, der unter der Ägide Wilhelms II. so prosper, so produktiv, kulturell so vital wie kein anderer war, *politisch* scheitern mußte, was unweigerlich zu der Frage nach dem kulturellen Versagen seiner politischen, d. h. der militärisch-aristokratischen und dem politischen Versagen seiner kulturellen, der bürgerlich-akademischen Führungsschichten, führen muß.

Dabei stoßen wir notgedrungen auf ein zentrales Problem: das Mißverhältnis der Deutschen zur Macht. Es erklärt sich im Grunde aus einer Notlage.

Was die deutschen Machttheoretiker vom Schlage Max Webers und Carl Schmitts auszeichnet, ist ihre Distanz zur Macht. Sie denken aus dem Ressentiment der Ohnmächtigen, Entmachteten. Ihre Vorstellungen von »Macht« beziehen sie aus der Erfahrung der schmerzlich-verinnerlichten strukturellen Gewalt. Sie überwinden die narzißtische Kränkung, indem sie sich mit den Herrschaftsstrukturen der sozialen Führungsschicht identifizieren, deren Autorität sie in ihrem Über-Ich verinnerlicht haben. Dabei stehen sie ihnen – was ein Wissen von der Handhabung der Macht betrifft – ferner als deren Dienstboten.

Max Weber, der Soziologe des Wilhelminismus, hat den politisch-sozialen Funktionsmodus des »Reiches« in seiner berühmten und berüchtigten Definition des Staates auf den Begriff gebracht. Wir kennen den Satz alle auswendig, so oft haben wir ihn *ad nauseam* gehört: »Der Staat ist derjenige Verband, der das Monopol legitimer Gewaltsamkeit in Anspruch nimmt – anders ist er nicht zu definieren.« Doch das ist nicht alles – er sagt weiter: »Der Appell an die nackte Gewaltsamkeit der Zwangsmittel, nach außen nicht nur, sondern auch nach innen, ist jedem politischen Verband schlechthin wesentlich. Vielmehr: er ist das, was ihn für *unsere* politische Terminologie zum politischen Verband erst macht.« Lassen wir getrost dahingestellt, inwieweit diese Aussage (deren verbale Gewaltsamkeit in die Augen springt) in ihrer Verallgemeinerung Anspruch auf Gültigkeit erheben kann. Er ist eine exakte Beschreibung der politischen Zustände, die Max Weber am eigenen Leibe zu spüren bekommen hat. In ihrer Bezogenheit auf das Wilhelminische Deutschland können wir auch die Konsequenzen akzeptieren, die Max Weber aus seiner Theorie gezogen hat: »Gewalt und Bedrohung mit Gewalt gebiert ... nach einem unentrinnbaren Pragma allen Handelns unvermeidlich stets erneute Gewaltsamkeit.«

Dieses *Gewaltsamkeitspragma* ist das Gesetz, nach dem das Bismarcksche Reich angetreten ist, das sich innen- wie außenpolitisch als Gewaltstaat einen Platz in Mitteleuropa zu schaffen versucht hat. Seine »wissenschaftliche« Verklärung zum Kernstück eines spezifisch deutschen Politikverständnisses mit der dazugehörigen Verherrlichung der sogenannten Realpolitik war die Kehrseite des Bismarck-Mythos – die Unterwerfungsgebärde der deutschen *Intelligentsia* unter den Führungsstil der ostelbischen Junker.

Von der Macht wußten die Herren Professoren nichts. Ihre Theoreme haben etwas Monströses, Abstraktes, Weltfremdes und Widernatürliches. Sie hatten nur den Ehrgeiz, so zu denken wie die Mächtigen wohl denken müßten, so wie der kleine Moritz sich die Handhabung der Macht vorstellt, Machiavelli, Hobbes, und die »Gedanken und Erinnerungen« in der Hand. Tatsächlich bleibt die Macht für sie die große ominöse Unbekannte, das Faszinosum, das sie mit ihrem Denken umkreisen, wie die Schakale das Heerlager des Kalifen.

Auf die Fragen: wie reagieren die Objekte der Herrschaft – der »nackten Gewaltsamkeit der Zwangsmittel«, – wo bleibt die dem Gewaltpragma zufolge unausbleibliche Gegenreaktion, die von der Gewaltausübung ausgelöste Gewalt, – wie wird die Gewalt von den Betroffenen erlebt, erfahren, psychisch verarbeitet?, – bleibt uns diese Apologetik die Antwort natürlich schuldig.

Die Antwort finden wir nicht bei einem preußischen Ordinarius in Berlin, sondern bei dem Angehörigen einer unterdrückten Minderheit, bei einem Wiener Juden: dem Erfinder der Psychoanalyse.

Die Psychoanalyse können wir, seit Schorske, als Theorie der subversiven Entlarvung der gesellschaftlich-kulturellen Gewaltstrukturen auf Grund einer »Identifikation mit den Opfern« verstehen – während die Max Webersche Gewalttheorie auf der Identifikation mit dem Aggressor beruht. Die eine verabsolutiert die bewußte Seite der Beziehungen, die andere entdeckt ihre Folgeerscheinungen im Unbewußten.

Wir haben gelernt, daß ein wesentlicher Teil der durch Herrschaft aktualisierten Gewalterfahrung, der Reaktionen und Gegenreaktionen unter den gesellschaftlichen Zwängen in das Unbewußte abgedrängt wird, im Status der Unbewußtheit dabei jedoch nichts von seiner intrapsychischen und inter-personellen Dynamik verliert, im Gegenteil: die dort aufgestauten Kräfte determinieren, auf eine, man könnte sagen, hinterlistige Weise, die bewußt erlebten Interaktionsformen.

Die Theorie der »Macht« eines Max Weber weiß nichts davon, weil sie nichts von den Leiden der »Ohnmächtigen« weiß, obwohl sie selbst ein Produkt der Ohnmacht ist. Die Psychoanalyse hingegen thematisiert diese Ohnmacht – ihr originellster Beitrag zum Instrumentarium der Aufklärung ist die »Empathie«. Nur mit ihrer Hilfe wird die eigene Ohnmacht erträglich, weil transparent – aber es kommt auch etwas anderes in den Blick, was Weber auch nicht kennt: die »Ohnmacht der Mächtigen«.

Nur soviel zum Thema »Psychoanalyse« und warum sie uns immer mehr zu einem unerläßlichen Hilfsmittel eines tieferen Verständnisses des deutschen Geschickes geworden ist. Dort wo sich Wissenschaft heute noch gegen die Psychoanalyse sperrt, kann man sichergehen, daß sie Affinitäten zur Tradition des deutsch-nationalen Denkens hat. Der Widerstand gegen die Psychoanalyse ist bei denen am stärksten, die ihrer am meisten bedürftig sind.

Berlin 1986   Nicolaus Sombart

I. Ohnmacht des Geistes

Werner Sombart:
Sozialismus und soziale Bewegung im 19. Jahrhundert

»Wer kennt heute noch das schmale Heft mit der Niederschrift der Vorträge über *Sozialismus und soziale Bewegung im neunzehnten Jahrhundert*, die Werner Sombart 1896 in Zürich gehalten hatte, am selben Ort, an dem er ein Menschenalter später seine berühmte Rede zum Verein für Sozialpolitik über die *Wandlung des Kapitalismus* sprechen sollte? Wohl niemals ist eine *Editio Princeps* ihrer letzten Gestalt äußerlich und innerlich so unähnlich gewesen wie dies Heft dem zweibändigen Werk über den *Proletarischen Sozialismus*, das der Verfasser 1924 als seine ›zehnte, neubearbeitete Auflage‹ herausbrachte. Die zwei Bände sind, paradox genug, eine bittere Kampfschrift gegen den Marxismus; das Heft ist ein sehr behutsamer, in der Zeit des beginnenden ›Revisionismus‹ der Sozialdemokratie höchst geschickter Versuch, ihn von seiner ›sozialpolitisch-realistischen evolutionistischen‹ Seite als im Grunde deutsches (und englisches) Gegenstück zum Anarchismus und ›Putschismus‹ der Romanen und Russen zu zeigen.«[1]

Besser als Carl Brinckmann es mit diesen Worten getan hat, könnte man wohl kaum die ganz eigentümliche Bedeutung des Textes beschreiben, der hier, 70 Jahre nach seinem Erscheinen, in einer Neuauflage vorgelegt wird. Wäre er von einem anderen Autor und hätte er eine weniger seltsame Entwicklung genommen, ließe sich eine solche Wiederveröffentlichung wohl überhaupt nicht rechtfertigen. So aber hat man es mit einem Dokument zu tun, das selber zur Geschichte des Sozialismus und der sozialen Bewegung gehört, deren Darstellung es gewidmet ist.

Das Büchlein markiert einen ganz bestimmten Moment in

der Auseinandersetzung der deutschen Bourgeoisie und gleichzeitig auch der deutschen Universität mit den Kräften des Fortschritts; es erschien einer staunenden Umwelt als kühne Grenzüberschreitung, als bedenkliche Abweichung von bürgerlicher Denkungsart, als Annäherungsversuch an den Feind. Doch weckte es auch Hoffnungen und wurde verstanden als Signal einer politisch-geistigen Emanzipation.

Alfred Weber hat in einem 1941 im *Merkur* erschienenen Nachruf auf Werner Sombart mit großer Meisterschaft die Atmosphäre beschworen, in der die erste Auflage von *Sozialismus und soziale Bewegung* erfolgte:

»Wir Jüngeren alle standen damals vor dem Phänomen des Anwachsens des Sozialismus, konkret für Deutschland der Sozialdemokratie, die es trotz des Sozialistengesetzes von 1890 auf drei Millionen Wahlstimmen und bereits fünfunddreißig Abgeordnete gebracht hatte. Wir fühlten das daraufhin erfolgende Fallenlassen des Sozialistengesetzes als notwendigen, aber ungenügenden Schritt – ungenügend, auch wenn man ihn durch soziale Reformen ergänzte, die nicht zugleich auf psychische Eingliederung und gesellschaftliche Gleichstellung der Arbeiterklasse und ihrer Führer abzielten. Das unaufhörliche Vorbeisehen an der sozialistischen Arbeiterbewegung als vorhandener Wirklichkeit, bei dem Versuch, die Arbeiter durch ›gefüllte soziale Kompottschüsseln‹ von dieser ihrer Bewegung wegzulocken, schien uns trostlos. Sehen, was ist, und im nationalen Interesse durch Verstehen und dadurch geleitetes Handeln das Beste daraus zu machen, was möglich war, das schien uns der einzige Weg ...

Niemand hat dies Programm damals aus der Art seiner Persönlichkeit, seiner Gaben und seiner temperamentvollen Unbeirrtheit so durchaus erfaßt und in seinen Arbeiten so glänzend und umfassend durchgeführt wie Werner Sombart, dem seine damals ›oben‹ und in akademischen Kreisen keineswegs erwünschte Unbeirrtheit trotz anerkanntester Leistungen sechzehn Jahre des Festgeklebtseins an dem kleinen Extraordinariat in Breslau eintrug und ein Eingelassenwerden in das Gezäun der Universitätsordinariate erst mit dreiundfünfzig Jahren (1917) in Berlin. Man muß wissen, daß um 1890 wohl unaufhörlich Sozialpolitik im Deutschen Reich getrieben wurde, eine Geschichte des lebendigen Objektes dieser Sozialpolitik, der sozialen Bewegung aber und eine Interpretation des Entstehens, der Arten und des Wesens ihrer radikal revolutionären Ziele nicht vorhanden war, trotzdem man sich seit zwanzig Jahren um die Beseitigung dieses Radikalismus mühte. Die Kathedersozialisten hatten alles an empirischen Feststellungen geleistet, nur nicht die Feststellung, Beschreibung und Deutung des ganz lebendigen Sozialismus, den sie heilen wollten. Daher der außerordentliche Erfolg, daß Sombart in seinem zunächst schmalen Büchlein in kurzer, glänzender Darstellung und Deutung diese Lücke füllte! Man muß ferner wissen, daß der Begriff und das Wort Kapitalismus perhorresziert war. Das, was im Kommunistischen Manifest von Marx und Engels zur Grundlage des sozialistisch-evolutionären Glaubens der Arbeiterklasse gemacht worden war, des Evangeliums, das sich die Arbeitermassen des Kontinents erobert hatte, was dann im Marxschen *Kapital* in dialektisch verführerischer Form nach seiner Art und seiner Funktion einseitig analysiert war, das ungeheure geschichtliche Phänomen der kapitalistischen Wirtschaft und ihrer Evolutionstendenzen, existierte offiziell nicht. Man sprach statt dessen vom Vorherrschen des Händlertums und der Industrie, von ganz platten Außenseiten der geschichtlich-ökonomischen Dynamik, in deren einem, fraglich welchem, Stadium man sich befand und mit deren Wirkungen und Symptomen man überall kämpfte, ohne von ihrem Kern und Wesen etwas wissen zu wollen; lediglich deshalb nicht, weil es von anderer, nichtbürgerlicher Seite entdeckt und allerdings dann in demagogisch verzerrender Weise ausgedeutet war und politisch aufs äußerste gefährlich verwendet wurde. Eine heillos verrannte Situation. Sombart hat die deutsche Wissenschaft und die deutsche geistige Öffentlichkeit aus ihr gerettet.«

»Im Augenblick seines Erscheinens«, so berichtet Robert Michels, »erweckte das gescheite und lebendige Büchlein lebhaftes Interesse, zumal auch bei den ›Mitläufern‹ des Sozialismus, von denen alle in Sombart den großen Sympathisierenden, manche geradezu den kommenden sozialistischen Führer

erblickten.«² Friedrich Engels, mit dem der junge Sombart damals korrespondierte, hatte mit Erstaunen festgestellt:
»Es ist das erste Mal, daß ein deutscher Universitätsprofessor es fertigbringt, im ganzen und großen in Marxschriften das zu sehen, was Marx wirklich gesagt hat, daß er erklärt, die Kritik des Marxschen Systems könne nicht in einer Widerlegung bestehen – mit der mag sich der politische Streber befassen – sondern nur in einer Weiterentwicklung.«³

Nicht nur Engels und die Spitze der deutschen Sozialdemokratie, auch Lenin hatte sich mit der Sombartschen Schrift auseinandergesetzt, »Generationen russischer Studenten zumal Studentinnen haben sich an ihr sozialistisch gebildet«⁴.

Sombart – ein sozialistischer Führer? Das will einem nicht mehr recht in den Kopf, obwohl uns Michels ausdrücklich bestätigt, daß der Inhalt der Vorlesungen so gehalten war, »daß man Sombart, der diesen Eindruck durch spätere Schriften noch selber verstärken sollte, im allgemeinen wirklich als zu den Sozialisten gehörig rechnen mußte«⁴.

Daran, daß er seiner Generation, gleich welcher Couleur, sofort als in die Zukunft weisende Führerpersönlichkeit erschien, kann freilich kein Zweifel sein, und selbst wir spüren noch die tiefe Wirkung, die der junge Mann auf seine Altersgenossen ausübte, in dem schönen Porträt, das Alfred Weber von ihm hinterlassen hat:

»Sombart war eine Persönlichkeit von allerstärkstem Reiz und ungewöhnlichem Eindruck schon der äußeren Erscheinung. Als ich etwa Vierundzwanzigjähriger um 1891/92 im Verein für Sozialpolitik den um fünf Jahre älteren kennenlernte, der in der sozialen Luft des ›neuen Kurses‹ von 1890 vor kurzem, siebenundzwanzigjährig, außerordentlicher Professor in Breslau geworden war, eine überragend schlanke und doch kräftige Erscheinung von brünettem Typ mit merkwürdig groß und klar geformtem Kopf und bedeutenden, schönen, antikisch warmen Zügen, schon damals bei einem alles durchflutenden Temperament von einer durch Sachlichkeit, völlige Offenheit der Aufnahme und heitere Überlegenheit stets ruhigen Art, der eine eindrucksvoll plastische Form des Sprechens nicht nur in der Rede, sondern auch in der Unterhaltung zur

Verfügung stand, erschien er mir wie ein begnadeter Göttersohn, dem die Bedeutung in Gestalt und Gesicht geschrieben war und dem das Schicksal zur Genialität der Psyche und des Geistes auch die körperliche Form gegeben hatte, die seinem geistigen Sein entsprach, zugleich die Aura, die, so wenig professoral wie möglich, Männer aufs höchste interessieren und notwendig auch Frauen anziehen mußte.

Diese Erscheinung war ganz bewußt unbürgerlich, ja antibürgerlich, bis zum »épater le Bourgeois«. Sie war es nicht in irgendeinem Bohème-Sinne. Sie war es auch in einer Koinzidenz des Wesens mit einer historischen Lage, diese bewußt erfassend und für das Geistige vorwärtstreibend in sachlich äußerst relevantem Sinne.«

Ja, er war unbürgerlich. In Opposition zu einer konformistischen Vätergeneration, die ihr politisches Mitspracherecht im dynastischen Militärstaat um einer sehr problematischen sozialen Sekurität willen verpfändet hatte.

Die Zürcher Vorträge waren ein Protest gegen die offizielle »Sprachregelung« und verstießen damit gegen ein Tabu. Das war unerhört. Das klare Büchlein machte Sensation. Vom Erfolg getragen, folgte eine Auflage der anderen. 1899 schon lagen Übersetzungen in zwölf Sprachen, darunter ins Französische, Dänische, Italienische, Flämische, Englische, Schwedische, Polnische, Tschechische, Kroatische, Ungarische und Armenische, vor. Ins Russische wurde es gleich zweimal übersetzt. Bis 1906 sind Übersetzungen ins Spanische, Slowakische, Bulgarische und Japanische hinzugekommen. Allein in Rußland wurden 1905 in drei Monaten nicht weniger als 24 500 Exemplare der Sombartschen Schrift verkauft. Die deutsche Gesamtauflage belief sich um diese Zeit auf 33 000. Das ist selbst für heutige Verhältnisse viel und war auch damals durchaus beträchtlich. Der Autor war weltberühmt geworden.

Gleichzeitig hatte ein seltsamer Prozeß eingesetzt: Das Buch wandelte sich von Auflage zu Auflage. Es wurde nicht nur dikker, es wurde langsam ein völlig anderes Buch. 1924 waren aus 125 Seiten schließlich zwei dicke Wälzer von mehr als 1000 Seiten geworden, in denen das Gegenteil von dem gesagt wurde, was in der ersten Auflage stand. Es handelte sich immer noch um eine Darstellung und Deutung des Sozialismus und der sozialen Bewegung, gewiß, aber was für eine Darstellung und was für eine Deutung! Aus dem kecken Husarenstück eines bürgerlichen »fellow travellers« war ein umständlicher antisozialistischer Vernichtungsfeldzug geworden.

Was war geschehen? Hinter der erstaunlichen Metamorphose steckt offensichtlich mehr als das editorielle Schicksal einer erfolgreichen Jugendschrift, die immer umfassender, immer gründlicher, immer professoraler wird, um sich schließlich zu einem enzyklopädischen Standardwerk auszuwachsen. Das vielleicht auch. Warum aber wird aus einer Apologie des Marxismus ein Unternehmen zu seiner Diffamierung? Wie erklärt sich ein so radikaler Gesinnungswandel bei einem Autor, der zu ganz anderen Erwartungen Anlaß gab?

Man hat gesagt, das Lebenswerk Werner Sombarts stünde unter einem »Wandelstern«[5]. Das ist die liebenswürdig-euphemistische Interpretation einer Wandelbarkeit, über die man auch ein strengeres Urteil fällen kann. In einer unlängst erschienenen Monographie mit dem vielsagenden Titel *Werner Sombarts Weg vom Kathedersozialismus zum Faschismus* wird der Entwicklungsgang des »Wanderers zwischen Sozialismus und Kapitalismus« als der typische Weg eines »bürgerlichen Ökonomieprofessors im Zeitalter des Imperialismus und der ersten Etappe der allgemeinen Krise des Kapitalismus«[6] hingestellt, als etwas keineswegs Zufälliges also oder Beiläufiges.

Das kommt der Sache wohl näher. Denn der Weg von der mutigen Würdigung des Marxismus zu seiner Denunziation als »proletarischer Sozialismus« führte mit unheimlicher Konsequenz zu einem »Deutschen Sozialismus« und damit in die unmittelbare Nachbarschaft des Nationalsozialismus; eine Entwicklung, die zweifellos mehr ist als das Privatschicksal eines prominenten Einzelgängers. Wir können darin vielmehr den politisch-geistigen Werdegang, den alles Biographische transzendierenden Schicksalsweg einer ganzen Generation erkennen – jener für das deutsche Geistesleben so repräsentativen Generation, die den Ersten Weltkrieg gefeiert, die Möglichkeiten von Weimar verkannt und die Machtergreifung Hitlers nicht verhindert hat.

Schon Franz Mehring[7] hatte festgestellt, daß durch die Sombartsche Frühschrift, die nun wieder vorliegt, »einige nationalsoziale Luft« wehe. Das gibt zu denken. War der »Deutsche Sozialismus« schon darin angelegt? Wenn ja, inwiefern? Diese Frage aufwerfen heißt, hinter den Text und ihren Autor zurückfragen, um zu versuchen, ihren geistesgeschichtlichen und wissenssoziologischen Stellenwert im geschichtlich-gesellschaftlichen Kontext der Wilhelminischen Ära zu bestimmen.

Eine Analyse, die vorzunehmen hier nicht möglich war, würde im Ergebnis uns einen liberalen Universitätsprofessor präsentieren, den typischen Exponenten der entmachteten und entmündigten deutschen Bourgeoisie, zwischen den »Machthabern« und den »Trägern der sozialen Bewegung« scheinbar vermittelnd, in Wahrheit aber schon hoffnungslos auf der falschen Seite.

In völliger Verkennung seiner eigenen politischen Lage konnte der linke Flügel der Bourgeoisie einen Augenblick lang hoffen, zwischen den beiden Polen des epochalen Antagonismus, zwischen »Staatssozialismus« und »sozialer Revolution« – zwischen Bismarck und Marx, um es auf die kürzeste Formel zu bringen – in der »Sozialen Reform«, ähnlich wie der rechte Flügel der Sozialdemokratie im »Revisionismus«, einen möglichen Kompromiß gefunden zu haben, um die unausweichliche Auseinandersetzung zu entschärfen.

Das erwies sich als Irrtum. Man vergaß, daß bei dem Fehlen demokratischer Institutionen, die das Werk der in Deutschland nicht stattgehabten bürgerlichen Revolution hätten sein müssen, eine Radikalisierung des Konfliktes unausweichlich war, und geriet in den Sog einer Dialektik, in dem der naive Glaube an den Staat, als über den Klasseninteressen stehendem Sachwalter des Gemeinwohles, notgedrungen zu einer Option für diejenigen führte, die, nachdem sie erst einmal die bürgerliche Freiheit verhöhnt und mit Füßen getreten hatten, entschlossen sein mußten, jeden Freiheitsanspruch im Dienste der Erhaltung anachronistischer Machtpositionen zunichte zu machen.

Werner Sombarts Schrift ist somit eine interessante Wegmarke für jeden, der um das Verständnis jenes erstaunlichen nationalen Mißgeschickes bemüht ist, das von Bismarck zu Hitler, aus der Wilhelminischen Ära in den Abgrund der Niederlage von 1945 geführt hat. Die Neuauflage 1966 gehört nicht zu einer spätbürgerlichen Sombart-Renaissance, sondern möchte als Beitrag zur Diskussion der »deutschen Frage« verstanden werden.

Anmerkungen

1 Carl Brinckmann: *Werner Sombart*, in: *Weltwirtschaftliches Archiv*, Juli 1941, S. 4,
2 Robert Michels: *Bedeutende Männer*, Leipzig 1927, S. 143.
3 Friedrich Engels, in: *Das Kapital*, Band III, Nachtrag, Berlin 1953.
4 Robert Michels, a. a. O.
5 Joseph Windschuh: *Wanderer zwischen Kapitalismus und Sozialismus*, in: *Männer, Traditionen, Signale*, 1940.
6 Werner Krause: *Werner Sombarts Weg vom Kathedersozialismus zum Faschismus*, Berlin 1962.
7 Franz Mehring: *Politik und Sozialismus*, in: *Die Neue Zeit*, Stuttgart 1897, 15. Jg. Band 1, Nr. 15.

Max Weber und Otto Gross:
Zum Verhältnis von Wissenschaft, Politik und Eros im Wilhelminischen Zeitalter

I

Ein außergewöhnliches Buch, in der Tat, das es hier anzuzeigen gilt[1]. Nichts freilich ist irreführender als sein Titel, hinter dem man alles vermuten kann, nur nicht eine der scharfsinnigsten Analysen der deutschen Sozial- und Geistesgeschichte der letzten 100 Jahre. Die Fülle des Materials und der Perspektiven macht freilich eine Darstellung des Inhalts schwer. Wir werden uns auf wenige Schwerpunkte konzentrieren müssen. Zuvor ein paar allgemeine Bemerkungen.

Obwohl es sich um ein streng wissenschaftliches Buch handelt, ist es ein außerordentlich persönliches, ja intimes Buch. Obwohl es seine Thematik mit systematischer Gründlichkeit behandelt, ist es geschrieben wie ein Roman. Historische, soziale, biographische, psychologische und tiefenpsychologische Fakten sind hier zu einer außerordentlichen Synthese gebracht, die man etwas despektierlich als eine Kombination von höherem Klatsch und Geschichtsphilosophie bezeichnen könnte.

Der außergewöhnliche Reiz des Buches freilich liegt darin, daß es ein Buch der Demystifikationen und Enthüllungen ist. Es wäre unerträglich in seiner Indiskretion, wenn der Mut zur Grenzüberschreitung und Tabuverletzung nicht die methodologische Voraussetzung dafür wäre, Denkgewohnheiten und Konventionen zu durchdringen und zu einer höheren Stufe der Einsicht zu gelangen. Der Durchbruch ist einem entscheidenden Umstand zu verdanken: den Errungenschaften der Psychoanalyse; *sie* liefert dem Autor die Methode für eine Gruppenbiographie, in der Gruppenanalyse und Familienanalyse im klinischen Sinne den wissenschaftlich sauberen Nachweis der Verbindung von Individualschicksal und Zeitgeist – sonst immer nur Sache hypothetischer Vermutungen und Spekulationen – erlauben. Was sich da ganz harmlos als »Frauenbuch« anbietet, ist ein wichtiger Beitrag zur Wissenschaftsgeschichte um die Jahrhundertwende. Zum mindesten aber ist es ein Buch über »Wissenschaftler« – fast alle männlichen Protagonisten sind Universitätsprofessoren, und alle Damen Professorenfrauen.

Wie immer man die Akzente setzen mag: Dieses von einem Amerikaner für Amerikaner geschriebene Buch ist in erster Linie ein Buch für Deutsche über Deutschland, von einem Manne geschrieben, der von dem leidenschaftlichen Wunsche besessen ist, herauszubekommen, wie es eigentlich in Deutschland zu Hitler gekommen ist – der Deutschland liebt und haßt, wie es nur ein Jude kann, der dort seine geistige Heimat verloren hat. Im übrigen wäre es unfair, dem Leser wie dem Autor gegenüber, wenn ich nicht eingangs eingestehen würde, daß mich dieses Buch nicht nur darum so außerordentlich gefesselt hat, weil ich es gerne selber geschrieben hätte. Für den Sohn eines königlich-preußischen Universitätsprofessors und Enkel eines deutsch-nationalen Reichstagsabgeordneten, den letzten Doktoranden von Alfred Weber, der in Heidelberg noch lange Jahre im Haus von Frau Jaffe und Marianne Weber ein- und ausgegangen ist, handelt es sich einfach um »Familiengeschichte« mit allem was das bedeutet. So will ich von vornherein einräumen, daß ich in meinem Urteil vielleicht nicht ganz unbefangen bin.

II

Um seine Figuren zu plazieren, entwirft Martin Green eine weiträumige Topographie der politischen und geistigen Landschaft des Deutschlands der Jahrhundertwende. Das soziale, kulturelle und soziologische Kräftefeld, in dem sich die Personen bewegen, wird von drei geistigen Zentren beherrscht: Berlin, Heidelberg und München. Wenn es wirklich nur um Frieda und Else von Richthofen ginge, wie es uns der Titel glauben machen möchte, wäre diese Exposition völlig disproportioniert. Aber es geht ja gar nicht um die beiden Damen.

Berlin, das ist die Zentrale der Macht, des Staates, einer patriarchalisch-autoritären Gesellschaftsordnung: der Mittelpunkt all dessen, was man mit dem Namen Preußen bezeichnen kann und dessen Symbolgestalt *Bismarck* heißt. *Heidelberg*, geographisch-politisch dem liberalen Südwestdeutschland zugehörig, bezeichnet den Ort der liberalen Opposition, die der Macht Aufklärung und Reform, der Herrschaft Rationalität und Wissenschaftlichkeit entgegenstellt und als dessen symbolische Figur uns, durchaus treffend, *Max Weber* vorgestellt wird. *München* (und innerhalb Münchens die Bohème Schwabings) markiert den Pol der antipreußischen, künstlerisch-ästhetischen, literarisch-unwissenschaftlichen, sexuell subversiven Revolte. Der vordergründigen Disposition des Buches nach erscheint der englische Schriftsteller *D. H. Lawrence* als der Repräsentant für diese dritte Position. Aber das ist nur eine Finte (um die Erzählung spannender zu machen). Sehr bald schon zeichnet sich hinter dem Autor von *Lady Chatterley's Lover* die Silhouette eines Unbekannten ab, der sich schließlich als die Schlüsselfigur des ganzen Buches entpuppt, auf die alle anderen Personen bezogen sind. Doch greifen wir nicht vor.

Gegen die Macht in Berlin setzt Heidelberg die Rationalisierung der Ohnmacht, Schwabing die Irrationalität der Machtverweigerung. Die eigentliche dialektische Polarität dieser asymmetrischen Dreieckskonstellation ist diejenige von hierarchischer, autoritärer, repressiver Vatergesellschaft und ihrer radikalen Negation durch die anarchistisch-emanzipatorische Utopie einer herrschaftsfreien Gesellschaft, die im Mythos des Matriarchats ihre Wurzeln hat. Der Gegensatz von Berlin-Schwabing beruht auf der Dichotomie von Patriarchat und Mutterrecht. Und das ist das eigentliche Thema. Alle Gestalten des Greenschen Buches – Angehörige der bürgerlichen Klasse, die um 1900 ungefähr 30 Jahre alt sind – werden durch diese fundamentale Polarität bestimmt. Ob Männer oder

Frauen – sie setzen sich mit einem »Vater« auseinander und erringen verschiedene Grade der Freiheit oder versagen in dem Maße, in dem sie mit dieser Vaterfixierung fertig werden. (»Vater« steht hier für Person und Instanz, Mythos und Herrschaftsmodell.)

Diese Auseinandersetzung ist sozial die Auseinandersetzung mit der effektiv herrschenden Oberschicht – und gehört damit in den Zusammenhang der bürgerlichen Emanzipationsbestrebung. Vermittelt durch die Familienstruktur, die die Gesellschaftsordnung reproduziert, folgt sie dem Beziehungsmuster des ödipalen Konfliktes und erscheint immer auch als das Ringen um das Verhältnis zur eigenen Sexualität. Wo es sich um Männer handelt, geht es um deren Beziehung zu den Müttern und Frauen. Die innere und äußere Unfreiheit der Frauen reflektiert nur die politische und soziale Unterwerfungsstruktur der Männergesellschaft. Die Emanzipation der Frauen ist immer eine Infragestellung dieser Herrschaftsstrukturen. So ist es sinnvoll, daß die jeweilige Position der männlichen Protagonisten des Buches in der Bewältigung ihres Vaterkonfliktes (was immer auch heißt: ihre Einstellung zu Sex und Herrschaft) durch die Beziehung zu zwei Frauen verifiziert wird, die sich auf ihre Weise von der Männerherrschaft zu befreien suchen. Indem das Buch hinter das Selbstverständnis und Bewußtsein seiner Helden zurückfragt, gelingt es Green, in ganz privaten, ja intimen Bezügen die Grundmuster eines letzten Endes politischen Kampfes aufzudecken und dessen historische Dimensionen in ihrer aufregenden Aktualität sichtbar zu machen. Schauen wir uns das etwas näher an.

III

> »Tod nicht, Geburt nicht, Krieg nicht, Macht nicht – so als ob das Schicksal einen Schleier zwischen ihn und die Realität der Dinge gebreitet hätte.«
>
> (Else Jaffe über Max Weber)

Die Aufarbeitung der deutschen Geschichte, sowohl als Geistes- wie als politische Geschichte, ist nach dem Zweiten Weltkrieg steckengeblieben bei der (respektvollen) Kritik Bismarcks und der kritiklosen Heroisierung Max Webers. Dabei ist es eine unabdingbare Voraussetzung für jede ernsthafte Verständigung über das letzte Jahrhundert, sich ein für alle Male eine klare, kompromißlose Vorstellung von dem »brutalen, zynischen, anti-idealistischen, anti-ideologischen, antiliberalen Junker, der eigentlich nur ein halber Junker war« (Green) zu machen, der das deutsche »Reich« zuwege gebracht hat, um den Preis indessen einer geistigen, moralischen und politischen Korrumpierung. Viel ist darüber seit Nietzsche gesagt worden. Es ist aber offenbar noch immer nicht genug, um einen klaren Begriff von den Folgen der Verpreußung Deutschlands zu gewinnen – ein System, das schon zu seiner Zeit im eigenen Lande von einer ebenso empörten wie verzweifelten Kritik denunziert wurde.

In der innerdeutschen Opposition zu diesem »Reich« hat Max Weber einen prominenten Platz. Er ist der typische »Sohn« jener von Bismarck düpierten und gebrochenen Bourgeoisie, die sich um den Führungsanspruch betrogen sah, auf den sie als Träger des ökonomischen Fortschrittes in der politischen Tradition von 1848 alles Anrecht hatte – und den sie in Frankreich und England auch errungen hatte. Max Weber fühlt sich dieser virtuellen »classe dirigeante« zugehörig. Der nicht erfüllte Führungsanspruch beherrscht sein Leben und Denken wie ein Fluch – aber statt ihn im politischen Kampf einzuklagen, weicht er aus in die »Wissenschaft«. Er sucht die Legitimation seiner Opposition zum System in einer »ethischen Überlegenheit«, einer »intellektuellen Redlichkeit«, in einer »Rationalität der Erkenntnis« als den Voraussetzungen eines politischen Handelns, das qualitativ besser wäre als das der verhaßten Machthaber: besser, aber nicht grundsätzlich anders. Er will das System reformieren, akzeptiert es aber in seinen Grundvoraussetzungen als paternalistische »Herrschafts«-Struktur. Indem er »wissenschaftlich« immer aufs neue den Beweis dafür zu liefern sich bemüht, daß diese Struktur unabänderlich ist, begibt er sich intellektuell der Möglichkeit, eine echte politische Alternative zu entwickeln. Seine moralische Indignation ist das Alibi seiner politischen Insuffizienz.

Max Weber war fasziniert von dem Phänomen der Macht – eine Faszination, die sich zu einer wahren Machtbesessenheit steigert. Das hat etwas Gespenstiges, wenn man bedenkt, daß alle Energien, die er aufwendet, um das »Phänomen der Macht« »wissenschaftlich« in den Griff zu bekommen, zu nichts anderem führen, als die einzige Erfahrung, die *er* von der Macht hat, zu rationalisieren: seine faktische Ohnmacht. Gerade dieser entscheidende Punkt aber entzieht sich seinem rationalen Urteil – er reagiert mit einer Neurose, die ihn jahrelang arbeitsunfähig macht.

Max Weber ist tatsächlich ein Paradebeispiel in folio für die Frustration des »bürgerlichen Intellektuellen«, der sich gegen ein Herrschaftssystem empört, an dem er einfach nichts ändern kann. Er ähnelt darin dem scheinbar ganz anders gearteten, scheinbar in einem ganz anderen Kontext stehenden Karl Kraus; beide sind »klinische Fälle«, an denen die pathogene Kraft struktureller Gewalt demonstriert werden kann. Die in der schmerzvollen Situation der Ohnmacht produzierte Aggressivität wird in Haßtiraden, Wutausbrüchen und moralischer Empörung – immer nur verbal, immer nur auf dem Papier – abreagiert, deren Leidenschaft, Schärfe, Intransigenz immer neu überrascht. »Tout azimut« wird »verachtet«, »verurteilt«, »vernichtet«, »entlarvt«. Es ist geradezu zum Lachen, wenn man das heute liest, weil es so evident ist, daß die Ursache für die peinliche Lage, in der man sich befindet, überall gesucht wird, nur nicht dort, wo sie eigentlich liegt: im eigenen Inneren. Denn wenn ein Max Weber zum Handeln nicht kommt, so keineswegs darum, weil ihm die Möglichkeiten dafür effektiv genommen waren, sondern weil er sich selber das Handeln verboten hat.

Die leidenschaftliche Kritik gegen das System mußte sich gegen ihn selber wenden in dem Maße, in dem er das System verinnerlicht hatte. Die »Kastration« durch den »Vater« wird durch die Auto-Kastration ständig nachvollzogen. Er wirft sich um so unerbittlicher zum Zensor auf, als er sich selber in der Autozensur rücksichtslos verstümmelt. Er verzehrt sich in der Negation. Aber die Verneinung hat einen selbstquälerischen, autopunitiven Zug, der sich in einem verschrobenen Ideal »innerweltlicher Askese« (historisch) zu rechtfertigen sucht – tatsächlich aber zu einer selbstzerstörerischen Lebenspraxis führt, in der grundsätzlich nur das für angemessen gehalten wird, was garantiert Unlustgefühle hervorruft. Warum eigentlich, möchte man wissen.

Dabei ist Max Weber autoritär, präpotent und intolerant. Er ist ein Herr ohne Herrschaft, ein Vater ohne Kinder, ein Mann ohne Frau, sein »Ersatzreich« ist die Wissenschaft, seine Ersatzkinder sind die Schüler (der einzige Status, den er den Frauen zubilligen kann). Er ist ein Bismarck der Wissenschaft, und wenn er mit seinem Vater rechtet, so deswegen, weil er nicht bismarckisch genug war. Und wenn er gegen den Kaiser vituperiert, so weil er davon überzeugt ist, daß er ein besserer Kaiser wäre. Seine politische Vorstellung gipfelt in einem wertfreien »Dezisionismus« und einer »plebiszitären Führerdemokratie«. Das ist nicht schlecht für einen Liberalen.

Wenn er sich zu gut war, ein »Politiker« zu sein, so hat sein wissenschaftliches Tun ganz eindeutig den Charakter einer Zwangsneurose. Ein ungeheures Oeuvre »objektiver« Erkenntnis wird unermüdlich aufgeschichtet, kein Bereich der Geschichte und der Gesellschaft bleibt unerforscht. Tausende und Tausende von Seiten, um immer wieder den Nachweis für die »sinnlose Unendlichkeit des Weltgeschehens«[2] zu erbringen. »Wozu das alles?« hatte Ernst Correll[3] schon 1920 schüchtern gefragt – eine respektlose Frage, die geflissentlich überhört wurde. Man weiß aber, daß diese Papier-Pyramiden, Produkte obsessioneller Zwangsarbeit, ihren Autor nie über das tiefe Gefühl der Nutzlosigkeit seines Tuns hinweggetäuscht haben. Wenn es nach Max Weber die Aufgabe der Wissenschaft ist, »dem einzelnen zu helfen, sich selbst klarzuwerden, über den letzten Sinn seines Tuns«, so hat sie ihm gegenüber diese Aufgabe, weiß Gott, schlecht erfüllt.

Alles in allem genommen ein Schauspiel, in dem das politische und intellektuelle Versagen der deutschen Bourgeoisie der Jahrhundertwende in paradigmatischer Weise sichtbar wird. So aber haben wir's nicht gelernt. Max Weber wird uns vorgestellt als heroische Figur, als der Gigant der Wissenschaft, als der eigentliche Führer eines anderen, geistigen, besseren

Deutschland, das nie abgedankt, das auch nicht versagt hat, tragisch ja, aber in den Proportionen der griechischen Tragödie von der Unabwendbarkeit eines höheren Geschicks gezeichnet, aber nicht gebrochen, eine Persönlichkeit von höchster Integrität – kurzum ein Vorbild. Diese Heroisierung Max Webers, seine Hochstilisierung zu einer politischen und moralischen Größe, ist ein Indikator für das Unvermögen der Deutschen, in jene tieferen Schichten vorzustoßen, in denen der Schlüssel ihres historischen Mißgeschicks liegt und in die vorzustoßen sich Max Weber selber untersagt hat – zu der *seine* Art von »Wissenschaft« den Zugang nicht nur nicht eröffnet, sondern verbaut[4].

Es ist das erste und nicht geringste Verdienst von Martin Green, hier einen entscheidenden Schritt weitergegangen zu sein, indem er – viel behutsamer, viel differenzierter, viel unpolemischer natürlich, als wir dies hier resümieren – das politische und menschliche Scheitern Max Webers ohne falsche Schonung zur Darstellung bringt und ihn als das zeigt, was er eigentlich gewesen ist: ein lebensunfähiger, ja todessüchtiger Psychopath; und dies nicht durch eine umständliche Kritik seines wissenschaftlichen Œuvres und seiner Wissenschaftstheorie (oder gar seiner Theorie »politischen Handelns«) – sondern durch den erschütternden Nachweis seiner Liebesunfähigkeit.

IV

> »Das Gefühl ererbter Autoritätsgläubigkeit und Abhängigkeit verliert sich nicht von Sonnabend auf den Sonntag.«
> (Walther Rathenau, 1919)

Die eigentliche Sensation des an Sensationen reichen Buches ist jedoch nicht die Demystifikation Max Webers, sondern die späte Wiederentdeckung und Rehabilitierung jener erstaunlichen Gegenfigur, die nicht weniger tragisch, aber ehrlicher, kühner, radikaler und in einem höheren Sinne auch »wissenschaftlicher« gegen die bourgeois-feudale Vatergesellschaft des wilhelminischen Deutschland angetreten ist: des nicht für Heidelberg, sondern für Schwabing repräsentativen Otto Groß[5].

Wer kennt heute noch Otto Groß? Seinen Zeitgenossen war er nicht nur ein Begriff, er gehörte offenbar zu den faszinierendsten und umstrittensten Figuren der Epoche und galt zu seinen Lebzeiten durchaus als geniale Persönlichkeit von fast unwiderstehlicher Ausstrahlung. Es gibt wenige Menschen, die wie er zu literarischer Darstellung herausforderten. Er ist die Schlüsselfigur von Romanen von Franz Jung und Leonard Frank; vor allem aber ist es Franz Werfel, der in *Barbara* den Menschen Groß (alias Dr. Gebhardt), seine Lebenspraxis und seine ungewöhnlichen Theorien dargestellt hat[6]. Seine Verhaftung 1913 in Berlin durch österreichische Kriminalbeamte – ein Racheakt seines Vaters – wurde zu einer Staatsaffäre (sie erinnert an die Spiegel-Affäre), die Protestaktionen von Schriftstellern, Politikern und Medizinern in Deutschland, Österreich und der Schweiz auslöste. Eine »Sondernummer für Otto Groß« der von Franz Jung herausgegebenen Zeitschrift *Die Revolution* erschien in München. Maximilian Harden stellte seine »Zukunft« zur Verfügung (nur dem »Fackel-Kraus« fiel offenbar nichts ein). Der Fall wurde sogar im Reichstag zur Sprache gebracht. Heute weiß niemand mehr etwas von Otto Groß, aber die Tatsache, daß er unbekannt ist, ist nicht weniger signifikativ für die Art und Weise, in der deutsche Geschichte geschrieben und verarbeitet wird, wie die Glorifizierung von Max Weber.

Otto Groß war Kokainomane (wie Freud) und kam elend in Berlin um, fast genau um dieselbe Zeit, in der Max Weber nach jahrelangem Leiden den Folgen seiner schweren Neurose in München erlag. Beide waren »kaputte Typen«, schwer Vatergeschädigte, Opfer der patriarchalischen Gesellschaftsordnung Preußen-Deutschlands. Beider Väter sind typische Repräsentanten der bürgerlichen Oberschicht: der eine, Reichstagsabgeordneter, wie man weiß, von Bismarck gebrochen; der andere, als Ordinarius und Direktor eines Universitätsinstituts, als Begründer einer repressiven Wissenschaft »par excellence« (der Kriminalpsychologie), hat das paternalistische Modell als

Ehemann und Vater bis zum faschistischen Exzeß durchexerziert[7]. Doch wenn Max Weber unter seinem Vater gelitten hat, so hat er seinen Vaterkonflikt verinnerlicht, »wissenschaftlich« verklausuliert, neurotisiert; er hat seinen Vater verachtet, aber nur, weil er einen »besseren« Vater wollte, weil er selber dieser »bessere« Vater sein wollte. Otto Groß hat seinen Vater wirklich gehaßt und diesen Haß zum existentiellen Ausgangspunkt einer radikalen Kritik der Gesellschaftsordnung gemacht, für die dieser Vater repräsentativ war. Er hat seinen Vaterkonflikt nicht interiorisiert, sondern exteriorisiert, nicht neurotisiert, sondern konzeptualisiert. Er hat ihn aus den Gründen der individuellen Ohnmacht herausgehoben und auf den Begriff einer sozialwissenschaftlichen Theorie gebracht, die er in eine revolutionäre Praxis umzusetzen bereit war. Diesen Durchbruch verdankt er den tiefenpsychologischen Erkenntnissen Sigmund Freuds, die er sich als einer der ersten, mit untrüglicher Witterung für das, was er brauchte, zu eigen machte. Er wandte sie, zuerst in der Analyse, auf sich selbst an, zur eigenen Befreiung. Doch blieb er dort nicht stehen, sondern entwickelte sie weiter zu dem utopischen Entwurf einer Gegengesellschaft, die *allen* die Freiheit bringen sollte.

Otto Groß war der Mann, der 20 Jahre vor Wilhelm Reich und 40 Jahre vor Herbert Marcuse in dem Schwabing der Zeit vor dem Ersten Weltkrieg die theoretischen Grundlagen der »sexuellen Revolution« (der Begriff, wenn wir Werfel glauben, stammt von ihm) aus der psychotherapeutischen Praxis entwickelt hat – die Theorie der Freisetzung des erotischen Potentials des Menschen als der Voraussetzung jeder sozialen und politischen Emanzipation. Diese Freisetzung beginnt mit einer Revision der herrschenden sozialen und sexuellen Rollenverteilung zwischen Mann und Frau, der Revision der patriarchalischen, monogamen, heterosexuellen Familienstruktur; mit einer Befreiung der Frau als der Hüterin jener in der Vatergesellschaft unterdrückten libidinösen Kräfte, die auch im Manne dann zur Geltung kommen werden, wenn er von der Rolle des »pater familias« erlöst wird. Die fundamentale Bisexualität – oder, noch tiefer, die »polymorphe Perversität« – des Menschen muß ins Spiel gebracht werden, um neue Formen der Gemeinschaft, neue Muster gesellschaftlicher und erotischer Beziehungen, in denen nicht Herrschaft, sondern Kommunikation den Ausschlag geben, zur Basis des Individualisierungs- wie des Sozialisierungsprozesses zu machen. (Das Schlüsselwort von Otto Groß lautet »Beziehung«.)

Geistig partizipierte Otto Groß hier an dem Mythos des Matriarchats, der in dem Schwabing der Jahrhundertwende als die spirituelle Antithese gegen die autoritäre Männergesellschaft Gestalt gewonnen hatte. Im Hintergrund steht Nietzsches Exaltierung des Dionysischen; Richard Wagner war über einem Essay, der das »Weibliche im Menschlichen« zum Gegenstande hatte, gestorben; Bachofens hermetisches Œuvre wurde entschlüsselt. Gespeist aus vielen Quellen – Ausläufern der deutschen Romantik, Religionskritik und Mythenforschung, marianistischen Häresien, antirationalistischen Protestbewegungen, okkultem asiatischen Sektenwissen – entfaltete sich in den nächtlichen Gesprächsrunden einer Gesellschaft von Außenseitern (Schriftstellern, Artisten, Homosexuellen, ausgeflippten Komtessen, Professorentöchtern und identitätskranken Juden) jenes überaus wunderliche und wundersame Konzept einer archaischen, prähistorischen, idealen Gesellschaftsordnung, die Idee eines goldenen Zeitalters, in dem die Menschen selig waren, weil der Mann noch nicht die Herrschaft an sich gerissen, den Privatbesitz noch nicht zur Basis seiner Macht, den Staat noch nicht zum Instrument der Unterdrückung, den Krieg nocht nicht zur »regelmäßigen Verkehrsform« der Völker erhoben hatte – in dem vielmehr die Frau oder, um genauer zu sein, das weibliche Prinzip die Formen der Vergesellschaftung und des kulturellen Lebens bestimmte.

Es kann hier nicht der Ort sein, das geistesgeschichtliche Feld abzustecken, in dem der Mythos des Matriarchats als Gegenideologie des paternalistisch-rationalistisch-militaristisch-kapitalistisch-bourgeoisen und nicht zuletzt christlich-jüdischen Europa im späten 19. Jahhundert entstand. Martin Green tut es weitgehend in seinem Buche und bezeichnet das Phänomen treffend als die »erotische Bewegung« (wobei uns, es soll sich zeigen warum, der Ausdruck »Bewegung« bedeutsam erscheint)[8]. Er weist auch sehr richtig ihre weite Verzweigung überall in Europa nach – in Wien, in London, in Paris, ja sogar in Nordamerika. Ihren eigentlichen und echten Mittelpunkt aber hat die Bewegung im »Schwabing des Dr. Faustus«, im sinnenfreudigen und sittenfreien München, das darum zu einer der spannungsreichsten Städte der Zeit werden konnte, weil die Opposition gegen die patriarchalische Gesellschaft in demjenigen Land am stärksten sein mußte, in dem – von allen Ländern der westlichen Welt – die Vatergesellschaft ihre extremste Ausformung gefunden hatte; weil, wie Martin Green einmal ganz richtig sagt, ein Ödipuskomplex in Deutschland zäher ist als anderswo.

Im Gegensatz zur gleichzeitig überall in Europa grassierenden Frauenbewegung (vom Typus Marianne Weber[9], die auch zu dem Greenschen Buche gehört, aber wir können nicht alles erwähnen!) ist der Matriarchatsmythos wesentlich eine Sache von schwulen Männern und nicht von emanzipationswütigen Frauen (wie der Feminismus ja auch dem Bedürfnis männlicher Frauen entspringt, in die Männergesellschaft integriert zu werden, Männerstatus zu erringen, und nicht dem Wunsche, spezifisch weibliche Möglichkeiten auszuleben).

Diejenige Frauengestalt, die einer Inkarnation der »erotischen Bewegung« am nächsten kommt, ist die der außerordentlichen Gräfin Fanny zu Reventlow, eine Freundin von Otto Groß (sie wollte sich von ihm psychoanalysieren lassen), die bewußt und souverän um den Preis ihrer gesellschaftlichen Ächtung die Existenz einer freien Frau vorgelebt hat – Hure und Grande Dame, Geliebte und Mutter (sie hatte einen Sohn ohne Vater)[10]. Sie übertrug in das wilhelminische Deutschland die emanzipatorischen Forderungen einer George Sand (1804–1876) und Daniel Stern (1805–1878), der Mutter von Cosima Wagner, die ihrerseits einen so starken Einfluß auf Nietzsche ausüben sollte. Es gehört zu ihr, daß sie die Schwester eines sturen konservativen Reichstagsabgeordneten war, dem sogar Wilhelm II. nicht patriarchalisch genug regierte[11]. Von ihr lebt die literarisch-symbolische Personifikation des Ewig-Weiblichen, die das Münchner Schwabing sekretiert hat (gleichzeitig mit den lüsternen Weibspersonen von Stuck): Wedekinds Lulu – wie überhaupt Wedekinds Œuvre zum (nicht voll ausgewerteten) Belegmaterial der Greenschen Thesen gehört. Lou Andreas-Salomé, Alma Mahler und Eleonora Duncan sind andere Namen, die in diesem Zusammenhang genannt werden müssen und die Martin Green auch nicht vergißt.

Der Mythos des Matriarchats war vergangenheitsbezogen, esoterisch und elitär – vermischt mit den sonderbarsten Sonnen-, Blut- und Todeskulturen. Bewußt gegen einen etablierten akademischen Wissenschaftsbegriff (und -betrieb) gerichtet, hatte er den Charakter einer Geheimlehre, deren Verfechter nicht daran dachten, aufklärerisch oder politisch zu wirken, sondern auf die Ausstrahlungskraft »Eingeweihter« und »Wissender« vertrauten. Die Evokation von Gestalten wie Alfred Schuler[12] – der sich abwechselnd für eine Inkarnation von Nero oder der »Magna Mater« hielt – und Ludwig Klages[13], zwei Genossen der »kosmischen Runde«, gehören zu den amüsantesten Passagen des Greenschen Buches und lassen die zwischen Farce und Pathos, Mystizismus und Theatralik schillernde Atmosphäre des Schwabinger Maskentreibens lebhaft vor Augen treten – besser und kenntnisreicher als dies Thomas Mann, der sehr wohl wußte, was da geschah (er hatte ja auch dazugehört), in seinem berühmten Alterswerk gelungen ist.

V

> »Wir aber, deren ganzes Leben keinen anderen Sinn mehr haben kann, als ein Bekämpfen bis ans Ende von Allem, was zur Zeit besteht ...«
>
> (Otto Groß, 1919)

Politisch gesprochen liegt der Mythos des Matriarchats rechts – weit rechts; Otto Groß aber stand politisch links – radikal links; als Arzt und Psychoanalytiker fühlte er sich durchaus einem rationalistischen Wissenschaftsbegriff verpflichtet, als Schriftsteller hat er sich vor dem politischen Kampf nicht gedrückt, sondern ihn gesucht. Obwohl er sich wohl für einen »Kommunisten« hielt (weit links von der Sozialdemokratie also) und in dem politischen Umkreis von Männern wie Becher, Mühsam, Jung, Landauer und Eisner wirkte, war er ein echter Anarchist, und es gebührt ihm ein Platz in der (immer noch fehlenden) Geschichte des europäischen Anarchismus[14].

Hier nun steht Otto Groß in der ehe-, familien- und eigentumsfeindlichen Tradition des utopischen Frühsozialismus, der über die Saint-Simonisten und Fourier auch auf Marx und Engels (besonders auf Engels), auf Stirner natürlich, aber auch auf den »frühen« Bebel gewirkt hatte, der nicht nur eine Fourier-Biographie, sondern auch ein bedeutendes Frauenbuch geschrieben hat; jenes Charles Fourier, von dem der erstaunliche Satz stammt, daß der Zivilisationsstand (oder wenn man will, das »kulturelle Niveau«) einer Gesellschaft an dem Grade der Freiheit zu messen sei, die den Frauen zugebilligt wird, und den dasselbe Schicksal der Okkultierung ereilt hat wie Otto Groß, aus denselben Gründen natürlich. Otto Groß als Anarchisten zu bezeichnen ist keine »façon de parler« oder ideengeschichtliche Zuordnung. Er hat Kropotkin gekannt und stand nachweislich in unmittelbarer konspiratorischer Verbindung zum militanten Anarchismus seiner Zeit, korrespondierte mit ihren wichtigsten Vertretern und schrieb in ihren Zeitschriften. (Seine Teilnahme am Amsterdamer Anarchisten-Kongreß 1907 ist wahrscheinlich, wenn auch nicht nachweisbar.)

Vordergründiger ist die Bedeutung von Otto Groß darin zu suchen, daß er den Brückenschlag von der Psychoanalyse zum Sozialismus vollzogen hat; in einem Brief an den Anarchisten Brupbacher (*Marx und Bakunin*) sagt er 1912, daß er seine Aufgabe darin sähe, »die unabsehbare Zukunft der Psychoanalyse als Seele der revolutionären Bewegung von morgen begreiflich zu machen«[15]. Wer die Herrschaftsstrukturen (und Produktionsverhältnisse) einer repressiven Gesellschaft verändern will, muß damit beginnen, die Herrschaftsstrukturen in seinem Inneren zu verändern, die »ins eigene Innere eingedrungene Autorität« ausmerzen. Dafür die Voraussetzungen geschaffen, das Instrumentarium bereitgestellt zu haben ist die Leistung der Psychoanalyse, als Wissenschaft; das ist ihr spezifischer Beitrag zur Menschheitsentwicklung. Dies erkannt zu haben ist die Leistung von Otto Groß, als Wissenschaftler. Sein

Beitrag zur Theorie der gesellschaftlichen Veränderung, der Veränderbarkeit der Gesellschaft, stellt damit wissenschaftsgeschichtlich einen qualitativen Sprung über den Marxschen Ansatz hinaus dar. Von ihm her gesehen ist Otto Groß heute für eine zeitgemäße Theorie der Revolution bedeutsamer als Lenin, der übrigens auch zu der Schwabing-Szene gehört, von der wir hier sprechen, und via Tschernischewski (*Was tun?*) seinen Fourier durchaus gekannt hat[16]. Er und die ihm folgten, blieben dem Herrschaftsmodell (Staat) der Vatergesellschaft treu, obwohl ja zur Oktoberrevolution auch die Kollontai gehört[17]. Es bedurfte des Stalinismus, um die Richtigkeit der Prognose von Bakunin zu erweisen, »daß jede Organisation einer sogenannten provisorischen oder revolutionären Macht, um die Zerstörung (des Staates) herbeizuführen, nur ein Betrug mehr sein kann« (Kongreß der Antiautoritären, 1872). Manche haben es bis heute nicht begriffen.

Die Verwirklichung der anarchistischen Alternative zur herrschenden Gesellschaftsordnung muß mit deren Zerstörung beginnen. Otto Groß hat sich ohne Zögern zu dieser Praxis bekannt, und zwar – durchaus im anarchistischen Stile – durch die Propaganda des »Beispiels«, einer exemplarischen Lebensführung zuerst, die darauf zielte, die Zwänge der Gesellschaftsordnung in sich selbst zu zerstören; als Psychotherapeut sodann, indem er als Stifter von unkonventionellen Lebensgemeinschaften (seine Frau lebte auf seine Anregung hin mit dem anarchistischen Maler Ernst Fried zusammen) und Kommunen (in Ascona z. B., aus dem er als Veranstalter von »Orgien« ausgewiesen wurde) Modelle neuer Gemeinschaftsformen experimentell zu verwirklichen unternommen hat. Die Nähe zu den Versuchen eines Giovanni Rossi (Arzt auch er) und seiner These *Amare più persone contemporaneamente è une necessità dell'indole umana* (1893, zahllose Nachdrucke und Übersetzungen, deutsche Auflage 1975) ist frappierend.

Groß war nicht homosexuell, hielt aber die Zweigeschlechtlichkeit für vorgegeben und sprach sich dahingehend aus, daß kein Mann wissen könnte, warum er für eine Frau liebenswert sei, der nicht über seine homosexuelle Komponente genau Bescheid wüßte. Sein Respekt vor der souveränen Freiheit seiner

Mitmenschen ging so weit, daß er nicht nur ihr Recht auf Krankheit als Ausdrucksform eines legitimen Protestes gegen eine repressive Gesellschaft – er ist hier ein Vorläufer der Anti-Psychiatrie eines Ronald D. Laing und Alain Fourcade –, sondern auch deren Todeswünsche anerkannte und ihnen als Arzt zur Erfüllung verhalf. So wurde er wegen Beihilfe zum Selbstmord gerichtlich verfolgt und zu Gefängnis verurteilt.

Groß setzte an dem Punkte ein, an dem die Psychoanalyse vor der Alternative stand, zu einer Theorie der sozialen Revolution oder zu einer Praktik der sozialen Adaptation zu werden. Er hat sich für die Revolution entschieden. Freud, der in Otto Groß lange einen seiner begabtesten Schüler gesehen hatte und dem die subversiven Momente seiner eigenen Entdeckungen durchaus Problem waren, hat sich an diesem entscheidenden Punkte von Groß getrennt und sich in jene »wertfreie« Wissenschaftlichkeit, in jenes Spezialistentum (»Wir müssen Ärzte bleiben«) zurückgezogen, in der auch Max Weber sein Asyl suchte. Darüber hinaus hat er Otto Groß als Häretiker verfolgt, ihn zu ridikülisieren und dann auch zu liquidieren versucht, indem er das Signal dafür gab, seine Veröffentlichungen aus dem offiziellen Verzeichnis der psychoanalytischen Literatur zu streichen. Freud (wie Marx) hatte sich trotz seiner eigenen Erkenntnisse und im Widerspruch zu ihnen zur autoritären Vatergesellschaft geschlagen[18].

Otto Groß hat alle Formen der politischen Verfolgung gekannt: wirtschaftlichen Boykott, Gefängnis, Auslieferung, die Einweisung in Irrenanstalten, Sippenhaft (die seine Frau und Kinder traf), Diffamierung – aber die schlimmste, die radikalste ist seine posthume Okkultierung. Diese *bewußte* Okkultierung gehörte, wir sagten es, wie die Heroisierung von Max Weber zur deutschen Ideen- und Geistesgeschichte, nein – zur Geschichte der deutschen Politik. Sie ist ein Beweis für die Richtigkeit der Thesen von Groß. Das sicherste Mittel, »subversives« Denken aus der Welt zu schaffen, liegt darin, auch die letzten Spuren unliebsamer Denker (»Störer«) auszumerzen. Die sekurisierenden Mechanismen der Zensur funktionieren dort am perfektesten, wo die Kastrationsmechanismen der Vatergesellschaft am vollkommensten interiorisiert werden. Die Macht der Zensur beruht auf der Liebe zum Zensor[19].

Die Position von Otto Groß, am Schnittpunkt von Psychoanalyse, Anarchismus und Marxismus, ist genau jene, die ein halbes Jahrhundert später Europas »neue Linke« wieder besetzte. Sie kennt Wilhelm Reich und Herbert Marcuse, allenfalls noch Fourier, aber nicht Otto Groß. Aber heute wie damals lehnen sowohl orthodoxe Marxisten wie orthodoxe Freudianer diesen seinen Ansatz einer Theorie gesellschaftlicher Veränderung ab. Die Weise, in der sich esoterische, elitäre und symbolistische Matriarchatsmythologen mit militanter, die Emanzipation der Frau zum Kriterium von Emanzipation überhaupt erhebenden anarchistischen Sozialutopien ergänzen, überschneiden und vermischen – deckungsgleich in der radikalen Ablehnung des Gesellschaftsmodells des 19. Jahrhunderts und der ihm zugrundegelegten Anthropologie –, ist noch nicht geklärt. Die Frage danach gehört zu den aufregendsten, die wir heute an das vergangene Jahrhundert zu stellen haben. Otto Groß, soviel ist gewiß, ist an diesem Schnittpunkt des scheinbar so Gegensätzlichen angesiedelt. Er steht 1899 geistig dem Magus Alfred Schuler, der an die auf neurotischer Flucht vor dem Super-Vater Franz Joseph einsam durch Europa irrende Kaiserin Elisabeth mit dem Ansinnen herantreten wollte, sie zur »großen Mutter« zu weihen, ebenso nahe wie dem Anarchisten Luigi Lucheni, der sie in Genf mit einer Feile erstach.

VI

Die Pointe des Buches von Martin Green liegt nun darin, daß Frieda und Else von Richthofen, seine beiden Heroinnen, zwei Schwestern, höhere Töchter mit Pensionatserziehung einer altadligen preußischen Offiziers- und Beamtenfamilie, wie sie typischer für das reichsdeutsche Establishment nicht gedacht werden könnten, in den Bannkreis dieses gemeingefährlichen »out-law«, dieses Irrenhaus- und Gefängniskandidaten, dieses hochsuspekten und subversiven Wundermannes geraten. Von ihm »umfunktioniert«, werden sie zu Agenten der »erotischen Bewegung«, die die frohe Botschaft der sexuellen Revolution und des Matriarchats in die Welt der Bürger hinaustragen. Man kommt aus dem Staunen nicht heraus.

Keinem andern als Otto Groß, dessen Geliebte sie wurde, ist es nämlich zu verdanken, daß Frieda von Richthofen[20] sich aus ihrer Frühehe mit einem kleinen viktorianischen Collegelehrer zu lösen den Mut fand, um die Lebensgefährtin von D. H. Lawrence zu werden, keineswegs in einer dienenden Rolle, sondern als dynamisch-dominierende Weibgestalt, die den schwachbrüstigen Waliser Arbeitersohn zu einem an den Grundfesten der bürgerlichen Moral rüttelnden, der sexuellen Befreiung leidenschaftlich das Wort redenden Werk recht eigentlich erst befähigte – einem Werk, das (darüber ist sich die angelsächsische Literaturkritik inzwischen einig) ohne sie überhaupt nicht zustande gekommen wäre. Wir lassen das hier auf sich beruhen. Der D. H. Lawrence und Frieda gewidmete Teil des Greenschen Buches, dem wir alles übrige nur als eine Art von over-spill verdanken, ist für den deutschen Leser von weniger unmittelbarem Interesse, ja eigentlich nur die Darstellung eines Sonderfalles der außerordentlichen geistigen Ausstrahlung des Schwabings zur Jahrhundertwende.

Um so stärker muß sich unsere Aufmerksamkeit der Lebensgeschichte der älteren Schwester Else von Richthofen (1874–1972) zuwenden, da über sie, durch sie, die Verbindung zwischen den beiden deutschen Zentralfiguren des Buches, Otto Groß und Max Weber, hergestellt wird. Und da erfahren wir nun – und das kann für alle diejenigen, die (wie ich selbst) die vornehme, ebenso gütige wie überaus kluge alte Dame in Heidelberg nach dem Zweiten Weltkriege noch erlebt haben, nur ein furchtbarer Schock sein –, daß sie als junge, schon verheiratete Frau aus dem sterilen Heidelberger Professorenmilieu der Weber-Clique mit seinem suffragettenhaften Scheinfeminismus, seiner Pseudo-Liberalität, seinem Tugend- und Wahrheitsgetue, mit anderen Worten: seiner philiströsen Heuchelei ausgebrochen ist, um in Schwabing nicht nur die Geliebte von Otto Groß zu werden, sondern auch ein Kind von ihm in die Welt zu setzen; und zwar zu einer Zeit, in der Groß der Liebhaber ihrer Schwester war und noch zwei andere Frauen – mit denen sie übrigens herzlich befreundet war – ebenfalls ein Kind von ihm erwarteten [21].

Über diese skandalöse Affäre war Max Weber durch seine Frau Marianne (mit der Else von Richthofen auf dem gleichen Freiburger Pensionat bekanntgeworden war, in dem sie sich mit der späteren Frau von Otto Groß, einer Professorentochter übrigens, anfreundete) informiert und lehnte sie – das versteht sich von selbst – mit Entrüstung ab. Vor allem lehnte er Otto Groß leidenschaftlich ab. (Näheres nachzulesen in der Max-Weber-Biographie von Marianne, ein wichtiges Dokument für die geistige Erstarrung dieses Kreises, der sich für eine geistige Avantgarde hielt.) Größere Gegensätze als die zwischen Max Weber und Otto Groß sind nun auch tatsächlich nicht denkbar – obwohl sie doch beide in erbitterter Opposition zu der gleichen Bismarck-preußischen Vaterschaft standen und irgendwie Komplementärfiguren sind. Was sie trennte, die Inkompatibilität von Reform und Revolution, war stärker als das, was sie verband.

Else versuchte, zwischen ihren alten Freunden und ihrem neuen Freund zu vermitteln, indem sie Max Weber einen Aufsatz von Otto Groß zur Veröffentlichung im »Archiv für Sozialwissenschaften« zuspielte. Wir verdanken dieser – natürlich zum Scheitern verurteilten – Initiative einen interessanten, durchaus charakteristischen Brief Max Webers, in dem sich intellektueller Hochmut mit verbaler Aggressivität verbinden; Max Weber setzt darin auseinander, warum er die Psychoanalyse ablehnen müsse (wenn er Freuds »Wissenschaftlichkeit« auch zu respektieren wisse), warum er sich aber vor allem distanzieren müsse von subversiven, undisziplinierten Neuerern, obwohl oder auch gerade dann, wenn ihnen ein gewisses »Charisma« nicht abzusprechen sei. Man hüte sich vor falschen Propheten!

Else (sie trug damals schon und bis zu ihrem Lebensende den Namen des Mannes, den sie früh geheiratet hatte, Edgar Jaffe [1866–1921], es wird noch die Rede von ihm sein), Else Jaffe also hat sich – unter dem Einfluß zweifellos der Webers, aber doch wohl auch, weil sie ihrem Wesen nach diesen verwandter war als dem Geiste Schwabings – von Otto Groß gelöst. Dank ihrer Beziehungen zu ihm indessen, darüber besteht kein Zweifel, hat sie die innere Freiheit und den Mut gewonnen, wenige Jahre später – in Venedig – die Geliebte von Max Weber zu werden; und so schuldet dieser liebes- und lebensunfähige Mann seinem Antipoden, seinem potentiellen Todfeind den Zugang zu der entscheidenden erotischen Erfahrung seines Lebens (hinter dem Rücken seiner Frau, versteht sich). Es ist Martin Green vorbehalten gewesen, dieses zarte Geheimnis, nach dem Tode aller Akteure, mit dem Einverständnis von Else offenbar, die es ihm persönlich anvertraut hat, einer verblüfften Nachwelt zur Kenntnis zu bringen[22].

Man sage nicht, das ginge uns nichts an. Denn auf diese Weise kommt etwas Leben und Farbe, um nicht zu sagen Licht in die deutsche Geistesgeschichte der bürgerlichen Ära. Was uns als ein Schattenboxen von Ideen überliefert wird, steht jetzt in der Dreidimensionalität eines Strindbergschen Kammerspiels oder, um Martin Green etwas näherzukommen, einer Tragödie von Eugene O'Neill vor Augen (auch Universitätsprofessoren sind Menschen). Was sofort auffällt, ist, daß alle Männer in diesem Fin-de-siècle-Drama schwere Neurotiker, Psychopathen oder notorische Outsider, wo nicht out-casts sind (wobei wir einmal voraussetzen wollen, daß diese Bezeichnungen mehr sind als Indikatoren bürgerlicher Vorurteile). Nur die Frauen, oder einige Frauen, haben Integrität und Größe, was wohl der Grund dafür sein dürfte, daß Martin Green sein Buch als Frauenbuch präsentiert hat. Mit Recht hebt er das tiefe Verantwortungsgefühl, den moralischen Mut, den seelischen Takt, das Feingefühl einer Else Jaffe hervor, die 50 Jahre lang mit ihren Geheimnissen gelebt hat. Für jeden, der sie gekannt hat, geht sie vergrößert aus diesen Enthüllungen hervor, die andererseits für Max Weber so vernichtend sind. Am peinlichsten berührt es, daß das Leben dieses Wahrheitsfanatikers so verlogen war. Der Mythos, zu dessen hohem Priester sich Karl Jaspers aufgeschwungen hatte, war von diesem bewußt auf eine Verleugnung der Wahrheit – nein, sagen wir es getrost: auf eine Lüge gestellt. Das wäre für Otto Groß nicht vonnöten gewesen.

Das ist ganz der Stil der bürgerlichen Gesellschaft. Das ist alles ganz »unheimlich echt«. Das ist ganz großer bürgerlicher Roman. Kein Henry James, kein Proust, kein Musil hätte sich das besser einfallen lassen können, und Martin Green erzählt das fabelhaft. Wir könnten hier abbrechen, wenn es sich nur um einen Gesellschaftsroman handeln würde. Tatsächlich bricht hier auch die eigentliche Story unserer Helden ab – sie haben ihre Rolle zu Ende gespielt. Aber es geht dem Autor ja nicht um das Liebesleben von zwei Damen, auch nicht um Psychologie und Soziologie, sondern um Geschichte und Politik. Der Roman hört auf: die Geschichte geht weiter, und die Fortsetzung heißt in diesem Falle: Adolf Hitler.

VII

Otto Groß und Max Weber sind ungefähr gleichzeitig gestorben – man kann schon sagen, elend umgekommen. Der eine zerrüttet von seiner Neurose an einer Lungenentzündung, der andere als Opfer seiner Rauschgiftsüchtigkeit. Der Freund der Frauen in furchtbarer Einsamkeit, der konstitutionelle Misogyn von Frauen umhegt. Marianne Weber und Else Jaffe zogen sich kurz danach wieder nach Heidelberg zurück, um mit Alfred Weber, dem unterdrückten jüngeren, schon früher von der »erotischen Bewegung« affizierten Bruder von Max, die liberale Universitätstradition der Vorkriegsjahre »en miniature« zu reproduzieren. Frieda kehrte Deutschland den Rücken, irrte mit ihrem Lorenzo durch die weite Welt und etablierte sich schließlich in Thaos, Neu Mexico, einem amerikanischen späten Ascona.

Der Tod von Max Weber und Otto Groß spielte sich vor dem makabren Hintergrund des politischen Umbruches ab, in den der Erste Weltkrieg eingemündet war. Max Webers Freunde arbeiteten in Weimar an den verfassungsrechtlichen Grundlagen der ersten deutschen Republik. Die Freunde von Otto Groß hingegen unternahmen in München den ersten und einzigen Versuch einer deutschen Revolution. Es ist hierzulande üblich, diese Revolution zu bagatellisieren und zu ridikülisieren.

Eine Revolution von Dichtern und Intellektuellen. Was ist das schon!

Man muß, glaube ich, anfangen, das anders zu sehen. In dieser Revolution – in der übrigens der Mann von Else, der kleine Professor Jaffe, der auch aus Heidelberg nach München gezogen war, weil er sich in dessen künstlerisch-literarischer Bohème wohler fühlte (er war kurz der Liebhaber von Fanny zu Reventlow, aber wer war das nicht) als in der Atmosphäre professoralen Muckertums, eine aktive Rolle spielte: er war der Finanzminister von Kurt Eisner –, in dieser Revolution also ist unser Schwabing, das geistig einen so erbitterten Widerstand gegen das patriarchalische Deutschland Bismarcks geleistet hatte, das Schwabing der »erotischen Bewegung« und der Matriarchatsutopie, plötzlich politisch geworden. Aus dem Schwabing der nächtlichen Gesprächsrunden, Liebesaffären und Literatenquerelen wurde das München der Putsche und Revolten. Aus diesem Schwabing aber ging nicht von ungefähr Adolf Hitler hervor.

Martin Green deutet dies in seinem Buch nur an, aber er sieht den Zusammenhang. Er führt uns, ich denke bewußt, an die Schwelle, von der aus es nur noch eines Schrittes bedarf, um zu begreifen, daß er mit seiner geistig-politischen Topographie des wilhelminischen Deutschland einen Schlüssel zum Verständnis des Dritten Reiches gesucht – und, ich glaube, gefunden hat. Indem er den Nationalsozialismus als den legitimen Erben der erotisch-anarchistischen Bewegung sieht. Die Machtergreifung Hitlers als Sieg der Matriarchatsidee über Preußen *und* jene liberale, verfassungstreue, parlamentarische, historisch ja auch schon längst erledigte Opposition à la Max Weber; als der Triumph Münchens über Heidelberg und Berlin – klingt das sehr ungewöhnlich?

Die psychoanalytische Forschung hat uns seit einigen Jahren mit solchen Gedanken vertraut zu machen begonnen. Seit Wilhelm Reich wissen wir ja, daß der psychoanalytische Weg der einzig adäquate ist, um zu einem Verständnis des Phänomens Nationalsozialismus zu gelangen – oder sagen wir, eine Soziopsychoanalyse, so wie sie Otto Groß entwickelt hätte, wenn er länger gelebt hätte. Heute liegen uns die Analysen von Helm

Stierlin vor[23], in denen Hitler (ein denazifizierter Hitler) aus dem geschichts- und familiensoziologischen Kontext als der »Beauftragte der Mutter« gedeutet wird, der den Wiedergutmachungs-, ja Racheauftrag, den ihm eine gedemütigte Mutter (unterbewußt natürlich) eingeimpft hat, auf das gedemütigte »Deutschland« transferiert – das »Mutterland«, das er mit dem Entschluß, Politiker zu werden, aus tiefer Erniedrigung von der Vergewaltigung durch den »Vater« zu befreien unternimmt. Diese Analyse wird auf erstaunliche Weise durch die Hitlerinterpretation bestätigt, die Gérard Mendel schon 1968 in seinem Buch »Die Revolte gegen den Vater« geliefert hat (deutsch 1972).

Die Familiensituation Adolf Hitlers war der von Max Weber und Otto Groß in der Tat erstaunlich ähnlich, obwohl der eine großbürgerlicher, der andere mittelständischer und der dritte kleinbürgerlicher Herkunft war: das typische Modell der patriarchalisch-repressiven Familienordnung mit absolut herrschendem »kastrierendem« Vater und unterdrückter – ihre Liebesnot in unterbewußten Schichten auf den Sohn transferierender – Mutter; das ödipale Modell, das es Millionen von Deutschen ermöglicht hat, sich mit Hitlers Befreiungs- und Rache-Phantasmen zu identifizieren und sie nachzuvollziehen.

Hitler – ein Exponent des Matriarchats!? Wir wissen heute, daß Hitler in dem Schwabing, von dem hier die Rede ist, teilweise wohl als Polizeispitzel, vielfältige Kontakte auch mit allen möglichen intellektuellen Koterien hatte, daß er z. B. die Vorträge Schulers hörte, und man kann sich fragen, ob Ludwig Klages wohl ihn im Auge hatte, als er 1940 (!) von den »einigermaßen kriminellen Figuranten« sprach, die die »kosmische Runde« frequentierten. Hitler, in neurotischer Disponibilität, sog die Schwabinger Matriarchatsmythen in vollen Zügen in sich ein. Das Hakenkreuzsymbol, das Schuler 1895 entdeckte und – in Opposition zum Kreuz des (judäischen) Christentums – zum Symbol des Matriarchats erhob, hat dann auch zwölf Jahre lang auf dem roten Grunde der Blutfahne über den Dächern des »befreiten« Deutschland geflattert.

Hitler – das muß man doch sehen – ist *nicht* der Nachfolger Bismarcks, sondern sein absoluter Gegenspieler. Sein oberstes

Ziel war immer die Demontage Preußens. Er hat seine historische Mission in dem Augenblick verraten, in dem er den sozialrevolutionären Flügel der »Bewegung« den Ansprüchen der Reichswehr opferte, als er »Staats«-Chef wurde und damit in die Zwänge der Vatergesellschaft eintrat. Der anarchistische Grundzug seines Regimes blieb gleichwohl immer erhalten, wie der anarchistische Grundzug seines Wesens. Nur in der letzten Phase des Krieges brach der elementare Vernichtungswille, der sich gegen *jede* herrschende Ordnung richtete, wieder durch. Und da erinnern wir uns dann jener Szene, die Franz Werfel so unvergeßlich in »Barbara« beschrieben hat. Das revolutionäre Wien um 1918, Dr. Gebhart, alias Otto Groß, wird von Freunden auf die Möglichkeit, die ganze Stadt in die Luft zu sprengen, hingewiesen:

»Wenn wir nur ein paar Kerle hätten! Es wäre gar keine große Kunst, dieses ganze Sau-Wien in die Luft zu sprengen...«
»Glauben Sie wirklich? Wäre das möglich? Man könnte ganz Wien in die Luft sprengen?«
»Ohne weiteres...«
Gebharts Lippen spalteten sich und ließen die Zahnlücke frei. Der wohlbekannte Ausdruck verklärter Begeisterung durchströmt diesmal noch heller als sonst seine runzligen Knabenzüge:
»In die Luft sprengen? Das wäre ja wunder... wunderbar!«
Und so ist denn auch, wie wir uns erinnern, Lulu, die symbolische Gestalt des total emanzipierten Weibes, das über alle Männer triumphiert, von Jack-the-Ripper grausig hingemordet worden.

VIII

> »Le juif est identifié au père détesté.«
> (Saul Friedländer)

Man kann über diese Zusammenhänge nicht sprechen, ohne eine entscheidende Komponente des explosiven Kräftefeldes, in dem sich die deutsche Geschichte sei 1918 entfaltete, zu erwähnen: die Judenfrage. (Martin Green tut es auch, allerdings sehr diskret.)

Bei der Ausbildung des Matriarchatsmythos spielen die Juden eine wichtige Rolle, insofern die weltgeschichtliche Verantwortung für den Sieg der patriarchalischen Ordnung bei den alttestamentarischen Propheten gesucht werden muß. Wenn Otto Groß und Alfred Schuler von Babylon und dem Kult der Astarte schwärmen, so verurteilen sie gleichzeitig das monotheistische Prinzip des Judaismus, mit dem alles Unheil auf dieser Erde begann, und sie sahen in den europäischen Juden ihrer Zeit die Exponenten dieser verhängnisvollen Usurpation (das gilt im übrigen auch für das Christentum und die katholische Kirche). Die Adepten der großen Mutter waren Antisemiten (so wie Richard Wagner es war), nicht aus rassistisch-biologischen, sondern aus geschichtsmetaphysischen Gründen. Diese spirituelle Animosität führte zunächst nicht viel weiter als zu Schwabinger Literatenfehden (wie der zwischen Klages und Wolfskehl, in der es nicht nur um die Gunst der schönen Fanny zu Reventlow ging), oder zu Polemik z. B. gegen Stefan George als einem Agenten der jüdischen Weltmacht. Indem aber »der Jude« zum Sündenbock für die patriarchalische Gesellschaftsordnung wurde, wurde er zur Zielscheibe aller Angriffe und Aggressionen, die sich gegen die Unterdrücker »der Mutter« richteten. In der Situation politischer Ohnmacht wurde »der Jude« so zum willkommenen Substitut der wirklichen Väter, d. h. der realen politisch herrschenden Klasse, gegen die um so weniger anzukommen war, als die rebellierenden »Söhne« ihre Unterwerfung ja längst verinnerlicht hatten. Der Vaterhaß, der sich in revolutionären Taten hätte entladen müssen, wurde auf den Judenhaß umfunktioniert. (Das zeigt die Entwicklung des Antisemitismus in Wien besonders deutlich.) Eben diese autokastrative, depolitisierende Verinnerlichung der Herrschaftsstrukturen hat ja Otto Groß genau gesehen und psychoanalytisch aufzulösen versucht. Auch war er nicht Antisemit. Wie auf einer niederen Stufe der Rationalisierung und des politischen Bewußtseins der Substitutionsvorgang (die »Übertragung«) ablief – wie der verdrängte Vaterhaß zum paranoiden Judenhaß wurde, hat Gérard Mendel am Beispiel Hitler exemplifiziert. Die jüdische Antisemitismusforschung hat längst den »ödipalen Charakter« in Hitlers Antisemitismus aufgedeckt[24].

Doch ist die wirkliche Frage ja nicht die, wieso Hitler Antisemit war, sondern warum er mit seinem Antisemitismus so außerordentlich erfolgreich sein konnte. Die Antwort gibt uns Martin Green. Das aufgestaute Triebpotential der repressiven Vatergesellschaft floß in das antijüdische Ressentiment ein. Das gab Hitler, gab seiner »Bewegung« in der Polarität Matriarchat-Patriarchat, in der Polarität München-Berlin, seine ungeheure Dynamik. Angefangen mit Rathenau (in dem Preußentum und Judentum zusammenfielen) ist der Mord von fünf Millionen Juden als die psychische Fehlreaktion eines von seinen Vätern erdrückten Volkes zu verstehen.

IX

Dazu noch ein Wort. Nachdem wir so viel von Martin Green erfahren haben, was wir nicht wußten, sei es erlaubt, ihn auf etwas hinzuweisen, was er (vielleicht, man kann nicht sicher sein) nicht weiß. Aus dem gleichen Schwabing des Dr. Faustus ist gleichzeitig mit Hitler ein Mann hervorgegangen, der, was das geistige Niveau betrifft, der eigentliche und einzig echte Gegenspieler von Otto Groß war und sich auch als solcher verstand. Durchaus eingeweiht in die Mythologeme des Matriarchats, hat er wie kein anderer die Problematik der Revolution bis in ihre letzten anarchistischen Konsequenzen durchdacht und ernst genommen. Er hat gesehen, daß es seit der Französischen Revolution nur zwei politische Konzeptionen von weltgeschichtlicher Bedeutung gibt: die eine vertreten durch Staats-Denker von Donoso Cortes und Hobbes bis Bismarck, die andere durch Männer wie Babeuf, Bakunin, Kropotkin und – Otto Groß. Als Jurist hat er sich für Preußen entschieden, für die autoritäre Vatergesellschaft, für den Staat. Fasziniert durch die Macht wie dieser, aber viel radikaler in seinem Denken, hat man ihn einen »illegitimen Schüler« Max Webers genannt (in dessen Seminar er 1918 in München neben Else Jaffe und Marianne saß, um erschüttert die ebenso hilflosen wie hemmungslosen Wutausbrüche des kranken Meisters zu erleben).

Wie Otto Groß dachte er immer in großen weltgeschichtlichen Kategorien, die nicht eigentlich »wissenschaftlich« (im Weberschen Sinne), sondern geschichtsphilosophisch legitimiert und das Charakteristikum des geistigen Schwabing waren, aus dem ja schließlich auch Oswald Spengler hervorging (und das sogar dem Münchner Anarchismus eines Gustav Landauer seine spezifische »romantische« Note gab). Seine Aufgabe hat er darin gesehen, den unheimlichen Aufstieg des »Rächers der Mutter« zu bannen – den Golem dadurch zu zähmen, daß er ihm die Zauberformel unter die Zunge schob, die seinen Bann brechen konnte. Dieser tollkühne Versuch ist mißlungen.

Geschichtsphilosophie ist die Waffe der Besiegten. Geschichte wurde seit 1871 von den Siegern in Berlin geschrieben. Der Matriarchatsmythos ist eine typische *geschichtsphilosophische* Antwort auf das Diktat der preußischen Männerhistoriographie eines Treitschke (gegen welche die liberale und »wertfreie« Gesellschaftswissenschaft Heidelberger Observanz die falsche Alternative war). Jene antithetische Antwort auf die Anarchie war die Dekretierung des »Ausnahmezustandes«, die Diktatur. Das ist interessant; denn Otto Groß sah den Einbruch der Vatergesellschaft in die Geschichte als die durch eine große Naturkatastrophe möglich und vielleicht sogar notwendig gewordene Erklärung eines »Belagerungs«- oder »Ausnahmezustandes«, eine Art Notstandsverfassung. Wenn dem so wäre, erschiene die Weltgeschichte als eine Art von Parenthese zwischen matriarchalischer Urzeit und mutterrechtlicher Zukunftsgesellschaft – die Revolution als die Wiederherstellung des goldenen Zeitalters –, was unsere Frage nach der inneren Kongruenz von Matriarchatsmythos und Anarchie beinahe beantworten würde.

Trotz seiner politischen Option für die Vatergesellschaft, was konkret hieß: Preußen – sie mußte gleichzeitig auch eine Option gegen die Psychoanalyse sein –, hat der Antagonist von Otto Groß aus dem geschichtsphilosophischen Magma Schwabings den metaphysischen Antisemitismus in seiner ganzen Virulenz übernommen. (So wie Otto Groß den elitären Anti-Parlamentarismus daraus übernommen hatte, der eigentlich gar nicht zu ihm paßt.) Das ist ihm zum Verhängnis geworden. Wenn er wie durch ein Wunder als einziger fast der dramatis personae das schreckliche Abenteuer überlebt hat, so teilt er im heutigen Deutschland (das mit Theodor Heuss wieder bei Max Weber angeknüpft hat) mit Otto Groß das Schicksal der Okkultierung. Sollen wir seinen Namen nennen? Es mag sinnvoll erscheinen, die Besprechung eines Buches von Enthüllungen mit der Evokation eines Namens zu beschließen, der tabu ist: *Carl Schmitt*[25].

Anmerkungen

1 Martin Green: *The von Richthofen Sisters, The Triumphant and the Tragic Modes of Love*, New York, 1974. Deutsch: *Frieda und Else, die Richthofen-Schwestern*, Kindler 1976. (Leider fehlt in der deutschen Ausgabe eine 35 Seiten umfassende synoptische Zeittafel, die alle Figuren des Buches in den historischen Kontext rückt, sowie ein sehr wichtiger Exkurs des Autors: »Woher ich das alles weiß«.) – Green, 1927 geboren, war Professor für englische Literatur an der Tufts University (Medford, Mass., USA), dann Lektor an der Birmingham University, England.
2 *Gesammelte Aufsätze zur Wissenschaftslehre*, 3. Auflage, 1968, S. 180.
3 Ernst Correll: *Nachruf auf Max Weber*, in: *Hochschule*, 1920.
4 Daran haben auch die Arbeiten von Wolfgang Mommsen (*Max Weber und die deutsche Politik 1890–1920*, Tübingen, 2. Aufl. 1974) und Eduard Baumgarten (*Max Weber, Werk und Person*, Tübingen 1964. Baumgarten ist ein Neffe Max Webers und verwaltet den noch unveröffentlichten Familiennachlaß incl. der Briefe und Aufzeichnungen von Else Jaffe) nicht viel geändert, obwohl sie Versuche darstellen, endlich auch die Schwächen des bedeutenden Mannes – und daran, daß er »bedeutend« war, will ja niemand zweifeln – zu deuten. Erst der Amerikaner Arthur Mitzmann (*The Iron Cage, A Historical Interpretation of Max Weber*, Knopf, New York 1970) ist weiter gegangen und hat damit begonnen, das wissenschaftliche Œuvre »dieses wohl letzten Polyhistors der europäischen Geistesgeschichte« von seiner Biographie und zeitgeschichtlichen Bedingtheit her auf seine Relevanz hin abzuklopfen und hinter dem geistigen und politischen Anspruch das ödipale Grundmuster freizulegen. Als erster hatte Friedrich von Meinecke da etwas geahnt, der in Max Weber den zum Vatermord aufgerufenen Orestes diagnostizierte (in seiner Besprechung von Marianne Webers *Lebensbild* von Max Weber, zuerst 1927 in: *Historische Zeitschrift*, Band

135, Wiederdruck in: *Sonderheft 7 der Kölner Zeitschrift für Soziologie und Sozialpsychologie*, 1963). Meinecke (1862–1954) war der typische Repräsentant von Berlin, hat dann aber, schrittweise, von Weltkrieg zu Weltkrieg, seine Position revidiert.

5 Otto Groß (1877–1919), geb. in Graz, studierte Medizin; Privat-Dozent, Analysen bei Freud und C. G. Jung; Veröffentlichungen: *Zur Frage der sozialen Hemmungsvorstellungen* (1901) – *Zur Biologie des Sprachapparates* (1904) – *Über Bewußtseinszerfall* (1904) – *Über Destruktionssymbolik* (1914) – *Zur Überwindung der kulturellen Krise* (1913) – *Die Einwirkung der Allgemeinheit auf das Individuum* (1913) – *Anmerkungen zu einer neuen Ethik; Notiz über Beziehungen* (1913) – *Protest und Moral im Unbewußten; Zum Problem Parlamentarismus* (1919) – *Zur neuerlichen Vorarbeit: Vom Unterricht* (1920) – *Die kommunistische Grundidee in der Paradiessymbolik* (1919) – *Drei Aufsätze über den inneren Konflikt: Über Konflikt und Beziehung. Über Einsamkeit. Beitrag zum Problem des Wahns* (1920).

6 Franz Jung: *Sophie*, Berlin 1915; *Der Weg nach unten (Der Torpedokäfer)*, 1961. Leonhard Frank: *Links, wo das Herz ist*, 1952 (Groß: Dr. Kreuz). Franz Werfel: *Barbara oder die Frömmigkeit*, 1929, bes. S. 456ff. Es gibt offenbar noch ein unveröffentlichtes, ganz Groß gewidmetes Romanfragment von Werfel: *Die Schwarze Messe*.

7 Hans Groß (1847–1915), Begründer der Kriminologie und Kriminalanthropologie.

8 Die erste Skizze dieser Polarität hat Willy Haas in seinem Buch *La belle Epoque* (1964) entworfen.

9 Marianne Weber, geb. Schnitger (1870–1953): *Ehefrau und Mutter in der Rechtsentwicklung*, 1907; *Die Frauen und die Liebe*, 1936.

10 Gräfin Franziska zu Reventlow (1871–1918), lange Jahre Geliebte von Ludwig Klages, der sie eine »heidnische Heilige« nannte. Autobiographie/ *Herrn Dames Aufzeichnungen*, 1913.

11 Ernst Graf zu Reventlow (1869–1943).

12 Alfred Schuler (1865–1923): *Fragmente aus dem Nachlaß*, mit Einführung von Ludwig Klages, Leipzig 1940.

13 Ludwig Klages (1872–1956): *Vom Kosmogonischen Eros*, 1921.

14 Max Nettlaus letzte Bände der großen Geschichte des Anarchismus schlummern immer noch unveröffentlicht im Institut für Sozialgeschichte in Amsterdam. Otto Groß ist nicht erwähnt. Erstaunlicherweise erscheint sein Name auch nicht in der glänzend dokumentierten Studie von Ulrich Linse: *Organisierter Anarchismus im deutschen Kaiserreich von 1871* (Berlin 1969), von dem auch ein Buch über Landauer und die Revolution vorliegt (Berlin 1974).

15 Der Brief von Otto Groß befindet sich im Institut für Sozialgeschichte in Amsterdam.

16 Nikolaus Tschernischewski (1829–1889). Lenin lebte in München 1900–1902 und gab dort die Zeitschriften *Iskra* und *Zargi* heraus; war 1907 und 1913 wieder dort. Tschernischewskis Roman *Was tun* (1862) war eine generöse Evokation Fourierscher Ideen über Liebe und Ehe, einer der

wichtigsten Ideenromane der Zeit, den Lenin sehr schätzte – er hat den berühmten Titel (im Stil einer Collage, wie sie damals Mode wurden) für einen politischen Text benutzt.

17 Aleksandra Mikhailowna Kollontai: *Wege der Liebe*.
18 In diesem Zusammenhang muß unbedingt noch an die Art und Weise erinnert werden, in der Freud und C. G. Jung sich darüber verständigt haben, Otto Groß wissenschaftlich zu diskreditieren (siehe Briefwechsel Freud/ C. G. Jung).
19 Unter dem Titel *Der Konflikt des Eigenen und des Fremden* (*verdrängte, vergessene und unterdrückte Schriften gegen die herkömmliche Psychoanalyse*) bereiten H. D. Heilmann und H. J. Viesel eine ausführliche Arbeit über Otto Groß vor. Band I: *Otto Groß, ein Kämpfer gegen seine Zeit*, stellt die Zusammenhänge Psychoanalyse/Dadaismus/Anarchismus dar als theoretische Auseinandersetzung mit Ideologie, Politik, Wissenschaft und Entfremdung. In Band II werden alle bisher gedruckten Schriften von Otto Groß – zusammen mit einem ausführlichen Vorwort – veröffentlicht. Obwohl schon lange angekündigt, sind beide Bände bis heute (1986) noch nicht erschienen.
20 Frieda von Richthofen (1879–1956); vgl. Robert Lucas: *Frieda von Richthofen, Ihr Leben mit D. H. Lawrence*, Kindler 1972 u. dtv 1975.
21 Seine legitime Frau Frieda, geb. Schloffer; Regina Ullmann (1884–1961) und Else. Elses Sohn, geb. 1907, starb 1913.
22 Arthur Mitzmann, dessen Max-Weber-Buch noch zu Lebzeiten von Else Jaffe erschien, muß sich mit Andeutungen begnügen, obwohl er das venezianische Abenteuer (über das Baumgarten, der die entsprechende Korrespondenz verwahrt, ihm einige Tips gegeben hatte) zum Wendepunkt im Leben Webers macht, von dem an dieser erotischen Fragen etwas toleranter und offener gegenübersteht.
23 *Adolf Hitler, Familienperspektiven*, Suhrkamp 1975.
24 Vgl. auch Saul Friedländer: *L'antisémitisme nazi*, Paris 1971; *Histoire et Psychoanalyse*, Paris 1975.
25 Carl Schmitt (1889–1984) nennt Otto Groß in seiner *Politischen Theologie*, 1922, 2. Aufl. 1934, S. 71.

Freuds Vienna

Nicht nur Nostalgie nährt ein immer wachsendes Interesse für das Wien um 1900. Keineswegs nur im deutschsprachigen Raum, auch in Frankreich, England und Amerika mehren sich die Veröffentlichungen, in denen mit archäologischer Akribie ein Modell sozialer und kultureller Zustände freigelegt wird, das nicht nur für das vergangene, sondern für unser Jahrhundert paradigmatische Bedeutung hat, weil wichtigste Strömungen modernen Denkens dort ihren Ausgang genommen haben.

Bemerkenswert war die 1975 erschienene Sondernummer der angesehenen französischen Zeitschrift *Critique*, die vor einer erstaunten Pariser Öffentlichkeit das Panorama des *Vienna, début d'un siècle* in voller Breite aufrollte und dabei in der Vielfalt der Personen und Disziplinen die innere Einheit des Phänomens zur Anschauung brachte. *Wittgensteins Vienna* lautete der Titel eines 1973 in London erschienenen Buches, in dem die beiden Autoren Allan Janik und Stephen Toulmin (welch letzterer von der Wissenschaftsgeschichte und Wissenssoziologie kommt) am Beispiel Wittgensteins die Strukturgleichheit der großen Akteure der Wiener Szene der Jahrhundertwende untersuchen. Das Verdienst, diese innere Isomorphie entdeckt und in scharfsinnigen Studien über Freud, Schnitzler und Hofmannsthal aufgedeckt und sozio-historisch gedeutet zu haben, kommt wohl dem in Amerika lehrenden Carl E. Schorske zu, der auch das kulturelle Signet dafür gefunden hat: *La Valse* von Maurice Ravel[1]. Und jetzt liegt bei Hanser Hermann Glasers Buch *Sigmund Freuds XX. Jahrhundert* vor, das den Erfinder der Psychoanalyse als Leitfigur – oder besser: die Erfindung der Psychoanalyse als Leitfaden – benutzt, um die Problematik unserer Epoche in den Griff zu bekommen. Er hätte ebensogut über Karl Kraus' XX. Jahrhundert schreiben können oder über das von Stefan Zweig, Weininger, Mahler, Schönberg, Kelsen und ihr Œuvre – andere haben es getan oder werden es tun[2] –; es wird immer dasselbe Buch sein, in dem es letztlich darum geht, das Geheimnis des Wiens der Jahrhundertwende zu enträtseln.

I

Warum ausgerechnet Wien und nicht Paris, London, Rom oder Berlin? Weil in Wien die Problematik eines historischen Umbruchs, eines Endes und eines Neubeginns, die Problematik vom Untergang des Alten Europa eindeutiger, radikaler, intelligenter perzipiert und konzeptualisiert wurde als in den anderen Kapitalen des Kontinents, deren spezifische Rolle in dieser Periode sich heute bereits daran messen läßt, inwieweit sich die Konfliktsituation der Hauptstadt Kakaniens in ihnen spiegelt. Denn hier, in Wien, vollzog sich, wie nirgendwo sonst um die Jahrhundertwende, die letzte, unerbittlichste und folgenreichste Auseinandersetzung jener alten aristokratischen, ständisch-hierarchischen, hieratisch-sakralen Kultur des christlichen Abendlandes mit den Forderungen einer demokratisch szientistischen Weltzivilisation, pointiert gesagt: die durch ein Jahrhundert europäischer Bürgerkriege verschleppte Konfrontation von »Reaktion« und »Revolution«, von »Ancien Régime« und Zukunftsgesellschaft. Und sie vollzog sich radikaler, weil sich die Protagonisten der beiden Positionen in idealtypischer Reinheit gegenüberstanden: auf der einen Seite eine das Monopol der Macht absolut und unangefochten innehabende feudale Oberschicht – und zwar die letzte in Europa noch intakte, nicht durch politische Kompromisse, Konzessionen, Depossedierungen und Mesalliancen in ihrer Existenz geschwächte, nämlich die Hocharistokratie des Habsburgischen Reiches; auf der anderen Seite eine machtlose, ja gedemütigte bürgerliche Intelligenzija, und zwar nicht eine bürgerliche Intellektuellenschicht schlechthin, sondern ihre Avantgarde, die letzten bewußten Exponenten eines anderswo schon korrumpierten, national vereinnahmten Liberalismus – die *jüdische* Intelligenzija Wiens.

Nirgendwo in Europa trat der epochale Antagonismus in einer derartigen Schärfe zutage. Er hat in dieser Rollenverteilung etwas geradezu Groteskes, Karikaturales. Die Schematik des Klassenkampfes erscheint im Vergleich daneben als eine unstatthafte Vergröberung, welche die eigentlichen Positionen, das »geistig Typische«, verwischt. Diejenigen, die glaubten, es habe bereits die Stunde der Auseinandersetzung der Bourgeoisie mit dem Proletariat geschlagen, waren der Zeit voraus. Von Wien her gesehen, ließen sie sich darüber täuschen, daß der Kampf der Bourgeoisie mit dem »Ancien Régime« noch lange nicht beendet war. Dort war durchaus unübersehbar, was man im übrigen Europa zu schnell vergessen hatte – der Skandal nämlich, daß der große emanzipatorische Aufbruch der Menschheit, der in der Französischen Revolution seinen ersten Höhepunkt gefunden hatte, nicht die angestrebte Veränderung der gesellschaftlichen Verhältnisse, nicht die Expropriation der alten feudalen Oberschichten, nicht die Gleichheit der Lebenschancen aller Bürger herbeigeführt hatte. Daß vielmehr Konterrevolution und Reaktion im 19. Jahrhundert triumphiert hatten, daß alles au fond beim alten geblieben war. Was um so peinlicher und frustrierender von denjenigen empfunden werden mußte, die in dem Glauben lebten, die Revision der gesellschaftlichen Strukturen welthistorisch sei bereits gelaufen.

Das öffentliche Selbstverständnis beruhte also weitgehend auf Selbsttäuschung. Auch in Österreich hatte es in den sechziger Jahren des vorigen Jahrhunderts eine kurze Periode der Illusionen gegeben: Den Bürgern schien der Zugang zur Macht gesichert. Es dauerte nicht lange. Die berühmten Wahlen von 1895, aus denen der Antisemit Lueger als Sieger hervorging, markierten dann das definitive Ende aller liberalen Hoffnungen. Was blieb, war eine rechts- und verfassungsstaatliche Fassade, eine Scheinöffentlichkeit und Pseudoliberalität, durch welche die wahren politischen und sozialen Verhältnisse auf (be)trügerische Weise verschleiert und somit noch verschlimmert wurden. Der Schmerz darüber, daß sich in Österreich trotz Aufklärung und Revolution, trotz Parlamentarismus und Pressefreiheit nichts geändert hatte und Kakanien ein Feudalstaat mit aristokratischem Herrschaftsmonopol geblieben war, gewann dadurch allerdings an Intensität, daß er nicht nur der primäre über die Zustände als solche war, sondern darüber hinaus der sekundäre darüber, daß sich trotz scheinbarer Erfolge nichts geändert hatte – man war nicht nur ohnmächtig, sondern obendrein geprellt. Das wurde freilich mehr gefühlt, als begrifflich erfaßt.

Das politische Grundfaktum war und blieb, daß trotz allen liberalen Geredes der Mensch als Bürger, die kulturelle Elite inbegriffen, in einem Zustand der Abhängigkeit und Unmündigkeit gehalten und von der Macht ausgeschlossen wurde; daß auch »Kultur« nicht Allgemeinbesitz war, wie man glauben wollte, sondern das Privileg, »domaine réservé«, der herrschenden Kaste. Es blieb ein Vorfeld – ein im wesentlichen literarischer, sich in Worten erschöpfender Kulturbetrieb, der die Idee einer universellen Kultur, die jedem zugänglich war, als Fiktion aufrechterhielt, und diese Lage war für jeden, der sie durchschaute und sich »zu Höherem berufen« fühlte, schlechterdings unerträglich.

II

Das galt in ganz besonderem Maße für die Juden, denen die politische Emanzipation nicht nur den Zugang der bürgerlichen Klasse zur Macht, sondern darüber hinaus noch speziell den Aufstieg aus dem Ghetto in die bürgerliche Gesellschaft, die Überwindung einer 1000jährigen sozialen und religiösen Diskriminierung, die endliche Anerkennung als Bürger, Zeitgenosse und Mensch bedeutete. Da nun die Assimilation der Juden in Wien um eine historische Stufe hinter der zurücklag, die im westlichen Europa gelungen war, vollzogen die jüdischen Intellektuellen im letzten Drittel des 19. Jahrhunderts den Aufstand gegen die hereditäre Herrschafts- und Kastenstruktur des alten Europa, den die bürgerlichen Intellektuellen im 18. in England und Frankreich ausgelöst hatten, sozusagen in dreifacher Steigerung nach. Doch wurde ein im Wesen politischer Protest bei Lage der Dinge zu einem kulturellen. Carl E. Schorske, der zweifellos beste Kenner dieser Epoche, hat gezeigt, wie der definitive Kollaps der liberalen Hoffnungen zu einer Abwendung der bürgerlichen Intellektuellen von der Politik ins kulturelle Leben und von der Kritik der objektiven Verhältnisse zur Ausbildung eines übersteigerten Subjektivismus geführt haben[3]. Es blieb der Resignation kein anderer Ausweg.

Die jüdischen Intellektuellen erlebten stärker noch als die anderen, die sich in den Schutz sekurisierender Identifikationen und Selbsttäuschungen begeben konnten, das Schicksal der bürgerlichen Klasse als gestörte Relation hochdifferenzierter Einzelindividuen mit dem gesellschaftlichen System; als das Leiden an Herrschaftsstrukturen, von denen sie nicht nur ausgeschlossen, sondern denen sie ohne Hoffnung auf deren Veränderung ausgeliefert waren, weil sie rechts- und verfassungsstaatlich in der Scheinöffentlichkeit eines fallaziösen Kulturbetriebes vermittelt waren und nicht virulent wurden als *direkte Gewalt*, sich gerade darum aber um so fataler auswirkten als *strukturelle Gewalt*. In psychischen Tiefenschichten wurden so die verschleierten Herrschaftsverhältnisse erfahren als Vexation, als permanente Verletzung von Selbstwertgefühlen des einzelnen Subjekts. Diese sich ihrer Ursache oft gar nicht mehr bewußte Dauer-»Gekränktheit« schafft jene letzten Endes neurotische Grunddisposition, die für die Gefühlsstruktur der Wiener jüdischen Intelligenzija so konstitutiv ist – man denke an Karl Kraus –: eine haßerfüllte Gereiztheit, ein hochsensibles Reagieren auf Symptome, eine mit Intoleranz gepaarte Überempfindlichkeit, kurz, eine Art genereller Wut, die sich pausenlos in intellektueller Aggressivität »tous azimut« von ungeahnter Durchschlagskraft Luft machen mußte. Dazu gehörte komplementär ein unbestechliches Flair für die Schwächen der Menschen, für die Bruchstellen und Risse eines sozialen Systems und seiner Ideologie, die zu einer Analyse dessen, »was dahinter steckt«, in außerordentlichem Maße befähigte.

Da man die gehaßten Produzenten der strukturellen Gewalt

nicht dort treffen konnte, wo man sie treffen müßte, als Okkupanten der politischen Machtposition nämlich, entlud sich diese Opposition in kompensatorischen Normen- und Tabuverletzungen des kulturellen Systems. Weil sie ein Ventil in politischer Aktion nicht findet, strömt sie mit voller Vehemenz in die Sekundärbereiche von Kunst, Literatur und Wissenschaft ein und entfaltet hier vermittels Kritik und Analyse eine der eigenen Demütigung proportionale Zerstörungsaktion, die kein Pardon mehr kennt.

Es handelt sich hier um Ersatzhandlungen an Pappkameraden. Politische Konflikte werden als Kulturprobleme gleichzeitig verfremdet und ausgetragen. Kunst, Literatur und Wissenschaft schwellen damit zu einer Bedeutung an, die sie unter anderen Umständen nie hätten – und auch nie gehabt haben. Sie werden nicht nur als primäre Lebensbereiche hypostasiert, sie werden auch als solche empfunden und schließlich als solche gesellschaftlich akzeptiert. Das führt dann zu solchen mikroskopischen Scheinerfolgen, daß Gustav Mahler einen zuspätgekommenen Erzherzog aus der Loge verweisen kann – was freilich niemanden über die Grundtatsache hinweggetäuscht haben dürfte, daß diesem die Oper gehört, an der jener nur geduldet wird.

Gleichviel. Die letzte Phase des europäischen Bürgerkrieges vollzog sich in Wien nicht als Straßenschlacht oder Generalstreik, sondern im Kostüm kultureller Innovationsleistungen, deren Bedeutung freilich – ob es sich nun um Schönbergs »Anti-Musik«, Kraus' Sprachkritik, die Psychologie Schnitzlers, Wittgensteins Demontage der Metaphysik, Kelsens Entortung des Rechts, Weiningers Sexualtheorie oder die Freudsche Psychoanalyse handelt – nicht in ihrem »kulturellen« Anliegen, sondern in ihrer politisch-revolutionären Grundstruktur liegt. Immer ging es au fond um die gezielte Zerstörung des herrschenden Gesellschaftssystems. Der niemals klar angesprochene, nur viszeral gespürte Feind wurde nicht offensiv, sondern subversiv bekämpft – und tödlich getroffen. Denn, wie sich zeigen sollte, waren diese hypersensiblen Neurotiker außergewöhnlich erfolgreich.

III

Der bedeutendste Fall dieser subversiven, krypto-revolutionären Ersatzhandlungen ist die Erfindung der Psychoanalyse durch Sigmund Freud. Der eigentliche Gegner wird nie genannt. Er ist subjektiv verdrängt und wissenschaftlich verschlüsselt. In einer verallgemeinerten und verfremdeten Gestalt, als soziologisch-ethnologisch-psychologisches Studienobjekt gewissermaßen, als »Vater« wird er entlarvt, entmachtet und entmannt. »Patricide replaces regicide«[4]. Oh Kaiser Franz Joseph! Die Psychoanalyse konnte *nur* in Wien entstehen.

»Flectere si nequeo superos, acheronta movebo.« Diese Zeile Virgils stellte Freud 1900 seinem persönlichsten, bahnbrechenden Werk, der *Traumdeutung*, voran. Das ist nicht die Koketterie eines Humanisten, das ist eine Kampfansage. Mehr: eine furchtbare Drohung. Freud hatte dieses Motto bei Ferdinand Lassalle gefunden, der es Bismarck 1859 ins Stammbuch geschrieben hat. Dieser kam selber immer wieder auf diese unheimliche Formel zurück. Er wußte warum. Es ist die Parole des europäischen Bürgerkrieges. Hinter ihr verbirgt Freud sein eigentliches Programm – es ist das der sozialen Gruppe, für die er repräsentativ ist, die jüdischen Intellektuellen Wiens, das letzte Aufgebot des europäischen Liberalismus[5]. Trotz Kraus und Wittgenstein ist Freud darum der Größte von allen, weil das revolutionäre Potential seiner intellektuellen Leistung das größte ist.

Alle waren sie »Söhne«, in ihrem revolutionären Impuls und Affekt *Beauftragte* ihrer Väter – die zu der Generation der düpierten Liberalen der sechziger Jahre gehörten. In ihre Gereiztheit fließt die Selbstkritik der bürgerlichen Opposition ihrer Väter ein, die sich fragen mußten: Was haben wir falsch gemacht, warum haben wir versagt? Sie ist aber auch durch das schlechte Gewissen gekennzeichnet, daß sie die Väter nicht im politischen Kampfe rächen, sich vielmehr in den Kulturbereich haben abdrängen lassen und nun dort versuchen, nach »oben« zu streben. Dieses Verhältnis – das im »revolutionären Traum« Freuds deutlich zutage tritt, wenn auch nicht politisch interpretiert wird – hat seinerseits Theodor Reik in seiner vielschichtigen Mahlerstudie analysiert[6]. Auch für ihn gilt, was Schorske so formuliert: »Patricide replaces politics. Psychoanalysis overcomes history. Politics is neutralised by a counterpolitical psychology.«

Die Tragik von Freud liegt darin, daß er das revolutionäre Programm, das er 1900 entworfen hat und dessen politische Tragweite er durchaus erkannte, selber nicht politisch durchzusetzen bereit war. Nach einigem Zögern wohl, zog er sich in das Asyl der Wissenschaft und des fachlichen Spezialistentums zurück – ganz ähnlich, sei nebenbei angemerkt, und strukturgleich wie ein Max Weber. Er ist davor zurückgeschreckt, die »Mächte des Abgrundes« wirklich gegen die »Superos« – die Herrschenden, die ihn »kastrierten« – zu mobilisieren, und hat letzten Endes für die Erhaltung der Vatergesellschaft optiert, nachdem er gezeigt hatte, wie sie aus den Angeln zu heben gewesen wäre. »Wir müssen Ärzte bleiben«, hat er gesagt und damit das Zeichen dafür gegeben, die Psychoanalyse zu einer Technik der Adaptation an die herrschenden Zustände zu entwickeln, statt sie zu dem zu benutzen, wofür sie ursprünglich geschaffen war: ein Instrument der Revolutionierung dieser Zustände. Es blieb anderen vorbehalten, diesen Weg zu beschreiten – Otto Groß, Paul Federn, Wilhelm Reich, Herbert Marcuse – Schülern (Söhnen), die er desavouiert hat[7]. Sigmund Freud ist ein Revolutionär »malgré lui« geblieben. Die Psychoanalyse, weiterentwickelt zur Soziopsychoanalyse, ist deswegen aber heute nicht weniger die eigentliche »Philosophie der Revolution« – darin bei weitem dem Marxismus überlegen – der, wie sich zeigen wird, einzig erfolgversprechende Ansatz für eine Theorie der Veränderung und Veränderbarkeit der gesellschaftlichen Verhältnisse und somit die letzte Chance, die späte bürgerliche Gesellschaft vor der Katastrophe zu retten, die Freud im übrigen wie kein anderer vorauszusehen glaubte.

Die Freud-Literatur schwillt ständig an. Trotz der – politischen – Einwände, die man gegen ihn formulieren mag, ist seine Größe immer noch im Wachsen. Dabei kann das Interesse für die »ökologische Nische« seines Denkens – das Wien der Jahrhundertwende – nur immer zunehmen[8]. Wenn nun H. Glaser die zeitgeschichtlichen Zusammenhänge in einer großen Montage ideengeschichtlich und historisch relevanter Texte nachzuweisen versucht, so ist es das Verdienst des monumentalen Bildbandes des Suhrkamp Verlages[9], das Eingebettetsein von Sigmund Freud in seine Wiener Welt – die für ihn zunächst die einer jüdischen Familie war – ad oculos zu demonstrieren. »Weil ich Jude war, fand ich mich frei von vielen Vorurteilen, die andere im Gebrauch ihres Intellekts beschränkten, als Jude war ich dafür vorbereitet, in die Opposition zu gehen und auf das Einvernehmen mit der ›kompakten Majorität‹ zu verzichten.« Vor unseren Augen erscheint der Patrizid in der Gestalt des biblischen Patriarchen, dessen Ernst, Würde und Geistigkeit über jede Kritik erhaben ist.

»Ich hasse Wien geradezu persönlich«, hat er einmal gesagt. Und wir wissen warum. Er und seine Kampfes- und Leidensgenossen haben den Zusammenbruch Kakaniens sicher nicht herbeigeführt, die Gründe dafür aber freigelegt. Sie haben den Untergang des alten, letzten Endes feudalen Europa dadurch beschleunigt, daß sie die Mechanismen der Dekomposition früher erkannten als andere. Indem sie diesen Zerfall als kulturelles Phänomen erfaßten, haben sie das geistige Rüstzeug geschaffen, mit dem die große Auseinandersetzung um die gesellschaftliche Bestimmung des Menschen in unserem Jahrhundert – nun in den Proportionen eines Weltbürgerkrieges – fortgesetzt wird. Die emanzipatorische Menschheitsbewegung, deren schmählichen Verrat die letzten Liberalen des 19. Jahrhunderts sich so sehr zu Herzen gehen ließen, ist heute übergegangen in eine »Kulturrevolution«, die die politische Landschaft des Planeten bestimmt. Daß wir sie in den Kategorien Freuds begreifen können, macht die Aktualität der Wiener Szene des »fin de siècle« aus. Das ist ihr Geheimnis.

Anmerkungen

1 Carl E. Schorske: *Politik und Psyche im Wien des Fin de siècle*, in: *The American Historical Review*, vol. LXVI, no. 4, 1961.
2 Nike Wagner: *Karl Kraus in Wien*. Noch ungedruckte Dissertation, der ich wichtige Hinweise verdanke. – Vgl. auch Theodor Adorno: *Wien*, in: *Quasi una fantasia*, Suhrkamp 1963.
3 Vgl. auch den ausgezeichneten Aufsatz von Horst Albert Glaser: *Arthur Schnitzler und Frank Wedekind*, in: *Wollüstige Phantasie*, Reihe Hanser, 1974.
4 Carl E. Schorske: *Politics and Patricide in Freud's Interpretation of Dreams*, in: *The American Historical Review*, vol. VXXVIII, no. 2, 1973.
5 Ferdinand Lassalle hat als progressiver jüdischer politischer Führer offenbar einen besonderen Stellenwert in den Kreisen der jüdischen Intelligenz gehabt. Seine berühmte Unterscheidung von Verfassungsrecht und Verfassungswirklichkeit enthält schon das Modell von Wittgensteins Distinktion von Sprache und Welt – dem die Erfahrung zugrunde liegt, daß das, was man sagt (uns weismachen will), eben nicht das ist, was der »Fall ist«.
6 Theodor Reik: *Variations psychoanalytiques sur un thème de Gustav Mahler*, Paris 1972. Engl. Original: *The Haunting Melody*, New York 1953.
7 Vgl. N. Sombart: *Die Welt der Richthofen-Schwester*, Merkur, Oktober 1976.
8 Alfred Schick: *The Vienna of Sigmund Freud*, in: *Psychoanalytic Rev.* 1968/55, p. 529–551 – Marthe Robert: *Freud et Vienne*, in: *Freud, Jugements etc.*, Paris 1976.
9 *Sigmund Freud, Sein Leben in Bildern und Texten*, herausgegeben von Ernst Freud, Lucie Freud und Ilse Grubrich-Simitis, Suhrkamp 1976, 351 S. (Lexikonformat).

Walter Rathenau – Maximilian Harden

Zur Edition ihres Briefwechsels

Es gilt, ein außerordentliches, außergewöhnliches Buch anzuzeigen: die von Hans Dieter Hellige besorgte Edition des Briefwechsels von Walther Rathenau und Maximilian Harden[1]. Was sich hier, ganz bescheiden, als VI. Band der *Walther Rathenau Gesamtausgabe* präsentiert, ist weit mehr als die übliche Publikation einer Korrespondenz mit wissenschaftlichem Apparat. Es handelt sich vielmehr um etwas wie eine Doppelbiographie von Harden und Rathenau am Leitfaden ihres Briefwechsels. Aber auch diese Definition tut dem Unternehmen in seiner ganzen Bedeutung noch nicht Genüge. Wir haben es tatsächlich – ohne daß es auf Anhieb möglich wäre, das Genre zu bestimmen – mit einem der interessantesten Beiträge zur Geschichte des wilhelminischen Deutschland zu tun, der in den letzten Jahren der Öffentlichkeit vorgelegt worden ist – was das Problembewußtsein und den methodologischen Anspruch, aber auch die Verarbeitung eines umfassenden, weitverstreuten Materials, die scharfsinnige Analyse heute nur noch zum Teil bekannter Sachverhalte betrifft. Vielleicht ist es überhaupt der interessanteste Beitrag dazu.

Schon buchtechnisch handelt es sich um eine Meisterleistung. 1000 Seiten Dünndruckpapier, ein klares, übersichtliches Schriftbild. Gute Register. Reichliche Illustrationen. Schnell stellt sich heraus, daß dem Leser in einem Einband zwei, wenn nicht drei Bücher geboten werden: eine sozialgeschichtlich-biographische Studie von Hans Dieter Hellige, die mit ihrem Anmerkungsapparat allein 300 Seiten in Anspruch nimmt (Rathenau und Harden in der Gesellschaft des deutschen Kaiserreichs), dann 458 Briefe, zum größten Teil bisher unveröffentlicht (ihre Auffindung ist ein Roman für sich), und schließlich, in den Briefwechsel verwoben, eine Serie von Mini-Monographien über die verschiedensten, darin angeschlagenen Themen, glänzend recherchiert, zum Teil Neuland erschließend, immer informativ. Kursorischer Lektüre vielleicht nicht ohne weiteres zugänglich, aber ein großes Lesevergnügen für den gelehrten Freund der Fußnoten, Verweise und Exkurse. Ein Nebeneinander von Primärquellen, historischen Informationen und Interpretationen. »Im Spannungsverhältnis von begrifflicher Verallgemeinerung und der Ausbreitung konkreter historischer Vielfalt« wird dem Leser die Synthese überlassen. Ein Buch für Kenner mehr als für Amateure.

Was liegt hier vor? Eine detailfreudige, sachkundige, äußerst reichhaltige Sammlung von »Materialien zu ...«? So mag es scheinen, doch es handelt sich um mehr. In der Form einer editorischen »tour de force« wird ein Exempel für die mögliche Lösung eines methodologischen Problems der Geschichtswissenschaft statuiert. Wie kann man eine Biographie sozialgeschichtlich fundieren? Es handelt sich um ein Experiment.

Neue Maßstäbe

Dieses Experiment ist genau an jenem Punkt angesiedelt, an dem der Methodenstreit der Fachhistoriker seit Jahrzehnten den Zugang zu einem adäquaten Verständnis des deutschen Kaiserreiches verbaut. Es geht um die Vermittlung zwischen der »modernen deutschen Sozialgeschichte« und einer stärker biographisch-personalistischen Geschichtsschreibung, die gerade im Hinblick auf das wilhelminische Deutschland der durch soziologische Theorien angereicherten Strukturanalyse, sehr zu Recht, eine Reduktion historischer Komplexität vorwirft und der Bedeutung des Persönlichen in der Geschichte sowie der individuell verstehenden Methode wieder Priorität einräumen will.

Da sind hartnäckige Widerstände zu überwinden. Die Bedeutung des großen Einleitungsessays liegt in der Exposition eines neuen methodologischen Ansatzes. Er arbeitet mit personengeschichtlichen, sozialpsychologischen und ideologiehistorischen Vergleichen, um über den hemmenden methodischen Gegensatz von »Strukturanalysen« und »Personalismus« hinauszukommen und das Modell einer theoretisch fundierten sozialgeschichtlichen Biographie zu entwickeln, deren Aufgabe es wäre, den gesellschaftlichen Konstitutionsprozeß des Individuums, dessen psychologische, soziale, ideologische und politische Komponenten, als *einen* Zusammenhang zu begreifen und darzustellen.

Dieses Vorhaben (als Doppelbiographie) wird nicht durchgeführt, sondern nur vorbereitet. Doch diese Vorbereitungsarbeit darf als eine Pionierleistung gelten, die weit über das engere Thema Harden-Rathenau hinausweist. Insofern als das Experiment neue Maßstäbe setzt, darf es als geglückt gelten, auch wenn man einwenden wollte, daß es die Form, die für seine Durchführung gewählt wurde, sprengt. Man wird in Zukunft nicht unter dieses Niveau der methodologischen und dokumentarischen Instrumentierung heruntergehen können.

Das Interesse dieses Buches liegt also auf zwei ganz verschiedenen Ebenen. Derjenigen, auf der das historische Interesse angesiedelt ist, das jeder, der sich für deutsche Geschichte passioniert, zwei in jeder Hinsicht hervorragenden Figuren des wilhelminischen Deutschland entgegenbringen wird, und auf jener ganz anderen, auf der es um die von diesen beiden Protagonisten zunächst ganz unabhängige methodologische Frage geht, wie man es anstellen muß, um die geschichtlich-gesellschaftliche Wirklichkeit einer Epoche in den Griff zu bekommen, deren Verständnis uns bislang – trotz unzähliger Einzelstudien – immer noch nicht richtig gelungen ist. Das Buch hilft uns auf doppelte Weise, dem Geheimnis näherzukommen.

Die Anpassung der Außenseiter

Das Paar Harden-Rathenau ist nun für den Erforscher des wilhelminischen Deutschland ein besonderer Glücksfall. Einerseits repräsentieren die beiden – auf unterschiedliche Weise – den Typus der erfolgreichen kosmopolitischen großstädtischen Bourgeoisie, die, obwohl sie das Wirtschaftsleben und die Kultur dominiert, in Deutschland doch von jeder effektiven Teilnahme an der politischen Macht ausgeschlossen bleibt. Man kann die traumatische Wirkung dieses Ausgeschlossenseins auf die psychische Befindlichkeit dieser sozialen Schicht, vor allem in deren höheren Rängen, gar nicht überschätzen. Darüber hinaus stehen sie, als deutsche Juden, in einer Außenseiterstellung, die diese Situation noch verschärft. Das Problem des Zugangs zur Macht radikalisiert sich zu einem Problem der Assimilation an die politische Kultur (resp. Unkultur) der Machthaber – einer aristokratischen Oligarchie, deren Herrschaftsmonopol für sie eine doppelte Herausforderung darstellt. Sie werden als Bürger und als Juden abgelehnt. Das hohe Niveau der Selbstreflexion, auf dem sie ihre jüdische Sonderproblematik artikulieren, steigert ihr Verständnis für die politischen und sozialen Verhältnisse und schärft ihren kritischen Blick für bestehende Mißstände, ja erzeugt jenes stereoskopische Sehvermögen, durch das ein Durchschauen der Positionen des Gegners – sowie der eigenen – erst möglich wird.

Das ist so seit Heine und Lassalle. Das haben sie den nicht-jüdischen bürgerlichen Intellektuellen voraus, die sich von ihrem Verhaftetsein in der bestehenden gesellschaftlichen Ordnung nie ganz zu lösen vermögen. An dieser Grenzlinie entsteht der Gesellschaftsroman von Proust, die Soziologie von Simmel, die Psychoanalyse von Freud – Entlarvungsstrategien, aber keine politische Alternative. Auf Grund ihrer jüdischen Assimilationsproblematik reagieren sie nicht – was natürlich wäre – mit einer absoluten Verachtung und Verneinung der Machthaber, denen sie sich intellektuell turmhoch überlegen fühlen dürften, sondern mit einem psycho-pathologischen Sozialverhalten, das man als

»Identifikation mit dem Aggressor« bezeichnet hat. Sie verinnerlichen die germanisch-aristokratischen Werte der deutschen Führungsschicht. Es entsteht auf diese Weise das für den Wilhelminismus typische Syndrom eines falschen Bewußtseins, das für das gesamte Bürgertum charakteristisch ist, nicht nur für die jüdische Minorität, hier aber in karikaturenhafter Überzeichnung beobachtet werden kann – jene neokonservative, pseudofeudale Ideologie, deren weltanschauliches Substrat ein populär-wissenschaftlich begründeter, sich auf Nietzsche berufender, individual-aristokratischer Sozialdarwinismus ist.

Daß Rathenau sich unter völliger Verkennung seiner tatsächlichen Situation zu einem Mitglied der adligen Oberschicht stilisiert oder Harden sich für den einzig legitimen Nachfolger Bismarckscher Staatskunst hält, sind nur extreme Formen eines Anpassungsverhaltens, das für die Bourgeoisie ganz allgemein typisch ist. In dem Schicksal eines Harden und eines Rathenau, zweier deutscher Ausnahmejuden, Symptome eines deutschen Schicksals aufgezeigt zu haben, ist der materielle Gewinn dieses Buches.

Ihr Problem ist schon der Zugang zur Macht. Es sind nicht Literaten, die in die Subkultur der Bohème ausweichen, nicht Privatdozenten, die in irgendeiner Theoriebildung ihre politische Opposition rationalisieren. Durch ihre Position und ihre Beziehungen haben sie Einblick in den die politischen Geschicke bestimmenden Machtapparat und das Treiben der ihn monopolisierenden politischen Klasse. Bei gleichen gesellschaftlichen Aspirationen zwei ganz verschiedene Strategien des Aufstieges: Im Falle Rathenau das Interesse an einer politischen Karriere, die Anerkennung durch das Establishment, die Aufnahme in die Führungselite; bei Harden das Bestreben, als ihr schärfster Kritiker, als der, »der es besser weiß«, effektiv Einfluß auf die Reichspolitik zu nehmen. Beide Monarchisten. Beide auf die Figur des Kaisers fixiert, der eine in dem Wunsche, dessen Gunst zu gewinnen, als Hofgänger, als »Kaiserjude«, der andere in einer Art negativer Identifikation, scheinbar von einem wahnsinnigen Haß geleitet, in Wirklichkeit von dem geheimen Wunsch besessen, wo nicht der Kaiser selbst, so doch dessen intimster Ratgeber zu sein. Beider Traum: Außenminister des Reiches zu sein! Als es der eine dann schließlich wurde, wollte es ihm der andere nicht verzeihen.

Spiegelbild der Ziellosigkeit

Wenn Rathenau in seiner Stellung als Wirtschaftsführer wesentlich und konstruktiv an der deutschen Entwicklung zu einer imperialen Wirtschaftsmacht beigetragen hat, so hat der Kleinkapitalist Harden als selbständiger Unternehmer im Medienbereich mit seiner *Zukunft* eigentlich nur Unheil gestiftet. Man mag der politischen Führung des Reiches gegenüber seine Vorbehalte haben – das, was Harden dagegenzusetzen hatte, war sicher um kein Haar besser. Seine Dauerkritik war ein genaues Spiegelbild der Ziellosigkeit, die er monierte und die nicht nur die Unfähigkeit der effektiven Machthaber reflektierte, sondern in den unüberwindlichen Antinomien der Bismarckschen Reichsgründung angelegt war. Dagegen war kein Kraut gewachsen. Es gab nur eines: Bismarck überwinden – das hatte der Kaiser versucht, den in seinen modernen Intentionen ein Rathenau verstand. Harden aber wollte es noch besser machen als Bismarck. An diesem Dilemma ist das Reich zugrunde gegangen.

In ihren politischen Auffassungen divergierten die beiden eigentlich immer. Auch ihre kulturphilosophischen Konzeptionen waren keineswegs identisch, sondern recht unterschiedliche Gemengelagen liberaler und neokonservativer Positionen, in denen sich jeweils das Engagement für die gesellschaftlichen Aspirationen des Bürgertums mit den eigenen individual- und sozialpsychologischen Bedürfnissen zu einer Mischung eigener Art verbinden. Rathenaus Synthese von neokonservativer Kulturkritik und großindustriellem Fortschrittsoptimismus erwies sich dabei, vor allem nach dem Kriege, erfolgreicher als Hardens zwischen Aufbegehren und realpolitischer Unterwerfung schwankendes Apostatentum. Eigentlich machten sie nur auf zwei Gebieten gemeinsame Sache: Berliner Theaterförderungspolitik und Börsenspekulation. Auf dem einen fanden sie sich im breiten Spektrum der ästhetischen Opposition gegen den Wilhelminismus, auf dem anderen waren sie so wilhelminisch, wie man es nur sein konnte: reine Exponenten des »Kapitalismus im Zeitalter des Imperialismus«. Vieles spricht dafür, daß sie sich beide eine Reichspolitik im Stile einer expandierenden, hohe Dividenden ausschüttenden Aktiengesellschaft wünschten.

»Ich brauche Sie!«

Eine seltsame Freundschaft, in der Tat! »Diese anständige Intimität ist ja im Leben nicht zweimal zu erreichen. Bleiben Sie mir!«, schreibt Harden ausgerechnet 1906, im Jahre, da er als Erfüllungsgehilfe der Rache Bismarcks seine Kampagne gegen die Männerfreundschaften im Umkreis des Kaisers beginnt. Immer wieder finden wir, auch von seiten Rathenaus, die Beteuerung »Ich brauche Sie!«, »Sie sind mir wichtig.« Eine Interessengemeinschaft, aber doch auch mehr – die gegenseitige Attraktion zweier hoher Intelligenzen. »Irgendwie brauchten sie offenbar einander und gefielen einander«, urteilt ein Beobachter (Gustav Hillard). In einer ersten Phase durfte sich Harden als Entdecker des Jungliteraten Rathenau und als dessen politischer Mentor fühlen. Doch darf Hardens Aufstieg vom kleinbürgerlichen Intellektuellen zum selbständigen Publizisten und Verleger im Vorhof der Großindustrie und der Großbanken nicht darüber hinwegtäuschen, daß er nie die soziale Stellung erlangte, die seinem Freund auf Grund seiner großbürgerlichen Herkunft wie von selbst zufiel.

Sie standen sich also nur scheinbar als Gleiche gegenüber. Rathenau kühl, überlegen, bei allem Respekt für die eigenständige Leistung des anderen, von oben herab. Harden werbend, überempfindlich, ängstlich um das Wohlwollen des gesellschaftlich Höhergestellten bemüht. Als dann, nach dem Weltkrieg, Rathenau die politische Karriere machte, die beiden im kaiserlichen Deutschland verwehrt worden war, Rathenau aber auch mit seinem Konzept des »organisierten Kapitalismus« eine weite Resonanz in Teilen des Bürgertums und sogar der Arbeiterschaft fand, während sich Harden, orientierungslos zwischen radikalkonservativen und linkssozialistischen Positionen hin- und herschwankend, in ein publizistisches Aus manövriert hatte und mit seiner *Zukunft* nirgends mehr Gehör fand, nahm die Freundschaft ein schrilles Ende. Was an Mißtrauen, Konkurrenzneid und Eifersucht unterschwellig, trotz der Faszination, die beide aufeinander ausübten, immer schon vorhanden war, brach bei Harden maßlos hervor und führte, noch nach der Ermordung des ehemaligen Freundes, zu wahren Ausbrüchen einer ebenso leidenschaftlichen wie erbarmungslosen Rathenau-Schelte, wobei es nicht ohne Pikanterie ist, zu beobachten, daß bei dieser Rathenau-Kritik immer wieder Attribute und Stereotypen auftauchen, mit denen Harden vor dem Krieg den Kaiser attackiert hatte.

Diese späte Polemik muß, in dem weiteren Kontext, als Höhepunkt der Krise des Assimilationsjudentums gesehen werden. So sehr Harden Rathenau jetzt richtig charakterisiert: Es handelt sich doch wesentlich um Dokumente einer fast peinlichen Selbstdecouvrierung. Wenn die Rede vom jüdischen Selbsthaß einen Sinn hat, dann kann man ihn an diesem Exempel studieren. Doch müssen wir gleich hinzufügen, daß es sich dabei im Grunde nicht um ein jüdisches, sondern um ein deutsches Problem handelt. Mehr noch – in dem Mord an Rathenau und an dem Attentat auf Harden wird in der Hardenschen Rathenau-Kritik der definitive Schlußstrich unter den säkularen Versuch gezogen, die deutschen Juden in die deutsche Geschichte und Politik zu integrieren.

Das alles steht nicht in den Briefen, sondern allenfalls zwischen den Zeilen. Nur an wenigen Stellen führt der Briefwechsel den Dialog fort, für den er immer nur die Termine arrangiert. Es werden Kurznachrichten ausgetauscht – wie Signale: Publikationsabmachungen, Einladungen, Empfehlungen, Steckbriefe, Börsentips. Literarisch ist die Korrespondenz völlig unergiebig. Man versteht die immensen Schwierigkeiten, vor denen sich der Herausgeber befunden hat. Nur ein detaillierter Kommentar, der den Kode der Mitteilungskürzel entschlüsselt, konnte das historisch Relevante sichtbar machen. So *mußte* der Apparat wichtiger werden als der Text. Nicht die

Briefe machen den Wert der Publikation aus, sondern die Fußnoten, Exkurse und Dokumentationen, die sie begleiten. Nicht das, was der Briefwechsel von der Beziehung dieser beiden Männer de facto berichtet, sondern der Bericht darüber, was jeweils zeitgeschichtlich hinter diesen spärlichen Fakten steht, lohnt die Lektüre. Das aber, was auf diesem Gebiete geboten wird, ist erstaunlich.

Ein Zeitbild als Puzzle

Wie hoch man auch die Bedeutung der beiden Briefpartner veranschlagen mag – das Interesse für sie wird immer nur partiell in ihrem Privatbeitrag zu zwei Jahrzehnten deutscher Geschichte liegen. Es wurzelt letzten Endes doch in unserer leidenschaftlichen Anteilnahme an den die Epoche in ihrer ganzen Breite durchziehenden sozialen Prozessen, in die auch sie verwickelt waren. Diese hinter und in den Starakteuren sichtbar gemacht und in ihren vielfältigen Überschneidungen und Verzweigungen aufgespürt, Zusammenhänge von Ereignissen und Personen, von Publikationen und Emissionen, von Trends und Meinungen mit unzähligen Einzeldaten belegt zu haben, ist der Gewinn dieser editorischen Spitzenleistung. Man könnte, ebenso wie den großen Einleitungsessay, eine Sammlung der größeren und kleineren Exkurse ohne Verlust als einen gesonderten Band von Wilhelminismus-Studien herausbringen. Ob es um eine Darstellung des Konzentrationsprozesses in der Elektroindustrie, der Nietzsche-Rezeption, der Eulenburg-Affäre, der Problematik des Assimilationsjudentums oder der Kontroversen um die Berliner Sezession geht, das eigentliche Sujet ist die Epoche, die sich in zwei Lebensgeschichten reflektiert. Es ist der editorischen und methodologischen Akribie des Herausgebers zu verdanken, daß er an vielen Stellen tiefer und gründlicher gebohrt hat als sonst üblich. Wenn auch in der Weise eines Puzzle, entsteht so ein Bild der Zeit von einer Tiefenschärfe, die von keiner der in den letzten Jahren erschienenen Gesamtdarstellungen erreicht wurde.

Anmerkung

1 Walther Rathenau, Maximilian Harden: *Briefwechsel 1897–1920*. Mit einer einleitenden Studie herausgegeben von Hans Dieter Hellige. (*Walther Rathenau Gesamtausgabe Bd. VI*) Gotthold Müller Verlag München, Verlag Lambert Schneider Heidelberg.

II. Mechanismen der Macht

»Kein Nationalstaat«

Die Gründung des Bismarckschen Reiches war im Spektrum aller denkbaren Entwicklungsvarianten des deutschen Nationalschicksals im 19. Jahrhundert sicherlich die allerschlechteste. Gemeint ist hier die Entwicklung, die das in Mitteleuropa angesiedelte deutsche Sprachvolk mit der ihm eigenen Tradition und Geschichte im Zeitalter der Moderne, also im Zeitalter der durch die Industrialisierung unausweichlich werdenden Veränderung sozialer und ökonomischer Strukturen, nehmen konnte. Es war vielleicht, weil es diesen Mann Bismarck gegeben hatte, der es so wollte, die einzig mögliche, aber was ihre Methoden und das Ergebnis betraf, die unheilvollste Lösung.

Die Gründung des Zweiten Reiches 1871 war ein Gewaltakt, der gegen die Tendenzen der Zeit durchgesetzt wurde, unter Mißbrauch der beiden fruchtbaren Ideen, in denen diese Tendenzen im Bewußtsein der Völker Europas ihren Ausdruck fanden: der demokratischen und der nationalen.

Die nationale Idee wurde zugunsten eines »Staates« konfisziert, dessen einziger Sinn die Perpetuierung seiner Macht, seiner Selbsterhaltung als staatliches Machtgebilde, als »Machtstaat« war. Die zu seiner Erhaltung ständig notwendige Ausübung von »Gewalt, die Gewalt erzeugt«, – das »Gewaltpragma« (Max Weber) – Repression nach innen, Drohgebaren nach außen – war *seine einzige »raison d'être«*, die »Staatsraison« des Deutschen Reiches. Als Machtstaat war dieses Reich aber gerade *kein* Nationalstaat. Man muß sich daran erinnern, daß die nationale Idee nicht im Sinne des Machtstaates »staatsbezogen« war. Andererseits war die Idee des »Staates«, wie sie in Preußen idealtypisch verwirklicht wurde, eben nicht national: Zur Genese des preußischen Staates gehört wesentlich der Zwang, das national Disparate (ethnisch, konfessionell, geographisch) in einem politischen Verband zusammenzufassen.

Der Legitimationszwang, unter dem sich der neugegründete mitteleuropäische Gewaltstaat befand, führte zur Appropriation eines deutschen Nationalbewußtseins, gegen das er (als kleindeutsch-preußisch-militaristische »Lösung«) gerichtet war. Er beruhte auf einer Mißachtung des Nationalbewußtseins, das er für seine, den nationalen Aspirationen konträren Zwecke mißbrauchte.

Denn die nationale Idee – so wie sie mit der Französischen Revolution geboren wurde und sich überall in Europa, auch in Deutschland, durchgesetzt hatte – war politisch mit der Idee der Demokratie verbunden. Demokratie zunächst einmal, generell verstanden, als Überwindung feudaler und monarchisch-dynastischer Herrschaftsformen, als Überwindung von »Staatlichkeit« im Sinne des »Machtstaates«, der autoritären, obrigkeitlichen, hierarchischen Herrschaftsordnung; sodann als fortschreitende Demokratisierung, das heißt: der Bürger soll an der politischen Willensbildung durch demokratische Institutionen (Parlament, Wahlrecht, konstitutionelle Regierungsformen) teilhaben. Der »Patriot« war kein »Nationalist« (im Sinne eines nationalstaatlichen Chauvinismus), sondern »Citoyen« einer universellen Völkergemeinschaft.

Der Reichstag hätte vielleicht die Institution werden können, in der sich der Demokratisierungsprozeß im Innern des Deutschen Reiches organisierte. Mit dieser Hoffnung wurden die deutschen Nationalliberalen geködert und betrogen. Wir wissen, daß der Reichstag nicht in demokratischer Absicht geschaffen wurde, vielmehr mit dem Ziel, die Mitbestimmungswünsche der deutschen Patrioten abzufangen und in die Botmäßigkeit des ihnen entgegengesetzten etatistisch-monarchischen Ordnungskonzeptes zu stellen. Diese Konfiskation der nationalen und demokratischen Ideen verfälschte von Anfang an die Bedingungen, unter denen sich das neue politische Gebilde in seinem Selbstverständnis und gegenüber der übrigen Kulturwelt zu behaupten hatte.

Das neue Deutsche Reich wurde schon von den Zeitgenossen als monströs empfunden, eine Monstrosität, die in der inneren Unwahrheit seines Existenzanspruches lag. Objektiv mochte dieser Anspruch in den großen sozialen und ökonomischen Entwicklungstendenzen des Jahrhunderts wurzeln, aber de facto konnte er sich nur durch die Negierung jener Ideen behaupten, in der diese ihren Ausdruck gefunden hatten. Von dem Bismarckschen Reich als dem »deutschen Nationalstaat« zu sprechen, ist ein Euphemismus, wenn nicht letzterdings eine Lüge, die den wahren Charakter dieses Staatsgebildes, nämlich gerade kein »nationaler« Staat zu sein, verschleiern soll. Sie ist zur Lebenslüge des deutschen Volkes geworden.

Es ist sicherlich falsch zu sagen, daß die Industrialisierung in Deutschland des militaristisch-dynastischen Staates Preußen als seines politischen Instrumentes bedurft hätte. Vielmehr wäre die industrielle Revolution hierzulande mit weniger sozialen und politischen Kosten, zu denen auch zwei Weltkriege und das Hitler-Regime gehören, verlaufen, wenn sie ihren Weg hätte nehmen können, ohne in den Dienst des Bismarckschen Gewaltstaates gezwungen zu werden.

An denkbaren Alternativen einer den Zeitströmungen und der eigenen Tradition gemäßeren Entwicklung des deutschen Volkes als Sprach- und Kulturnation fehlte es nicht. Der allen gemeinsame Nenner ist das Modell einer pluralistisch-föderalen Ordnung, wie sie in der mitteleuropäischen Reichstradition, zuletzt im Deutschen Bund (1815–1866) historisch vorgeformt war – einem großdeutschen Bund, der sich mühelos in eine europäische Föderation hätte einfügen können, wie es sich damals der lange Zeit verkannte politische Publizist Konstantin Frantz (1817–1891) vorgestellt hat. Das Europa der Völker war das Revers des Metternichschen Europa, dieses restaurativen Staatenbündnisses der Dynastien, das aus dem Wiener Kongreß hervorgegangen war. Das »junge Europa«, das 1848 in den Revolutionen von Warschau bis Lissabon in grandioser Einmütigkeit nach Verwirklichung strebte, – das war die große politische Konzeption des 19. Jahrhunderts: die nationale, föderale und demokratische Vision einer Neuordnung des Kontinents.

Kaiser Wilhelm II. in neuer Sicht (1)

Plötzlich spricht man in Deutschland wieder von Wilhelm II. von Hohenzollern. In der rororo-Serie erscheint eine neue, wenn auch etwas summarische Monographie; das Fernsehen strahlt einen Film über den letzten Kaiser aus, der fast unbekannte Bilddokumente an die Öffentlichkeit bringt; eine angesehene Wochenzeitschrift publiziert eine Folge von Abdrucken aus einer englischen Biographie Wilhelms II. Über 50 Jahre wurde der Name des letzten deutschen Kaisers fast totgeschwiegen. Dabei hat Wilhelm II. von 1888 bis 1918 an der Spitze des Deutschen Reiches gestanden, volle 30 Jahre lang. Er hat einem Zeitalter seinen Namen und sein Gepräge gegeben. »Nie«, sagte Rathenau, »hat eine Epoche mit größerem Recht den Namen ihres Monarchen getragen.« Die Weimarer Republik, das Dritte Reich sind ohne das Wilhelminische Deutschland überhaupt nicht zu begreifen; selbst noch das gespaltene Deutschland ist entscheidend durch Männer geprägt worden, deren Denken und Charakter durch die kaiserliche Zeit geformt wurden. War die Weimarer Republik gewissermaßen der defiziente Modus des Kaiserreiches, so war das Dritte Reich seine gespenstige Renaissance. Was nach 1933 geschah, muß jedem Kenner der deutschen Geschichte als das grausiggroteske Satyrspiel erscheinen, das jener Tragödie gefolgt ist, die 1918 ihr Ende nahm.

Die sogenannte Vergangenheitsbewältigung kann nicht mit der Hitlerzeit beginnen, sondern mit dem Regime Wilhelms. Am Interesse an der Wilhelminischen Ära fehlt es durchaus nicht. Es vergeht seit Jahren kaum ein Monat, in dem nicht eine Monographie oder ein Sammelwerk, ein Sachbuch oder ein

Bildband über die verschiedenartigen Aspekte des »Kaiserreichs« erschiene. Man untersucht die diplomatischen Akten, die wirtschaftliche Entwicklung, die Rolle der diversen Gesellschaftsschichten, die Universität und das Militär, die Literatur und die Kunst, ja sogar die Theologie, Neudrucke und Materialsammlungen sind über alles und jedes zu haben. Nur über den Kaiser selbst will niemand sprechen. Man erwähnt ihn so kurz wie irgend nötig, wenn möglich überhaupt nicht, als sei dieser Kaiser eine »Quantité négligeable«, einer ernsthaften Behandlung nicht wert. Man untersucht den Wilhelmismus ohne Wilhelm, das Kaiserreich ohne Kaiser.

Zwei Haltungen nehmen die Deutschen ihrem letzten Kaiser gegenüber ein: Entweder sie unterschätzen ihn, oder sie ignorieren ihn. Die erste läßt sich bis in Wilhelms Regierungszeit zurückverfolgen. Er hat sich nicht nur unverstanden gefühlt, er ist tatsächlich, von der politischen Klasse zumindest, nie richtig verstanden worden. Er wurde entweder kritiklos beweihräuchert oder rückhaltlos kritisiert. Die Urteile, die über ihn gefällt wurden, sind dabei signifikanter für die Beurteiler als für den Gegenstand der Beurteilung. Die prätentiöse Besserwisserei eines Maximilian Harden, der professoral-arrogante Unmut eines Max Weber, der stocksteif-junkerliche Zorn eines Reventlow, die Süffisance eines Bülow – hat man sich je gefragt, woher diese Herren ihre Maßstäbe nahmen? Sie machten sich von seinen Aufgaben eine Vorstellung nach ihrem Bilde. Wie berechtigt diese Vorstellung im einzelnen auch sein mochte, verfehlte sie immer das Spezifische des Phänomens. »Ich sympathisiere mehr mit dem Kaiser als mit seinen Widersachern«, äußerte H. St. Chamberlain 1906 in einem Vortrag über diese, wie er meint, »so fesselnde und so gewaltsam zum Widerspruch reizende Persönlichkeit.«

Er ging den Leuten auf die Nerven

Kein Zweifel, Wilhelm II. hatte etwas Provokantes, Unberechenbares, Unbequemes. Er ging den Leuten auf die Nerven. Auf keinen Fall aber war der Kaiser bösartig oder dumm. Es kann vielmehr als sicher gelten, daß er weitaus bedeutender war als die Mehrzahl seiner Kritiker. Obendrein war er, trotz aller Kontroversen um seine Person und seinen Herrschaftsstil, im Volke, bis tief hinein in die doch grundsätzlich systemfeindliche Arbeiterschaft, außerordentlich populär.

Auffällig ist, daß die Kritik an Wilhelm II. immer etwas Einseitig-Mesquines hat: gerade auch dort, wo sich die Kritiker auf den problematischsten Standard für »historische Größe« beriefen: Bismarck. Das ist nicht von ungefähr, denn der »böse alte Mann« im Sachsenwald hat den Kammerton für die systematische Fehlbeurteilung des Kaisers geliefert, die sich schnell zu einem Vorurteil verfestigt hat. So hat 1926 der große Bismarckverehrer Emil Ludwig seine Wilhelm-Biographie in den Fluchtlinien des infamen Porträts aus dem dritten Band der »Gedanken und Erinnerungen« weithin widerspruchslos als die Krankengeschichte eines Minderwertigen aufziehen können. Den sensationellen Erfolg, den dieser erste Versuch einer Biographie einheimste, rührt doch aber wohl eher daher, daß die Deutschen begierig nach einem Schlüssel für das Rätsel des extravaganten Großherrn suchten, der ihnen jetzt so sehr fehlte, in der kaiserlosen, der schrecklichen Zeit.

Daß man Wilhelm II. auch anders als in Bismarckscher Perspektive sehen konnte, daß mehr über ihn zu sagen war, als daß er mit einem verkrüppelten Arm geboren wurde, hatte in einer kleinen, 1919 erschienenen Schrift Walter Rathenau bewiesen: bis heute wohl der einzige, der sich dem Phänomen in angemessener Weise genähert hat. Später hat Ludwig Quidde, der zweite deutsche Friedensnobelpreisträger, Rathenaus Urteil bestätigt. In seinen 1926 erschienenen Erinnerungen hat er rückblickend eine objektivere Würdigung des letzten Hohenzollern unternommen, die an Strenge nichts zu wünschen übrigläßt, ihm aber doch vieles abbittet. Der letzte Kaiser war so, wie er war, weil die Deutschen so waren, wie sie waren. Den gleichen Gedanken hatte auch Friedrich Naumann schon im Unheilsjahr 1908 ausgesprochen, als er dem aufgebrachten Reichstag entgegenrief: »Dieser Kaiser, über den ihr euch aufregt, ist euer Spiegelbild.«

Der Störfaktor im System

Damit sind wir bei der anderen Haltung der Deutschen dem letzten Kaiser gegenüber: dem Wegsehen. Sind Individuen, wie mächtig auch immer, für die Geschichte am Ende nicht doch unwichtig und auswechselbar? Und was ist »Volk« anderes als eine Chiffre des romantischen Historismus? Hier hat man es mit einer mitteleuropäischen Entwicklung zu tun, in der Periode der Industrialisierung, des Hochkapitalismus, und was es zu erforschen gilt, ist die Entfaltung der Produktivkräfte, die Organisation der Produktionsverhältnisse, die Aufdeckung der Herrschaftsstrukturen, der Entscheidungsprozesse, die Analyse der Legitimationsmechanismen. Die Geschichte ist die Resultante sozialer Entwicklungen und ökonomischer Zwänge. Individuen kommen darin nur vor als Repräsentanten einer Klasse. Ihr Denken und Handeln ist »schichtspezifisch« durch »objektive« Faktoren determiniert. Die Darstellung und Analyse von Persönlichkeiten ist bürgerliche Apologetik, Psychologismus, der nur der Verschleierung der ökonomischen Kräfteverhältnisse dient. Wer so denkt, bekommt Wilhelm II., die vielleicht wichtigste Person ihrer Zeit, schlechterdings nicht in den Blick, es sei denn als irritierenden Störfaktor im »System«. Das nun aber ist der Stand der heutigen deutschen Geschichtswissenschaft.

Das Kaiserreich ohne Kaiser gleicht auf fatale Weise dem Nationalsozialismus ohne Hitler. Eine Vergangenheitsbetrachtung, die sich mit Hilfe bündiger Faschismustheorien um die Person Adolf Hitlers herumdrücken will, kann nicht das Risiko eingehen, die Person Wilhelm II. als historischen Akteur ernst zu nehmen. Sie kann den Gedanken nicht akzeptieren, daß es vielleicht möglich wäre, von der Analyse eines exzeptionellen Individuums her zur Aufschlüsselung historischer Zusammenhänge zu kommen; das Risiko ist dann besonders groß, wenn solche Individuen zu negativen Symbolfiguren geworden sind und darum die Gefahr besteht, daß von ihnen her Rückschlüsse auf die Persönlichkeitsstruktur und Verantwortung jener möglich wäre, die es zu exkulpieren gilt. So schafft man sich die methodische Rechtfertigung, um sie zu ignorieren.

»In der Wechselwirkung von Volksaufbau und Sterben der Dynastie, von Volkscharakter und Monarchencharakter, mußte ein Menschenalter lang die tollste Fuge erklingen in der symbolischen Figur und Person eines Monarchen, der in keinem Zoll anders sein durfte als er war, mußte Frage auf Antwort, Antwort auf Frage stimmen. Um ein solches Volk zu führen wie das Deutsche, mußte das Problem und Sinnbild einer Zeit in einem vollgültig repräsentativen Menschenleben auf die Spitze getrieben und widerlegt werden.« Besser als Rathenau es getan hat, kann man das außerordentliche Interesse, das eine deutsche Geschichtsforschung an der Figur Wilhelms II. nehmen muß, nicht formulieren.

Wilhelm II. war nicht nur der letzte, er war auch der einzige Kaiser des Zweiten Deutschen Reiches. Als ganz junger Mann hat er bewußt und mutig das prekäre Erbe seiner Väter angetreten und ist in die von den dämonischen Riesen mit Blut, Eisen und Gold errichtete Walhalla eingezogen; er mußte fühlen, daß sie dem Untergang geweiht war. Aber er wollte sich und der Welt das Gegenteil beweisen.

Man mag überlegen, was aus dem Reich hätte werden können, wenn Wilhelms Eltern die Chance gehabt hätten, ihre Konzeption zu verwirklichen und daraus einen liberalen parlamentarischen Verfassungsstaat zu machen. Wilhelm hatte andere, kühnere Vorstellungen: Er wollte den etwas altfränkischen, mitteleuropäischen Bundesstaat in eine moderne Weltmacht umwandeln; und er tat damit das, was die Mehrzahl seiner Zeitgenossen von ihm erwartete. Er ging davon aus, daß es das »Reich« überhaupt noch nicht wirklich gab. Man mußte es erfinden. Darin sah Wilhelm seinen historischen Auftrag. Um ihm aber Gestalt zu geben, mußte er dem Reich zunächst einmal eine innere Einheit verleihen. Im Spannungsfeld von Zentralismus und Partikularismus, mit 25 heterogenen Bundesstaaten, in dem staatlich-militärische und konstitutionellbürgerliche Führungsansprüche im Widerstreit lagen; in dem ein agrarischer Osten und ein industrieller Westen unvereinbare wirtschaftspolitische Forderungen stellten; in dem Katholiken und Protestanten – von den Juden ganz zu schweigen – sich feindselig gegenüberstanden; fremdsprachige Völkergruppen, Polen, Dänen und die französischen Elsässer, die erzwungene Gefolgschaft verweigern konnten; in dem Stände – Adel, Bürgertum und Arbeiterschaft – durch unüberwindliche soziale Schranken voneinander getrennt lebten und der Antagonismus der Besitzenden und der Besitzlosen sich jederzeit zum offenen Kampf verschärfen konnte, unternahm es dieser Mann, eine permanente Integrationsfunktion zu erfüllen. Diese, die Kräfte eines einzelnen schier übersteigende Aufgabe war es, die seiner Rolle als Kaiser, dem »unmöglichsten aller neuzeitlichen Berufe«, schließlich Sinn und Inhalt gab.

Neben den traditionellen Mitteln dynastischer Machtausübung, zu denen auch Prachtentfaltung gehörte, bediente er sich völlig neuartiger Methoden: Er hielt, für einen Monarchen durchaus ungewöhnlich, öffentliche Reden, wo immer sich ihm eine Gelegenheit bot, und entwickelte eine bis dahin nie erlebte Allgegenwart. Mit erstaunlicher Energie versuchte er, durch seine Präsenz dem von zentrifugalen Kräften auseinandergezerrten Reich einen jederzeit sichtbaren und für jeden in der Welt unverkennbaren Mittelpunkt zu geben. Er hat auf diese Weise bereits den Führungsstil einer modernen Massengesellschaft entwickelt. Mehr Propagandist als Dynast, hatte er den Ehrgeiz, das darzustellen, was die Mehrzahl des Volkes wünschte: Macht, Größe, Glanz. »Ein dekoratives Talent, ohne Zweifel«, bemerkte Thomas Mann. »Im Grunde wünschte das Volk, sich stolz und herrlich dargestellt zu sehen.« Und ein so unverdächtiger Zeuge wie Ludwig Thoma schrieb: »Gerade der merkwürdige Hang zum Opernhaften hat unser loyales Bürgertum dazu gebracht, in Wilhelm II. die Verkörperung des Ideals zu sehen. Welche epischen Gefühle hat jede Vergnügungsreise des Herrschers ausgelöst. Welche Lyrismen sind gesagt und geschrieben worden, wenn nichts geschah als die Abnahme einer Parade. Kein Ding konnte mehr nüchtern und in der Stille geschehen! Auch das Einfachste vollzog sich in bengalischer Beleuchtung. Die bourgeoise Phantasie war täglich angeregt und aufgeregt durch die Persönlichkeit des Kaisers. In allem letzte und höchste Instanz, fand Wilhelm II. nirgends Widerspruch! Auch da nicht, wo er ihn suchte!« So ist es gewesen. »Nicht einen Tag lang hätte in

Deutschland regiert werden können, wie regiert worden ist, ohne die Zustimmung des Volkes!« (Rathenau).

Ein unerbittlicher Erfolgszwang

Dabei stand hinter dem glitzernden Kostüm, dem ordenbehängten, helmbuschrauschenden, kreuz und quer durch sein Land jagenden, redenschwingenden Imperator, der sich als modern-expressionistischer Volksführer gefiel, ein äußerst sensibler, vielseitig interessierter, den Umgang mit bedeutenden Persönlichkeiten aus allen Lebenssphären suchender Standesherr, der im Grunde seines Herzens lieber das geruhsame Leben eines englischen Landedelmannes geführt hätte – das ihm ja dann für die zweite Hälfte seines Lebens auch beschert worden ist.

Dieser Mann war kein Industriekapitän, auch kein Junker, vor allem kein bürgerlicher Professor, sondern das, was alle seine Kritiker nicht waren: ein Fürst. Nicht, daß er der reichste Mann seines Landes war, ist in diesem Zusammenhang wichtig, obwohl das für ihn ganz selbstverständlich zu seiner Position als höchster Repräsentant feudalen Herrentums gehörte. Er war ein Exponent jener übernationalen dynastischen Großfamilie, die den Hochadel Europas vielfach durchsetzte und mit einem ihr eigenen Standesbewußtsein die Völker, die sie zu regieren berufen war, als ihr Eigentum betrachtete. Für das Verständnis der Epoche ist dieser Gedanke nicht weniger wichtig als die ebenso merkwürdige Vorstellung, der zufolge das Proletariat der Vollstrecker der Weltgeschichte sei. Daß er ein Enkel der Queen war, galt Wilhelm II. mindestens ebensoviel, wie Kaiser der Deutschen zu sein. Es war selbstverständlich für ihn und eine Frage des Berufsethos, daß er »seinen« Deutschen der bestmögliche Kaiser war. Es ist denn auch durchaus denkbar, daß dieser Halbengländer, der sich eigentlich nur in England ganz wohl fühlte, einem anderen Volk ein ganz anderer Monarch gewesen wäre.

Als er den Thron bestieg, war die Kaste, zu der er gehörte, bereits von dem dunklen Gefühl durchdrungen, daß ihre

Stunde geschlagen habe, Kaiser Maximilian war erschossen worden, Ludwig II. hatte in Wahnsinn und Selbstmord geendet, sein Bruder saß in einer Irrenanstalt, der österreichische Thronfolger hatte sich unter melodramatischen Umständen erschossen, Zar Alexander II., etwas später die Kaiserin Elisabeth, waren ermordet worden, der jugoslawische König aus dem Fenster gestürzt. Vor diesem Horizont familiärer Katastrophen noch einmal zu reüssieren, es noch einmal zu schaffen, ein erfolgreicher Monarch zu sein, verlangte Mut und Zähigkeit. Als europäischer Fürst mehr noch denn als Oberhaupt des deutschen Staates stand Wilhelm II. von der ersten Stunde seiner Regierung an unter einem unerbittlichen Erfolgszwang, und es ist ihm tatsächlich gelungen, ein »wirklicher und wirkender europäischer Dynast zu sein«.

Aberwitz einer Epoche

Wilhelm II. ist weder als Kulturkuriosum abzutun noch als politischer Versager abzuurteilen. Er ist ein kulturgeschichtliches Phänomen ersten Ranges. Aber Wilhelm ist nicht nur eine Figur des Fin de siècle. Wenn ihn auch Glanz und Glamour der Belle Epoque umflimmert, so darf man doch nicht vergessen, daß er außerdem ein Zeitgenosse des Expressionismus und von Dada war. Ein guter Teil der Kritik, die an ihm geübt worden ist, zielte auf seinen schlechten Geschmack. Bei einer Zeiterscheinung, deren Gestaltungsmöglichkeiten zwischen den Märchenschlössern Ludwigs II. und dem Eiffelturm, zwischen D'Annunzio und Neogotik liegen, ist ein Kriterium wie das des »guten Geschmacks« eher unangemessen. Der Wilhelminismus hatte seine ihm eigene Ästhetik, und seine Ausdrucksformen müssen nicht danach beurteilt werden, ob sie diesen oder jenen »gefallen«, sondern danach, was in ihnen eigentlich zum Ausdruck kam: das Aberwitzige dieser letzten Epoche der okzidentalen Hochkultur, in der, verbunden mit einer explosiven Bevölkerungsvermehrung, eine alles Bisherige übertreffende Steigerung der Produktivkräfte die überkommenen Lebensformen aus den Angeln hob. Diese Energien wurden um die Jahrhundertwende gleichzeitig als begeisternde Möglichkeit empfunden, zu neuen Horizonten aufzubrechen, wie auch als tödliche Bedrohung des Hergebrachten, als Infragestellung alter Ordnungen, als Umwertung aller Werte. Die unerhörte Steigerung der materiellen Mittel führte zum Luxurieren, zur barocken Wucherung der traditionellen Formwelt. Das dabei gleichzeitig freigesetzte Zerstörungspotential, wie es im Ersten Weltkrieg zum Ausbruch kam, registrierten seismographische Geister mit einer Mischung von Lust und Entsetzen.

Wir haben uns angewöhnt, die verwirrenden Phänomene der Wilhelminischen Ära als »Kulturkrise« zu würdigen. Ihre Erscheinungsformen in Kunst und Literatur können wir ohne Schwierigkeiten entziffern. Das begriffliche Instrumentarium unserer Historiographie und Gesellschaftswissenschaft erweist sich dagegen als unzulänglich, selbst für Marxisten, die von den Widersprüchen des Kapitalismus und den Verfallserscheinungen der »Bourgeoisie« sprechen.

Jede soziale Gruppe erlebte und verstand die Veränderungen auf ihre Weise. Das Weltbild wurde nicht mehr durch einen generellen Konsensus reguliert; konkurrierende Interpretationsangebote verselbständigten sich; die Gesellschaft zerfiel in untereinander kaum noch kommunizierende Subkulturen. Das galt natürlich auch für die höchste Führungsschicht, deren Selbstverständnis längst von der Ahnung gebrochen war, daß der »Ordnungsentwurf«, den sie zur Norm erhoben hatten und verteidigten, so fragwürdig war wie jeder andere auch. Da half kein Auftrumpfen. Machtdemonstrationen gerieten zu Manifestationen der Ohnmacht, der Gestus der Herrschaft zur Pose, die Entfaltung des Reichtums zum Kitsch.

Wahn und Realität

Auch Wilhelm II. konnte in dem Versuch, das zutiefst Widersprüchliche auf eine repräsentative Formel zu bringen, in der Altes und Neues zur Synthese kommen sollten, lediglich die generelle Zerstörung des Gemeinwesens darstellen. »Niemals mehr hat so vollkommen ein sinnbildlicher Mensch in der Epoche, eine Epoche sich im Menschen gespiegelt« (Rathenau).

Mit einer solchen Feststellung ist freilich noch nicht alles gesagt. Zu den Wesenszügen der Epoche gehört vor allem auch ein zwanghaftes, sich jeder Kontrolle entziehendes, repetitives »Fehlverhalten«, ein gestörter Realitätsbezug. Ein durch Wahnvorstellungen getrübtes Mißverhältnis zur Realität läßt sich überall dort aufweisen, wo das Wilhelminische Reich als Herrschaftssystem zur Entfaltung kam. Seine Außenpolitik erscheint uns heute wie das Ritual von Paranoikern. Die Hypertrophie alles Militärischen – Armee, Offizierskorps, Uniformen – besitzt unverkennbaren Fetischcharakter; der fanatische Flottenbau, angeblich notwendig um der nationalen Sicherheit willen, war offensichtlich ein Unternehmen, das in die Selbstzerstörung führte. Die soziale Frage, statt als Problem der Bewältigung gesellschaftlichen Wandels verstanden und behandelt zu werden, wurde dämonisiert und durch blutrünstige Bürgerkriegsphantasmen jedem rationalen Zugriff entrückt. Es war alles wie verhext. In einer Zeit, deren Signatur Max Weber in einer unaufhaltsamen Tendenz zur Rationalisierung sehen wollte, herrschte eine Irrationalität, deren psychopathologische Wurzel in die Augen springt. Nirgendwo existierte ein Konzept, ein kohärenter Plan. Was sich als nationales Projekt präsentiert – Flotte, Kolonien, Weltmachtstellung, Kriegsziele –, waren »Projektionen« im klinischen Sinn. Sie entsprangen den Köpfen von Menschen, deren Denken und Handeln nicht durch ihr Bewußtsein, sondern durch die Ängste determiniert wurde, die aus dem Unterbewußtsein heraufdrängten.

Wenn man Wilhelm II. als Psychopathen abstempeln will und des Cäsarenwahnsinns bezichtigt, hätte das folglich nur insofern seine Richtigkeit, als in der Gestalt des Kaisers auch die wahnhaften Züge der Zeit ihren präzisen Ausdruck gefunden haben. Jede Gesellschaft hat nicht nur die Regierung, sondern auch die Wahnsysteme und repräsentativen Wahnfiguren, die sie verdient.

Die Voraussetzungen, das Tabu um den Kaiser aufzuheben, sind vielleicht erst seit wenigen Jahren gegeben. Die letzten Überlebenden des Wilhelmismus, die letzten Monarchisten sterben aus. Die Demontage Bismarcks, die Diskussion der Kriegsschuldfrage, die Auseinandersetzung mit dem Nationalsozialismus sind weit genug fortgeschritten, so daß man dazu übergehen kann, sich für Wilhelm II. zu interessieren, ohne Partei in den Querelen ergreifen zu müssen, in denen die deutsche Geschichtsschreibung die deutsche Politik mit anderen Mitteln fortsetzt. Die letzten Privatarchive öffnen sich, die gröbsten Fälschungen der Memoirenliteratur der zwanziger und dreißiger Jahre werden revidiert. Eine der Nebenfiguren nach der anderen, Holstein, Harden, Eulenburg, erscheint in neuem Licht. Damit ist das Feld frei geworden, um endlich auch der Hauptfigur Gerechtigkeit widerfahren zu lassen. Es geht nicht nur um ein wichtiges Kapitel der eigenen Geschichte, es geht um einen Akt der Wiedergutmachung.

Kaiser Wilhelm II. in neuer Sicht (2)

I

Seit vor gut einem Jahr ein großer Zeitungsaufsatz über Wilhelm II. erschien (»Der Kaiser war so, wie die Deutschen waren«, FAZ v. 27.1.1979), ist die Diskussion über den letzten Hohenzollernherrscher neu belebt worden. Nachdem jahrzehntelang eisern an der Fiktion festgehalten worden war, man könne über das Kaiserreich ohne den Kaiser sprechen, den Wilhelminismus ohne Wilhelm interpretieren, muß man sich nun mit der Rolle und der Funktion dieser wichtigen Person jener Epoche der deutschen Geschichte ernsthaft auseinandersetzen. Nicht nur die Weimarer Republik und Nazideutschland, auch das geteilte Deutschland stehen in der Kontinuität der Aporien des Zweiten Reiches.

Es ist also nicht nur Nostalgie für die Jahrzehnte um die Jahrhundertwende, die nun plötzlich auch das Interesse an einer pittoresken und vielleicht tragischen, für die Kultur dieser Periode repräsentativen Herrscherfigur wiederaufleben läßt, sondern es geht darum, den Deutschen, über jede tendenziöse Vergangenheitsbewältigung hinaus, ein klares Bewußtsein ihrer geschichtlichen Herkunft zu vermitteln. Mit der Frage nach der geschichtlichen Bedeutung des letzten deutschen Kaisers gilt es, ein erstaunliches und charakteristisches Defizit des deutschen Selbstverständnisses aufzuarbeiten.

Welche Schwierigkeiten, ja Widerstände es da zu überwinden gilt, haben Aufsätze in der *Zeit* und im *Spiegel* (hier aus der Feder von Rudolf Augstein), beide im Herbst 1979 erschienen, gezeigt. Es scheint so, als ob es nicht möglich sei, in Deutschland über Wilhelm II. ohne eine gewisse Gereiztheit und hämische Gehässigkeit zu sprechen, so als sei es auch dieser Generation noch nicht möglich, sich von gewissen Vorurteilen und Klischeevorstellungen freizumachen.

Sie einer Prüfung zu unterziehen, hat sich eine Gruppe jüngerer Historiker zur Aufgabe gemacht, die sich im September 1979 auf Korfu zu einem Kolloquium zusammengefunden hat, das unter dem Motto stand »Der Kaiser in neuer Sicht«.

Es war kein Zufall, daß sich mehr Engländer und Amerikaner als Deutsche unter ihnen befanden, denn die Kaiser-Spezialisten – teilweise ganz junge Leute – muß man heute außerhalb Deutschlands suchen; das Interesse an Kaiser Wilhelm ist geradezu eine angelsächsische Tradition. Ein gutes Dutzend Biographien ist in den letzten zwei Jahrzehnten in englischer Sprache erschienen. Und man kann es als ein Zeichen für unseren Nachholbedarf werten, daß in den letzten Monaten nicht weniger als zwei davon in deutscher Übersetzung erschienen sind.

Warum Korfu? Weil dort jenes Märchenschloß steht, das sich die österreichische Kaiserin Elisabeth gebaut hatte, um dem Wiener Hofleben zu entfliehen, das Achillaion, das Kaiser Wilhelm II. 1906 erwarb und das dann immer mehr, besonders nach der Krise der Jahre 1907/08 zu seinem Lieblingsaufenthalt geworden ist. Es war der Ort, an dem er, fern von den Regierungsgeschäften und ohne Uniformzwang, seinen geistigen Interessen nachgehen konnte – nicht wie auf den Nordlandfahrten in ausschließlicher Männergesellschaft, sondern in Begleitung seiner Frau und besonders seiner Tochter Victoria. Hier im Süden ließ sich unbefangener als irgendwo sonst über die Problematik einer äußerst vielschichtigen, differenzierten und letzten Endes tragischen Persönlichkeit nachdenken und sprechen.

Ein tiefenpsychologischer Ansatz zur Erforschung dieses seltsam faszinierenden Menschen drängte sich geradezu auf. Um die zähen Widerstände zu sprengen, an denen unsere Vorurteile festgemacht sind, bedarf es anderer Methoden als derer der traditionellen politisch-diplomatischen Historiographie, ganz zu schweigen von jenen der sozioökonomischen Geschichtsschreibung, die geradezu darauf angelegt scheint, jene Fragen aus dem Blick zu schaffen, auf die es – in diesem Falle zumindest – eigentlich ankommt.

II

Dabei zeigten die Diskussionen des Korfuer Kaiser-Kolloquiums zunächst einmal, wie hanebüchen groß die Unkenntnis der Wirkungszusammenhänge in diesem zweiten deutschen Reich noch immer ist, besonders da, wo es um das Funktionieren des Herrschaftsapparates geht und damit um die Möglichkeit, den genauen Stellenwert der Rolle, die der Kaiser gespielt hat, zu bestimmen. Es bestätigte sich, was ein so bedeutender Staatsrechtler wie Carl Schmitt schon in den dreißiger Jahren nachgewiesen hatte, daß das Zweite Reich ein Reich ohne Verfassung war, in dem, nach dem Ende der Bismarckschen Diktatur, die Zone der höchsten Entscheidungsbildung als eine Art Niemandsland gelten konnte. Es gab keine Regierung, nur unzählige Nebenregierungen. Der einzig feststehende Pol war die staatsrechtlich und gesellschaftlich höchste Person, der notwendig eine zentrale Integrationsfunktion zufiel. Ein Herrschaftsmechanismus mußte – so gut es eben ging, – improvisiert werden. Die Entrüstung über das »persönliche Regiment«, die Polemik über die »Kamarilla«, die Kritik am »Byzantinismus«, bedürfen also einer gründlichen Überprüfung. Der Streit um die Verfassungsmäßigkeit des kaiserlichen Handelns und der »Verantwortlichkeit« oder Verantwortungslosigkeit seiner Berater kann nicht auf dem Boden staatsrechtlicher und verfassungstheoretischer Überlegungen und Kontroversen ausgetragen werden, sondern muß von der Frage ausgehen, welches die realen Möglichkeiten waren, ein im Grunde unregierbares staatliches Gebilde allen Widrigkeiten und Widerständen zum Trotz doch zu regieren.

So gesehen erscheint das Regime Wilhelms II. dann als ein hervorragendes Beispiel für das, was der Kultursoziologe Norbert Elias für die Zeit des französischen Absolutismus als den *Königsmechanismus* beschrieben hat; die Hauptaufgabe des

Monarchen bestand darin, zwischen verschiedenen konkurrierenden Gruppen und Cliquen, die alle gleichermaßen dem System verhaftet und verpflichtet sind, den Schiedsrichter zu spielen. Das lief im wesentlichen darauf hinaus, die einseitige Macht – und Einflußnahme – *einer* Gruppe zu verhindern. Das aber geschah dadurch, daß über dem primären Ordnungssystem der institutionellen Verteilung der Machtverhältnisse ein *sekundäres (abgeleitetes) System* auf den Monarchen bezogener, hierarchischer Vorschriften, Zeremonien und Privilegien ausgebildet wurde, die für Erfolgserwartung, Karriere und Prestige aller um die Teilhabe an der Macht bestrebten Exponenten der Oberschicht die letztlich ausschlaggebenden Orientierungskriterien sind.

Auf *dieser* Ebene vollzieht sich die Besetzung der politischen Schlüsselpositionen, nicht auf der des primären Systems. Das erklärt auch, warum Beförderungen, Ordensverleihungen, Jagdbesuche, Einladungen zu kaiserlichen Reisen eine derartige Rolle spielen konnten. Es handelt sich nicht lediglich um Gunstbeweise des Souveräns, sondern um die bewußt eingesetzten Mittel einer Politik, die, nach Lage der Dinge, nichts anderes sein konnte, als auf den Monarchen bezogene Personalpolitik.

Wenn auch staats*rechtlich* nirgends vorgesehen, war staats*soziologisch* dieser ihm persönlich verpflichtete Personenkreis das Instrument, das es dem Kaiser ermöglichte, seine Mission als »Hort der Reichsidee« (die Formulierung stammt von Eulenburg) bewußt als systemerhaltende Integrationsfunktion, über allen Gegensätzen und Widersprüchen, wahrzunehmen, was ihm, worüber man nicht genug staunen kann, 30 Jahre lang gelungen ist.

III

Bei einer solchen kultursoziologischen Betrachtungsweise erscheint die *Krise von 1907/08* natürlich in neuem Licht. Der Eulenburg-Skandal und die *Daily-Telegraph*-Affäre sind die beiden Seiten derselben Medaille. In einem Reich ohne Verfassung kann es eigentlich keine Verfassungskrisen, sondern immer nur Vertrauenskrisen geben. Gegen den Kaiser gerichtet, mußte die Krise ein Herrschaftssystem an der Wurzel treffen, das ausschließlich auf dem unbedingten Vertrauen beruhte, das der höchste Repräsentant der Exekutive zu dem kleinen Kreis der ihn umgebenden Berater haben durfte.

Man kann heute vielleicht der Überzeugung sein, daß es eine anachronistische Vorstellung war, einen modernen Industriestaat mit einer Handvoll von echten Freunden regieren zu wollen; das war zweifellos die Lieblingsvorstellung des Kaisers. Man muß dann aber auch sehen, wie sich hier persönliche Vorlieben mit den Eigentümlichkeiten einer Männergesellschaft verbinden, in der das Modell des Männerbundes seit frühesten Deutschordensritterzeiten immer lebendig geblieben ist und die Oberschicht, nicht nur ihre dynastische Spitze, in ihren Persönlichkeitsbildungen und Sozialisierungsformen vorprogrammiert hat.

Genau das aber war die entscheidende, wenn auch okkulte soziologische Grundgegebenheit dieses Reiches, die seiner Kultur und somit auch seinem Herrschaftsstil das besondere, in Europa einzigartige Gepräge gab. Sein Untergang war in dem Augenblick nurmehr eine Frage der Zeit, in dem diese Basis seiner politischen Existenz zerstört worden war.

Man wird jetzt verstehen, daß der Kaiser sich durch die radikalen Angriffe der Jahre 1907/08 zutiefst verletzt fühlen mußte. Wenn sein Pflichtgefühl ihn schließlich auch dazu bestimmte, seine Rolle formal weiterzuspielen, so sprechen viele Anzeichen dafür, daß sein inneres Engagement erloschen war. Wie man weiß, führte dies während des Krieges, der nicht sein Krieg war, zu dem schier unbegreiflichen Verzicht auf die Ausübung seiner Prärogativen als oberster Kriegsherr. Sein »Ich« rief die libidinöse Besetzung von der Staatsmaschine und ihrem Bedienungspersonal ab. Dafür wandte er sich in zunehmendem Maße seinen kulturhistorischen und archäologischen Interessen zu. Er zog sich innerlich gewissermaßen nach Korfu zurück.

Das Exil war für ihn dann die Erlösung. Jetzt endlich konnte er sein geheimes Lebensideal verwirklichen: die Existenz eines englischen »Country-Squires« zu führen, der seinen Hobbys nachgeht. Daß ein Mann, der 30 Jahre lang der Herrscher eines der mächtigsten Staaten der Erde gewesen ist, sein von Kindheit an verinnerlichtes Selbstverständnis als Kaiser dann auch nicht vollkommen aufgeben konnte und wollte, liegt auf der Hand. Daß andererseits seine Leidenschaft für die Archäologie mehr war als eine dilettantische Marotte, wird sich in dem Maße erweisen, in dem man die geistigen Interessen dieses Mannes ernstzunehmen bereit ist. Wenn er in seiner späten Zeit im Medium kulturhistorischer Forschungen die Problematik des Königtums – und damit seines eigenen Lebensschicksals – überdachte, so war die Auseinandersetzung mit den Problemen seiner Epoche schon während seiner Regierungszeit der Motor einer bisher völlig vernachlässigten Komponente seiner Wirksamkeit.

Zu den großen Überraschungen des Kaiser-Seminars auf Korfu gehörte eine ausführliche Darstellung der effektiven, ganz durch seine Persönlichkeit geprägten Rolle als Initiator einer progressiven deutschen Bildungspolitik – wie man heute sagen würde. Mindestens so wichtig für seine Beurteilung wie sein persönliches Engagement für den Ausbau einer deutschen Flotte ist sein persönlicher Einsatz als Förderer der deutschen Universitäten, Technischen Hochschulen, Forschungsinstitute, seine unermüdliche Anteilnahme an technisch-wissenschaftlichen Neuerungen jeder Art – von der Medizin bis zum Luftschiff. Auch daß unter seiner Herrschaft die größten deutschen Museen entstanden, Städtebau und Denkmalpflege Höhepunkte erreichten, an die wir nur mit Nostalgie zurückdenken können, gehört zu dem Bild, das man sich von ihm machen muß, wenn es gerecht und vollständig sein soll.

Kurz, wenn es ihm nicht als Außenpolitiker gelungen ist, Deutschland als eine Weltmacht zu konsolidieren, so hat er mit seinen fortschrittlichen Konzeptionen wesentlich dazu beigetragen, das Deutsche Reich auf jenen, von aller Welt unbestrittenen, höchsten Stand ökonomischer und kultureller Prosperität zu führen, von deren Substanz wir auch heute noch zehren.

Daß eine revolutionäre Veränderung der gesellschaftlichen

Verhältnisse nicht seine Sache war, darf man ihm wohl zugute halten. Man muß sich aber auch, bitte schön, daran erinnern, daß das politische Ideal der deutschen Kultur, der für sie charakteristische Ordnungsentwurf – damals – unbestritten die Monarchie war. Gemessen daran hatte Kaiser Wilhelm geradezu unheimlich moderne Ideen ...

IV

1905 empfing der Kaiser Nicholas Murray Butler, Träger des Friedensnobelpreises 1931 und Präsident der Columbia-Universität und späterer langjähriger Präsident des Carnegie Endowment for International Peace, um mit ihm ein deutsch-amerikanisches Austauschprogramm für Studenten und Professoren zu besprechen, das dann auch sofort verwirklicht wurde. In seinen Memoiren hat Butler, mehr als 30 Jahre später, seine Eindrücke von diesem Besuch wiedergegeben. Wie ungezählte andere, besonders ausländische Besucher war er tief von der Persönlichkeit des Kaisers beeindruckt. Er schreibt: »Es dürfte kein Zweifel daran bestehen, daß, wäre der Kaiser nicht ein regierender Fürst gewesen, so hätte er es leicht als homme des lettres zu Ansehen gebracht.«

Dieses Urteil ist für mich verbindlicher und wird der Persönlichkeit des Kaisers gerechter als alles, was die Herren Zedlitz-Trützschler, der Admiral von Müller und der Hauptmann Sigurd von Ilsemann zu berichten wissen, obwohl das negative Kaiser-Image sich weiterhin hartnäckig aus solchen Quellen speist. »Inkompetenz, mehr Schein als Sein, Schwanenritter mit Es-ist-erreicht-Zwirbel, Admiralsuniform für den Besuch des Fliegenden Holländers und als Oberster Kriegsherr dann nur noch eine Verlegenheit: das war unser letzter Kaiser« steht da doch buchstäblich im *Spiegel* zu lesen. Man traut seinen Augen nicht. Nein, diese Kolportage alter Kamellen ist unter Niveau. Wir wissen das heute schon besser und können, ohne uns etwas zu vergeben, nuancierter, differenzierter und distanzierter urteilen. Das sind wir unserer nationalen Vergangenheit schuldig.

Oder muß man ein Engländer sein wie Tyler Whittle, sein letzter Biograph (*Kaiser Wilhelm II.*, List-Verlag 1979), um ohne Affekt, mit einem Minimum an psychologischem Fingerspitzengefühl, Fairneß und Weltkenntnis das bemerkenswerte Lebensschicksal eines überdurchschnittlich befähigten, in einer einzigartigen Position vor eine unlösbare Aufgabe gestellten Menschen in seiner phänomenalen Einmaligkeit und Einzigartigkeit in den Blick zu bekommen?

Das aber ist die Aufgabe, vor der wir stehen. Die Problematik, um die es dabei geht, hat Thomas Mann einmal, in bezug auf Ludwig II., so formuliert – und die Entdeckung dieser Dimension war vielleicht das interessanteste Ergebnis jenes Korfuer Kaiser-Kolloquiums: »Eben dann, wenn es sich nicht um den derbsten Durchschnitt handelt, scheint die monarchische Daseinsform in unserer Zivilisation eine unmögliche Überspannung des Menschlichen zu bedeuten, womit sie als inhuman in einem noch nicht genügend empfundenen Mitleidssinn gekennzeichnet wäre.«

Fürst Philipp zu Eulenburg-Hertefeld (1)

Zum zweiten Band seiner politischen Korrespondenz[1]

Schon der erste Band der politischen Korrespondenz des Fürsten Eulenburg eröffnete einen faszinierenden Einblick in den »Vorhof« der Macht dieses erstaunlichen Deutschen Reiches, das nach dem Gesetz, nach dem es angetreten, vom Status einer kontinentaleuropäischen Macht zweiter Ordnung zum Rang einer Weltmacht emporstrebte und schließlich tragisch unterging.

Mit Recht ist gesagt worden, diese Dokumentensammlung vermittle einen Eindruck davon, wie damals »Politik gemacht wurde«. Nach der Lektüre des zweiten Bandes ließe sich sagen, daß man einen Eindruck davon gewinnt, was damals deutsche Politik war. Drei Momente treten mit erschreckender Deutlichkeit hervor: Dieses Reich war eigentlich unregierbar. Politik war Personalpolitik, und dann, hier war ein Tabu berührt, die unheilvolle, zerstörerische Rolle, die der entlassene Bismarck gespielt hat.

I

Dieses Reich war »unregierbar«. Das gilt sowohl für die Innen- wie auch für die Außenpolitik. Das politische Feld war gekennzeichnet durch eine Unzahl von Antinomien, Widersprüchen und Gegensätzen, die, wenn sie einzeln für sich auflösbar gewesen wären, in ihren vielfachen Überschneidungen, in ihrer

Häufung und ihrem Zusammenwirken eine Situation geschaffen hätten, in der Politik nur als ein ständiges Jonglieren zwischen Notbehelfen, ein ständiges, von Fall zu Fall, von Kompromiß zu Kompromiß Lavieren, Finassieren, Hinauszögern, als eine Umgehung jeder echten Entscheidung möglich gewesen wäre.

Im Inneren mußte Preußen konservativ, das Reich aber liberal regiert werden. Es galt die Industrialisierung zu forcieren, gleichzeitig jedoch die Interessen der Agrarier zu wahren. Man durfte die Prärogativen des Protestantismus nicht antasten, mußte sich gleichzeitig aber mit den Katholiken gut stellen. Man mußte die Polen und die Elsässer zur Partizipation ermuntern, sie aber gleichzeitig in Schach halten. Man mußte die föderalistische Struktur sorgfältig respektieren, gleichzeitig aber partikularistischen Tendenzen energisch entgegentreten. Man mußte die Unterstützung der Parteien finden, gleichzeitig aber das dynastische Prinzip wahren.

Auf der außenpolitischen Ebene war die Lage noch verwirrender: Man mußte mit Österreich und Rußland gleichzeitig verbündet sein, ohne aber einen der beiden Partner, Todfeinde die sie waren, zu favorisieren; man mußte aber auch mit England eine Verständigung suchen, ohne sich Rußland zu entfremden, das mit England in Asien rivalisierte; man mußte eine starke Flotte bauen, durfte aber England nicht indisponieren. Man mußte Frankreich isolieren und sein Interesse von Europa nach Übersee ableiten; gleichzeitig mußte man das Anwachsen der französischen Kolonialmacht zu verhindern suchen.

Mittelpunkt dieses großen Spieles, Politik genannt, obwohl nur in der Rolle des ausführenden Organes, war dieses Auswärtige Amt, das, wie die Lektüre des besprochenen Bandes dem erstaunten Leser wieder in Erinnerung ruft, nicht nur ein Instrument der Außen- sondern auch der Reichsinnenpolitik war. Reichsgesetze wurden über diplomatische Kanäle ausgehandelt. Jedes Gesetz war eine Improvisation, eine Ad-hoc-Leistung, jeder internationale Vertrag ein Vabanquespiel. Um die Komplexität der Spielregeln zu verdeutlichen, muß man sich außerdem die verschiedenen Ebenen klarmachen, auf denen operiert werden mußte: die der europäischen dynastischen, untereinander vervetterten, gleichzeitig verfeindeten Großfamilie der regierenden Fürstenhäuser, in denen jede Heirat und jeder Todesfall zum Politikum wurde, die Ebene des »Corps diplomatique« mit seinen seit dem Wiener Kongreß kodifizierten Regeln (die »Balance-of-power«-Doktrin z. B.), die Ebene der Regierungen (Ministerpräsidenten und Minister), die wiederum eine ganz andere war in ihrer Meinungs- und Willensbildung, als die der Parlamente oder die der Presse und der sogenannten öffentlichen Meinung. Alles das reichsintern und im europäischen Zusammenspiel. Jeder in seiner Sprache, mit seinen Sonderinteressen und fixen Ideen, mit seinen besonderen Zielsetzungen und Phantasmen.

Das Ergebnis war, wie Rathenau einmal gesagt hat, eine »Politik der Undurchsichtigkeit, der Hinterhältigkeit und des Bluffs«, die notwendigerweise zu »grotesken Verzerrungen des Projektionsbildes« führen mußte. »Das AA sieht Gespenster«, heißt es in einem Brief Eulenburgs sehr richtig, »ein Narrenhaus« – »so sehr trübten Nervosität, Schwarzseherei und Mißtrauen dort das Urteil und die Vernunft und verdunkelten sonst große Gaben und Eigenschaften.« Das gilt nicht nur für Holstein, auf den der Satz wohl gemünzt ist, sondern für das ganze System.

Das einzig mögliche umfassende Ordnungs- und Friedenskonzept wäre wohl die dem jungen Kaiser vorschwebende europäische Kontinentalunion nach napoleonischem Muster gewesen. Aber genau das sollte nicht sein. Statt dessen eine Schaukel- und Gleichgewichtspolitik, die sich an einmal geglückten Ad-hoc-Lösungen orientierte und sie zum Dogma erhob. Ein stimmiges Gesamtkonzept kam damit aber nicht zustande.

So war der berühmte »Zickzackkurs« nichts anderes als systemkonform: ein Produkt von Inkohärenz und Wiederholungszwang. Im Grunde kam alles immer auf dasselbe heraus: Die Krise reproduzierte sich in Permanenz. Deutlich sieht man, wie die prekäre geographische Mittellage, aber auch das Prekäre einer auf Krieg, Raub und Bestechung beruhenden Reichsgründung, in der Führungsschicht ein durch nichts zu übertönendes Unsicherheitsgefühl zur Grundbefindlichkeit machen mußte, das sich jeden Augenblick zu wahnhafter Angst steigern konnte. Sie war es und nicht ein realistisches Abwägen der Fakten, die die Perzeption der Wirklichkeit nach innen und außen beeinflußte und trübte. Sie gab allen Überlegungen, so fein gesponnen sie gewesen sein mögen, etwas Paranoides, dessen tiefste Wurzel in der Persönlichkeit der politischen Akteure zu erforschen eine dankbare Aufgabe wäre.

Es leuchtet ohne weiteres ein, daß der hoffnungslose Versuch einer »Round-the-clock«-Verständigung und -Nichtverständigung, einer bewußten Friedenspolitik, die aber gleichzeitig immer mit einem Krieg auf allen Fronten rechnen mußte, unweigerlich die Gegenfigur der Einkreisung, gewissermaßen als eine Projektion des unbedingt zu Vermeidenden, provozierte – »le cauchemar des alliances« – und schließlich Realität werden ließ. Dieses Reich war auf den Untergang hin angelegt, und das wußten in ihren klaren Momenten die verantwortlichen Akteure. »Es würde uns nichts übrigbleiben als fechtend unterzugehen. Ich sage, untergehen«, schreibt Bülow an Eulenburg in einer seiner regelmäßigen Situationsanalysen. Ich glaube nicht, daß ein ähnlicher Satz, ebenso ernstgemeint, einem englischen oder französischen Politiker jemals aus der Feder geflossen wäre.

Das kaum glaubliche Wunder ist eigentlich, daß dieses prekäre System, nach der Entlassung Bismarcks, der längst am Ende seines Lateins angekommen war, noch 30 Jahre lang gedauert hat. Man wird vielleicht erkennen, daß dies die singuläre Leistung Wilhelms II. war. Er faßte seine »Mission als Hort der Reichsidee« (Formulierung von Eulenburg) bewußt und konsequent als eine Integrationsfunktion auf. *Über* allen Gegensätzen und Widersprüchen wollte er die Einheit des Reiches zu erhalten versuchen – als zentraler Vermittler und höchster Repräsentant der Einheitsidee. Diese Aufgabe konnte er nur erfüllen, indem er sich mit einem Kreis von Männern umgab, die die Vielzahl der konkurrierenden Gruppen und Interessen – Fürsten, Höfe, Armee, Marine, Industrie, Parteien, Regierungsinstanzen etc. – in ihrer Person repräsentierten und denen gegenüber er einen unbedingten Führungsanspruch geltend zu machen in der Lage war. Was immer eine sozioökonomische

Strukturanalyse zum Verständnis der Wilhelminischen Ära beitragen mag: Ihr wichtigstes Charakteristikum bleibt die personelle Zusammensetzung der kaiserbezogenen Führungsschicht und deren Zusammenspiel.

II

Tatsächlich wurde das Reich von einer ganz kleinen Gruppe von Männern – Frauen spielten, im Gegensatz zu England und Frankreich, keine Rolle – getragen und zusammengehalten. 500 bis 1000 vielleicht, die sich in eine Reihe konkurrierender Untergruppen gliederte. Im Zentrum dieser im wesentlichen aristokratischen Führungsschicht stand ein innerer Kreis von knapp 20 Leuten, die für die politischen Geschicke des Landes deswegen eine überragende Bedeutung gewinnen konnten, weil sie in unmittelbarem Kontakt und in einem besonderen Vertrauensverhältnis zur Person des Monarchen standen, der in diesem Staat, in einem Punkte zum mindesten, die höchste und unanfechtbare Entscheidungsinstanz war: in personalibus.

Dieser »Inner Circle« kam in der geschriebenen Verfassung natürlich nicht vor; gleichwohl war er ein ausschlaggebender Faktor der Realverfassung. Obwohl ihm durchaus einige im verfassungsrechtlichen Sinne »verantwortliche Ratgeber« angehörten, wurde er im wesentlichen durch Personen gebildet, die ihre Sonderstellung ausschließlich der Gunst des Fürsten oder der freundschaftlichen Verbindung untereinander verdanken. Welches im übrigen ihre, meistens sehr gehobene, Stellung in der Hierarchie der Ämter auch immer sein mochte, durch ihren direkten Zugang zum Machthaber gehörten sie zur ominösen Kategorie der »unverantwortlichen Ratgeber«, wie sie zwar im Umkreis jedes Herrschers zu finden sind, mit dem Pathos des bürgerlichen Konstitutionalismus aber als »Kamarilla« denunziert werden.

Dabei hatte dieses Reich im Sinne des bürgerlichen Konstitutionalismus eigentlich keine »Verfassung«. Ein Klub von Fürsten, fehlten ihm trotz Reichstag und Bundesrat »verantwortliche« Zentralorgane. Die auf der Hegemonie Preußens beruhende, im Bundesratspräsidium verankerte Herrschaftsspitze hatte verfassungsrechtlich die Struktur des ottomanischen Absolutismus: Einem quasi allmächtigen Sultan stand ein quasi allmächtiger Großwesir zur Seite. Die objektive Machtfülle des Deutschen Kaisers aber beruhte darauf, daß er in allen entscheidenden Personalfragen das letzte Wort hatte. Keine Nominierung war ohne seine Zustimmung möglich, nicht nur im Heer und in der Marine; dasselbe galt für die höchsten Regierungsämter, Minister und Oberpräsidenten, Richter und Professoren und natürlich für das diplomatische Corps. Der Kaiser berief und entließ. Dieses Machtmonopol hatte zur Folge, daß Personalfragen eine außergewöhnliche Bedeutung gewannen. Alle innen- und außenpolitischen Probleme spitzten sich schließlich auf personalpolitische Entscheidungen zu. Politik war wesentlich Personalpolitik. Es lag also durchaus in der Logik des Systems, daß die ganz kleine Gruppe von Personen, die auf diese Personalpolitik einen entscheidenden Einfluß nehmen konnten, die eigentlich Mächtigen im Reiche waren.

Der Kampf gegen die Kamarilla war bei Lichte besehen auch nur ein Kampf darum, wer zu diesem inneren Kreise gehören durfte, wer nicht. Da alle potentiellen Aspiranten jede parlamentarische Kontrolle weit von sich wiesen, spitzte sich staatsrechtlich die Frage auf die Beziehung von Kaiser und Reichskanzler und die Effektivität von dessen verfassungsmäßigem Beratungsmonopol zu. Sie löste den Sturz Bismarcks aus und ist bis zum Sturz des Kaisers ungelöst geblieben. Die berüchtigten Prozesse der Jahre 1907/08 gegen die unverantwortlichen »Hintermänner«, die Hetze gegen das »persönliche Regiment«, konnten das Vertrauen in die Reichsleitung zwar erschüttern, sie vermochten aber nicht den Modus unkontrollierbarer Einflußnahme auf die höchste Willens- und Entscheidungsbildung zu verändern. Die Funktion des »Inner Circle« gehörte zu diesem System, in dem sich die politische Macht in einer *Allerhöchsten* Person konzentrierte, die die Freiheit für sich in Anspruch nahm, sich mit ihr angenehmen Ratgebern zu umgeben.

Der »Inner Circle« war natürlich keine irgendwie konstituierte Gruppe, sondern ein geographisch weit auseinandergezogenes Feld von Personen, dessen Zusammensetzung ständig fluktuierte und das seine Schwerpunkte und seine Peripherie hatte. Seine Zusammensetzung war nur von innen – und ist vielleicht in seinem ganzen Ausmaß nur retrospektiv dem Historiker[2] – erkennbar. Zu seinen Funktionsbedingungen gehörte eine sorgfältige Abschirmung gegen jede Öffentlichkeit, und so ist es nicht erstaunlich, daß die politische Korrespondenz Eulenburgs im wesentlichen eine Geheimkorrespondenz war.

Statt nun mit retroaktiver demokratischer Entrüstung und einer Kritik, die mit den Kriterien eines für die Zeit einfach nicht gültigen bürgerlichen Konstitutionalismus (zu der auch die Polemik gegen die »Kamarilla« gehört) operiert, an sie heranzugehen, sollte man sich die Mühe geben, das Phänomen nach den ihm eigenen Gesetzen zu beurteilen. Das Regime Wilhelms II. kann dann vielleicht als ein hervorragendes Beispiel dafür dienen, was der Kultursoziologe Norbert Elias für die Zeit des französischen Absolutismus als den *Königsmechanismus* beschrieben hat, in dem die Aufgabe des Monarchen darin bestand, zwischen verschiedenen konkurrierenden Gruppen und Cliquen, die alle gleichermaßen dem System verhaftet und verpflichtet sind, den Schiedsrichter zu spielen, was im wesentlichen darauf abzielte, die einseitige Macht- und Einflußnahme *einer* Gruppe zu verhindern. Das geschah dadurch, daß über dem primären Ordnungssystem der institutionellen Verteilung der Machtverhältnisse ein »sekundäres System« auf den Monarchen bezogener, hierarchischer Vorschriften, Riten und Privilegien ausgebildet wurde, die für Erfolgserwartung, Karriere und Prestige *aller* um die Teilhabe an der Macht bestrebten Mitglieder der Oberschicht zu den eigentlich ausschlaggebenden Orientierungskriterien wurden. Auf dieser Ebene vollzieht sich die Besetzung der Schlüsselpositionen, nicht auf der des primären Systems. Das geht, wenn man es nicht schon vorher wußte, sehr deutlich aus der Eulenburg-Korrespondenz hervor, und man versteht, wenn man es so sieht, auch sofort, warum Beförderungen, Ordensverleihungen, Jagdbesuche, Einladungen zu Kaiserlichen Reisen nicht nur als Gunstbeweise des Souveräns, sondern als bewußt eingesetztes Mittel dieser Politik eine wichtige systemerhaltende Rolle spielen mußten.

Man ist frappiert zu sehen, wie eng der »Inner Circle« war. Trotz aller persönlichen Gegensätze und Rivalitäten bestimmten drei Faktoren den Grundkonsens in ihm. Alle, die ihm angehörten, wollten, daß Deutschland groß, stark und mächtig und in der Welt geachtet sei. Man kann nicht eigentlich von »Nationalisten« sprechen. In erster Linie waren sie Preußen, und der deutsche Kaiser war für sie vor allem der König von Preußen. (Waren sie »Süddeutsche«, waren sie der im Kaiser repräsentierten Reichsidee dienende »Gesinnungspreußen«.)

Wichtiger als das Nationale war für sie eine existentielle Verbundenheit mit dem Königtum. Alle waren sie leidenschaftliche Monarchisten – nicht im Sinne einer beliebigen politischen Option, sondern bis ins Mark, bis »in die Knochen«. Diese Bindung an die Krone und ihren Träger, an den Thron, war in einem für uns kaum noch nachvollziehbaren Maße für den Charakter, für die Organisation ihrer Persönlichkeit, für ihre Lebensplanung konstitutiv. Jede Schwächung der monarchischen Ordnung, jede Schmälerung des monarchischen Gedankens empfanden sie als eine persönliche Kränkung. Liberalismus, Parlamentarismus, gar nicht zu reden von »anarchistisch-sozialdemokratischen« Ideen, waren ihnen nicht nur fremd und unverständlich, sondern ein Greuel. »Bei dem ersten Anzeichen, daß die anarchistische Krankheit uns näher tritt, sofort den Belagerungszustand proklamieren!«, schreibt der milde Chlodewig Hohenlohe. Das war die alles bestimmende Grundposition.

Sie kannten sich alle von Kindesbeinen an, ihre Väter schon gehörten zur Führungsschicht. Sie spielten als Knaben miteinander, dienten in denselben Regimentern und erlebten gemeinsam den Krieg von 70/71. Hatten sie studiert, so waren sie in den gleichen Corps. Ihre Karrieren hatten dasselbe Profil, mühelos wechselten sie zwischen den höchsten Positionen der Armee, der Diplomatie, der Zivilverwaltung, des Hofes hin und her.

Diese Karrieren waren bezogen auf die allerhöchste Person,

die Person des Monarchen. Geprägt durch die preußische Idee des »Dienstes«, bedeutete das für sie, wie Bülow an Eulenburg schreibt, »die seelische wie ethische Notwendigkeit, mit unserem kaiserlichen Herrn durch dick und dünn zu gehen«.

Sie alle waren dem Kaiser persönlich und auf das genaueste bekannt, der sie als Gentlemen und Kavaliere, und wenn sie ihm näherstanden, als Kameraden und Freunde behandelte. Es gehörte überhaupt zu seinen Eigentümlichkeiten, daß es sein innigster Wunsch gewesen wäre, den Staat mit einer Handvoll von echten Freunden zu regieren. Das politische Binom von Freund und Feind hatte bei ihm wie im Selbstverständnis des ganzen Kreises eine überaus persönliche Note. Der hier angezeigte Briefband ist im wesentlichen die intime Korrespondenz eines Freundeskreises.

Der Kaiser war nicht nur als Monarch, als Imperator Rex, als Allerhöchster Herr die zentrale Bezugsperson dieser Männer, fast alle zehn bis 20 Jahre älter als er. Er war ihr Idol im Sinne des »Männerhelden«, wie Blüher ihn definiert hat. Der schöne, begabte, blonde Jüngling war für sie die den Bund stiftende, charismatische Figur. Wo sie ihn nicht richtig liebten, waren sie doch immer seiner Faszination erlegen. Das galt besonders auch dann, wenn er ihnen Anlaß zu Kritik und Kummer gab, denn es wäre völlig falsch zu glauben, daß sie ihm unkritisch gegenüberstanden. Man muß sich das klarmachen: Bis 1888 war ein austerer Greis, der neben sich einen anderen Greis als eine Art Reichsdiktator duldete, der Mittelpunkt aller Macht und die zum Vater-Image verklärte Symbolfigur. Plötzlich ist es, vergleichsweise, ein Jüngling, dessen genialischer, aber weicher und differenzierter Charakter, dessen Impulsivität und Unerfahrenheit allen, die ihn persönlich kennen, vertraut ist. Die Monarchie hatte ein anderes Gesicht bekommen. Der staatstragende Personenkreis mußte sich auf eine ganz andere, neuartige, ungewohnte Konfiguration einspielen. Nicht der Monarch schützte sie, sondern sie mußten den Monarchen schützen. Durch alle ihre Bemühungen zieht sich so als Grundmotiv der Wunsch, dem jungen Kaiser dabei zu helfen, seine Rolle erfolgreich zu spielen, ihn nach außen und innen, aber auch gegen seine Unerfahrenheit abzuschirmen. Man kann beinahe soweit gehen, zu sagen, daß alle irgendwo von dem Gefühl durchdrungen waren, daß die Aufgabe, vor die er gestellt war, bei allem guten Willen und bei aller Begabung, letztlich nicht zu bewältigen war.

So wenigstens hat Philipp Eulenburg empfunden, der bis zum 2. Mai 1907, also fast 20 Jahre lang, das absolute und uneingeschränkte Vertrauen des Kaisers genoß, der Mentor und getreue Eckart des Monarchen, der mehr als irgendein anderer »Faktor« des Systems, als irgendeine Institution der Verfassung wesentlich dazu beigetragen hat, das unregierbare Reich zu regieren, geholfen hat, das, was nach allen Richtungen auseinanderstrebte, zusammenzuhalten.

Das Mitleid für den Kaiser, für den »armen Kaiser«, zieht sich leitmotivisch durch seine Briefe, und man muß ihm aufs Wort glauben, wenn er bekennt: »daß ich ihn so lieb habe, weil ich grenzenloses Mitleid für ihn empfinde«. Immer wieder ist er von ihm enttäuscht, immer wieder verstimmt, aber immer wieder fühlt er, daß »das Mitleid und die tiefe Freundschaft den Platz behaupten, und ich alles für ihn tun will, um ihm zu helfen«.

Er selber hatte von seiner Hilfsfunktion ein klares Bewußtsein und verstand sie als nationale Aufgabe, als eine patriotische Pflicht, die ihm zugefallen war, wie sie genausogut einem anderen hätte zufallen können, immer mit dem Gefühl, seine Kräfte könnten nicht ausreichen. So schreibt er am 5. April 1894 an Bülow (der damals schon der designierte Reichskanzler war), von der Yacht des Kaisers nach Rom: »Wie lange kann und wird es mir möglich sein, aus Mitleid und Liebe für den armen Kaiser und aus einem tiefen Pflichtgefühl gegenüber dem Vaterland, die Organe zusammenzuhalten, damit nicht alles schief geht?« Und etwas weiter: »Würde ich ihn – überarbeitet und überekelt durch den Charakter, den dieses Regieren angenommen hat – im Stiche lassen, würde ich plötzlich die große Kleisterflasche, mit der ich immer noch im letzten Augenblick die Risse zu verkleben vermag, bei Seite stellen, so bricht unfehlbar die Maschine zusammen.«

Das wußten auch alle anderen Mitglieder des »Inner Circle«, dessen Mittelpunkt er *par la force des choses* war. »Resümiere ich, was wir gestern sprachen – schreibt ihm Bülow in einem

Brief, in dem er den »Unermüdlichen« offensichtlich ermuntern wollte, bei der Stange zu bleiben, »so ist meine Überzeugung, daß Du Deinen Weg weiter *iustus ac tenax* gehen mußt, wie bisher. Abwägen, ausgleichen, hier hemmend, dort treibend, niemandes Diener als des Kaisers, aber gerecht und hilfreich für alle, die treu zum Kaiser stehen. Ich sehe ungeachtet aller momentanen Schwierigkeiten ohne Sorge in die Zukunft, weil wir Dich als ausgleichenden Moderator ... haben.«

Das war nicht Schmeichelei, sondern eine ziemlich genaue Deskription dessen, was Eulenburg nach bestem Wissen und Gewissen zu tun versuchte. Angesichts dieser Korrespondenz wird man nicht umhinkönnen, den Fleiß, die Hingabe und Ausdauer, den Takt und das Urteilsvermögen zu bewundern, mit denen dieser Mann seine delikate Aufgabe wahrgenommen hat, – alles andere als ein sogenannter »Vollblutpolitiker«, eine Figur vielmehr, die Marcel Proust zu schildern ein Vergnügen gewesen wäre, ein dilettierender Grandseigneur, ein Schöngeist, ein preußischer Charlus. Wenn nicht staatsrechtlich, so erfüllte er staatssoziologisch, in diesem Reich ohne rechte Verfassung, als nächster Vertrauter des Herrschers, als Vermittler zwischen ihm und dem inneren Kreis, eine legitime, notwendige Funktion.

Warum aber mußte es dann mit ihm ein so schreckliches Ende nehmen?

III

Weil Bismarck – und damit kommen wir zu dem schmerzlichsten Aspekt der Wilhelminischen Ära, den uns der besprochene Briefband in ungewohnter Kraßheit enthüllt – in seiner furchtbaren Racheaktion seine Vernichtung beschlossen und dafür sorgfältig die Minen gelegt hatte, die mit Zeitzündung, ein Jahrzehnt fast nach seinem Tode, explodierten. Er wollte es, nicht nur weil er ihn für seine Entlassung verantwortlich machte, sondern weil er wußte, daß er der nächste Freund und Vertraute des Kaisers war. Mit seiner Rache wollte er den Kaiser treffen und hat ihn tatsächlich tödlich getroffen.

Bestreiten zu wollen, daß Maximilian Harden das Instrument Bismarcks war, wie es in der jüngsten Harden-Literatur geschieht[3], gehört zu dem seltsamen Kapitel »Bismarck-Apologetik um jeden Preis«, an dem sich der zähe Widerstand der Deutschen messen läßt, die sich auch heute noch nicht ihre epochale Vaterfigur nehmen lassen wollen. Sie wollen es einfach nicht wahrhaben, daß Bismarck das Reich, das er geschaffen hat, in seinem titanischen Groll auch wieder zerstören wollte. Dabei werden sie, bevor sie diesen schmerzlichen Gedanken nicht akzeptiert haben, nicht wirklich erwachsen sein.

Bismarck, »der grimmige Freund wilder Doggen«, hat den jungen Harden, den er sich nach Friedrichsruh bestellt hatte, weil er seine Ambitionen und Dispositionen genau durchschaute, wie einen Bluthund auf die Fährte von Eulenburg gesetzt und seine Vernichtung zu einer politischen Aufgabe stilisiert.

Der Schlüsselsatz seiner Botschaft an den ehrgeizigen Literaten steht in dem Bericht, den dieser von seinem ersten Gespräch mit »Bismarck a. D.« veröffentlicht hat, noch bevor er seine *Zukunft* herausbrachte. »Minister, die die Krone beraten, gibt es nicht mehr; heute berät die Krone die Minister.« Dann aber kommt es faustdick: »Es wäre wirklich für die Monarchie und für unsere Einheit ein Unglück, wenn wir jemals auch nur vorübergehend absolutistische Rückfälle erleben müßten: denn da regiert die Kamarilla, oder im schlimmeren Fall, das Ewig-Weibliche.«[4] Diese verfassungsrechtliche und politische Analyse, die mit Begriffen operiert, die im deutschen Staatsrecht üblicherweise nicht vorkommen, ist für Harden bis zum Weltkrieg die Grundlage eines seltsamen Tuns geblieben.

Der Pakt zwischen den beiden ungleichen Kämpen wurde besiegelt durch die Leerung jener Flasche Steinberger Kabinett 1862, die der junge Kaiser dem Altreichskanzler als Zeichen der Versöhnung durch einen Flügeladjutanten hatte 1894 überbringen lassen. (Eine Kiste wäre wohl eher am Platz gewesen.) Warum wohl suchte sich Bismarck von all den zahlreichen Gästen, die nach Friedrichsruh kamen, ausgerechnet den jungen Harden aus, um die Gabe Kaiserlicher Gunst zu konsumieren? Das sollte Sakrileg und Sakrament zugleich sein, was mit dem

Trinkspruch besiegelt wurde: »Nicht wahr, Herr Harden, Sie sind dem Kaiser ebenso wohl gesonnen wie ich.« Ironischer und subtiler ist ein Königsmord wohl nie beschlossen worden[5].

»Manches mag ihm noch gelingen, aber nie, Eulenburg zu stürzen!« hatte Bismarck seinem Bravo nachgerufen, um ganz sicherzugehen. Nun zeigen Sie mal, was Sie können, junger Mann! »Und doch ist's gelungen! Und die Folgen waren heilsam für Reich und Kaiser«, ruft der 1909 triumphierend dem Richter zu. Es war der Anfang vom Ende.

Macht man sich eigentlich eine richtige Vorstellung davon, wie unheilvoll, wie unerbittlich und mit welchen infamen Mitteln der entlassene Bismarck, der »böse alte Mann«, im Sachsenwald gegen den Kaiser und sein Regime gewütet hat? Nein, weil die Tatsachen jedes normale Vorstellungsvermögen übersteigen.

Zu all den Schwierigkeiten, die sowieso schon dieses Reich regierungsunfähig machten, kam der »Sturm Bismarck« als die größte Kalamität hinzu. Hier wurde systematisch die Spaltung betrieben, die kein Kompromiß überbrücken konnte. Hier versagte der Königsmechanismus, weil der Grundkonsensus aufgekündigt wurde. Ein großer Teil der Korrespondenz ist der Entdeckung immer neuer Infamien, Intrigen, Forfaits Bismarcks und seiner Getreuen gewidmet, und der Überlegung, wie man hier die Wirkung eines Artikels oder eines Interviews, dort den Ankauf einer Zeitung oder eine geschickt lancierte Diffamierung und Verleumdung parieren könnte. Was aber alle erschauern läßt, ist, daß der »wicked man« auch vor der Person des Kaisers und Königs nicht haltmacht. Fassungslos stehen selbst alte Verehrer des Reichsgründers vor den »frechen Vorstößen der Fronde«, die ihr monarchistisches Loyalitätsgefühl verletzen. Auch der alte Kaiser Franz Joseph zeigte sich aufs äußerste empört.

Wie steht es überhaupt mit dem »Monarchismus« dieses preußischen Monarchisten, der mit Krokodilstränen sein Attachement zu seinem Schattenkönig zu beteuern liebte, um hinter seinem Rücken nicht gerade delikat über ihn zu sprechen. Die Kronprinzessin Friederich hatte ihn wohl durchschaut, als sie ihm auf den Kopf zusagte, daß er sich wohl gerne als Präsident an der Spitze einer Republik sehen wollte. Man mag sagen, er stand über der Monarchie. Sein dynastisches Gefühl konzentrierte sich auf den Aufstieg der Dynastie Bismarck. Am 22. November 1892 schrieb Eulenburg an den Kaiser: »Die Dynastie Bismarck auf republikanischer Basis mag er vielleicht in bösen Stunden begründen wollen.« Das war gewiß nicht aus der Luft gegriffen. Der große Verächter des Parlaments war plötzlich zum Verfechter des Parlamentarismus geworden. Durch sein Verhalten hatte sich Bismarck, nach seiner Entlassung, trotz aller gegenteiligen Beteuerung, außerhalb der monarchistischen Loyalität gestellt, die allein das Reich zusammenhalten konnte.

In den ersten zehn Jahren der langen Regierungszeit Wilhelms II. war die virulente Bismarckfronde nicht nur eine furchtbare Belastung, sondern vielleicht derjenige Faktor, der jedes Reüssieren des Kaisers unmöglich gemacht hat. So schreibt Eulenburg an einer Stelle, in der er den jungen Monarchen über die Vertracktheit der Lage zu trösten versucht, weil Bismarck, was auch immer er tue, als falsch hinstellen würde: »Ich glaube nicht einmal, daß es Engeln vom Himmel geglückt wäre, das deutsche Volk zu befriedigen.«

Was bei Bismarcks Störaktion besonders auffällt, ist die Haltung des Kaisers. Bis zuletzt, bis in seine Memoiren, hat er es unterlassen, der Öffentlichkeit zu sagen, was er und der »Inner Circle« über Bismarck wußten. Er kannte die infame Verleumdung seiner Mutter, er hatte Kenntnis von der Bestechung Ludwigs II. und wußte, daß Bismarck kaltblütig die zwei letzten Raten von 300 000 Goldmark an ihn unterschlagen hatte und sich darüber hinaus noch, am Tage, an dem er das Reichskanzlerpalais verließ, 230 000 Goldmark aus dem Welfenfonds auszahlen ließ. Er wußte, daß Bismarck seinen Kabinettschef Lucanus mit 40 000 Goldmark bestechen wollte, und das war wohl nicht alles. (Aufzeichnung Eulenburgs *An Bord der Hohenzollern*, vom 29. Juni 1892.) Wenn Caprivi ernsthaft die Möglichkeit erwog, einen Hochverratsprozeß gegen den Fürsten anzustrengen, so war ihm dies legitime Mittel der Verteidigung der Reichsinteressen genommen, weil Bismarck als Generaloberst der Militärjudikation unterstand und der Kaiser die Genehmigung zur Eröffnung eines Verfahrens niemals gegeben hätte – obwohl dieser einmal so weit gegangen ist, vor einem Kreis von Offizieren seiner Empörung über die illoyalen Umtriebe des »Herzogs von Lauenburg« Luft zu machen und anzukündigen, er werde sich gezwungen sehen, ihn in Spandau festzusetzen[6]. Schwäche oder Noblesse? »Ich kann und will dem deutschen Volk nicht seine Ideale rauben«, hat er nach dem Erscheinen der *Gedanken und Erinnerungen* Bülow gegenüber geäußert. Sicher ist, daß er in diesem Kampf den kürzeren gezogen hat. Zu Eulenburg sagte er 1892: »Mein Gewissen ist rein, es wird einmal die Zeit kommen, die mir Recht gibt.« Vielleicht ist diese Zeit jetzt endlich gekommen.

Soviel steht doch wohl heute schon fest, daß Bismarck und seine Leute der offiziellen Reichspolitik nichts Positiveres entgegenzusetzen hatten als das Argument, daß alles eben ganz anders gemacht werden müsse. Auch die Politik der Bismarck-Fronde lief auf nichts anderes hinaus als auf »Personalpolitik«. Die Kampagne gegen den vortrefflichen Caprivi und seine Minister (Bötticher z. B.), gegen das Auswärtige Amt (Kladderadatsch-Affäre), die offizielle verfassungsmäßige Regierung also, – nicht weniger als der schamlos mit dem Paragraphen 175 geführte Kampf gegen die Kamarilla, die sogenannten »unverantwortlichen Ratgeber«–, zielten immer nur darauf hin, Männer des Kaisers als unzulänglich und untragbar hinzustellen und dabei durchblicken zu lassen, daß man es selber natürlich besser machen würde.

Das beste Beispiel für die Sterilität dieser Opposition war die gehässige Dauerkritik, die Harden in der *Zukunft* am Kaiser und allem, was er tat und nicht tat, geübt hat. Von einem irgendwie kohärenten Gegenkonzept (das ja vielleicht auch gar nicht möglich war) konnte keine Rede sein, besserwisserische Ad-hoc-Alternativen (wo es nicht einfach bei der reinen »nihilistischen« Kritik blieb)[7] waren alles, was er zu bieten hatte. Wenn man sich die Mühe macht, heute seine Artikel nachzulesen, so ist ganz deutlich zu erkennen, daß hinter dem manifesten Haß gegen den Kaiser der latente Wunsch steht, selber des Kaisers nächster Berater zu sein. (Er hat ihm, bevor er zu Bismarck fuhr, 1889, seine Dienste angeboten.) Seine Autorität aber bezog er einzig und allein daher, daß er sich ständig auf das berief, was Bismarck angeblich getan hätte –, ein imaginärer, schließlich toter Bismarck, der aber nicht aufhörte, seine Unheilsrolle zu spielen.

Diese Rolle hätte er natürlich nicht spielen können, wenn er in den Köpfen der Führungsschicht nicht zu einer echten Fixierung geworden wäre. Er war für diese Generation zu einer im Über-Ich verankerten interiorisierten Kontrollinstanz geworden, so daß politisches Handeln sich nicht so sehr an der unmittelbaren Realität orientierte, sondern an der Vorstellung davon, wie Bismarck reagiert hätte. Das galt auch für den Kaiser und die Kaiserpartei, die zwar ihren eigenen Weg suchte, dies aber immer mit der Referenz auf ein hypothetisches Bismarcksches Handeln tat, wobei, solange Bismarck lebte, die Schwierigkeit darin lag, daß sie nichts tun wollte und durfte, was so aussah, als entspräche es den Bismarckschen Vorstellungen. Die Hypothek dieser – im Grunde nur tiefenpsychologisch zu begreifenden – Bismarck-Abhängigkeit lastet bis heute auf dem Verständnis der Wilhelminischen Ära, die wir erst dann werden richtig beurteilen können, wenn wir diese Referenz aufgeben und ein klares Bild von der Ingerenz Bismarcks in die politische Szene dieser Epoche gewinnen.

Die Lektüre des Korrespondenzbandes gibt Anlaß zum Nachdenken über die Kriterien »historischer Größe«. Bismarck gelang nicht, was zu inszenieren er entschlossen war: Der Untergang mit Staatsstreich, Reichsauflösung und blutigem Bürgerkrieg. *Deswegen* hat ihn der junge Kaiser entlassen, entlassen müssen wie Golo Mann richtig bemerkt, eine große staatsmännische Tat. Der Drang zu zerstören, und zwar das zu zerstören, was er selbst geschaffen hat und irgendwie als sein Eigentum betrachtete, hatte sich seiner bemächtigt und bis zu seinem Tode in ihm gewirkt. Aus seinem Exil wenigstens hat er nichts unversucht gelassen, um dem neuen Herrn des Reiches die Erfüllung seiner Mission unmöglich zu machen.

Bei dem Versuch, die Bismarcksche Haltung zu verstehen, kann man sich nicht, wie allgemein üblich, mit dem Euphemismus des »Dämonischen« abspeisen lassen. Gewiß hat diese Figur, in eine mythische Dimension projiziert, wagnerische

Züge, und es ist vielleicht mehr als ein Zufall, daß der letzte offizielle Opernbesuch (in Begleitung des Zaren) ihn in eine Aufführung des *Rheingolds* führte. Er wußte, daß das Walhalla, das er den Göttern gebaut hatte, keine solide Basis hatte, sondern die kühne Verwirklichung eines Traums mit unlauteren Mitteln war. In seinem Zerstörungswillen, in dem auch ein Element von Selbstzerstörung steckt, erfüllt er den Auftrag einer Nemesis, die schließlich auch ihn selber richtet.

Wir haben heute andere Instrumente, um dem Verständnis des Phänomens näherzukommen als Wagner und Burckhardt. Wir müssen auf einem postfreudianischen Bismarck-Verständnis bestehen. Nein, es war nicht liebende Fürsorge, die ihn motivierte; der Wunsch, das mühsam Geschaffene zu erhalten, denen, die nach ihm kamen, die schwere Aufgabe zu erleichtern, dem »Reich« zu ewiger Dauer zu verhelfen. Es war ein aus den tiefen Schichten des Unbewußten, wohin es immer wieder gewaltsam verdrängt wurde, aufsteigendes Gefühl, daß es diese Dauer nicht geben konnte, ein Gefühl der Unsicherheit, eine Untergangsangst, die in Zerstörungswut umschlägt, wenn die Abwehrmechanismen versagen. Auch hinter der Rache des großen »Realpolitikers« Bismarck werden wir jene irrationale »Angst« erkennen müssen, die konstitutiv für die Führungsschicht des zweiten Kaiserreiches war und ihren Realitätsbezug ins Wahnhaft-Paranoide verzerrte.

Die Dokumentation des zweiten Bandes der Eulenburg-Korrespondenz erstreckt sich nur über vier kurze Jahre der 30jährigen Regierungszeit Wilhelms II. In der damaligen »Regierungskrise« sind allerdings alle Faktoren der permanenten Krise angelegt, die ihren Höhepunkt 1907/08 erleben sollte, um schließlich in den Krieg und die Revolution einzumünden, die von Anfang an – seit 1871 – immer am Horizont des Reiches standen. Wir können nur auf das Erscheinen des angekündigten dritten Bandes warten, um mit der definitiven Revision unserer Vorstellungen über diese dezisive Periode der deutschen Geschichte zu beginnen. Man muß sich natürlich fragen, ob ein einziger weiterer Band, auch wenn er noch umfangreicher geraten sollte als der vorliegende, für die Veröffentlichung des neuen Materials ausreichen wird, das erschlossen zu haben ein nicht hoch genug einzuschätzendes Verdienst des Herausgebers John C. G. Röhl ist. Sparsamkeit wäre hier falsch am Platze. Sie würde bedenkliche Mängel in der Information über eine der wichtigsten Perioden der deutschen Geschichte unnötigerweise weiter bestehenlassen.

Anmerkungen

1 John C. G. Röhl (Hrsg.): *Philipp Eulenburgs politische Korrespondenz*, Band 2: *Im Brennpunkt der Regierungskrise 1892–1895*, Boppard: Boldt 1979.
2 Die bedeutende Studie der jungen amerikanischen Historikerin Isabel Hull über *Die Umgebung des Kaisers* (Ithaka, N. Y.: Cornell University) wird hier wichtige Aufschlüsse bringen.
3 Wenn man nicht die Zeugenaussagen von Paul Limann und Schweninger während der »Prozesse« heranziehen will, dürfte das Zeugnis Bülows alle Zweifel beseitigen: »Der erste Anstoß zur moralischen Vernichtung des unglücklichen Philipp Eulenburg kam von dem großen Hasser in Friedrichsruh, und es war dessen Hand, die sich neun Jahre nach seinem Tode aus dem Grabe im Sachsenwald gegen den Mann emporrichtete, den er für einen Intriganten und Schwindler hielt.« (*Denkwürdigkeiten* I, S. 226.)
4 *Bismarck, Gespräche*, III, S. 122/23, Februar 1891; abgedruckt in: *apostata, neue Folge*, 1893.
5 Zum schwarzen Humor der Akteure paßt der Treppenwitz der Weltgeschichte. Der Überbringer der bewußten Flasche, der Flügeladjutant – und man erinnert sich, was Bismarck über Flügeladjutanten zu sagen hatte – war ein Graf Moltke, und zwar nicht, wie die Herausgeber der *Gespräche* irrtümlich angeben (Bd. III, S. 343), Helmut, der Neffe des alten Moltke, später Chef des Generalstabes, als Nachfolger von Schlieffen, und Verlierer der Marneschlacht – was durchaus möglich gewesen wäre – sondern eben jener Graf Kuno von Moltke, der 13 Jahre später im Mittelpunkt der Hardenschen Greuelprozesse gegen die »unverantwortlichen Freunde« des Kaisers stehen sollte, bevor Eulenburg selber der Vendetta erlag. Diese Richtigstellung verdankt die Geschichtsschreibung unter anderem dem besprochenen Korrespondenzband.
6 *Zwischen Kaiser und Kanzler. Tagebücher des Fürsten Wedel*, 1945.
7 S. 1459; die Auseinandersetzung mit M. Harden und seiner *Zukunft* zieht sich, natürlich immer in Beziehung zur Bismarckschen Störaktion, durch den ganzen Band.

Fürst Philipp zu Eulenburg-Hertefeld (2)

Zum dritten Band seiner politischen Korrespondenz

Eine der wichtigsten wissenschaftlichen Quelleneditionen zur Geschichte des wilhelminischen Deutschlands ist zum Abschluß gekommen:

John C. G. Röhl (Hrsg.): *Philipp Eulenburgs politische Korrespondenz*, Band 3: *Krisen, Krieg und Katastrophen 1895–1921*.[1]

An dem Schicksal dieser einen Person, des Diplomaten Philipp Fürst zu Eulenburg und Hertefeld, können wir ablesen, wie problematisch das Herrschaftsgefüge des Bismarckreichs war. Aus welchen Gründen auch immer, hat dieser Mann 20 Jahre lang eine einzigartige Position in der Führungsspitze des Reiches eingenommen. Seine Funktion war staatsrechtlich nicht vorgesehen, ist staatssoziologisch aber in jedem politischen System vorgegeben, dessen höchste und letzte Instanz eine mit fast absoluten Machtbefugnissen ausgestattete Einzelperson ist. Als intimer Vertrauter und (wie dieser emphatisch betonte) »Freund« des Kaisers, hat Eulenburg wie kein anderer »Zugang zum Ohr des Machthabers« gehabt.

Bewundernd steht man vor dieser großen editorischen Leistung, in die ein junger Gelehrter so viele seiner besten Jahre investiert hat. Die Fachwelt wird die Qualität der Edition zu würdigen wissen, die mehr für sie gemacht ist als für den normalen historisch-interessierten Leser. Dieser wird sich, durch die Helligsche Hardenberg-Rathenau-Korrespondenz verwöhnt, ausführlichere Hintergrundinformationen zum Verständnis der publizierten Texte wünschen. Doch der Herausgeber stand unter dem Zwang, die Fußnoten zugunsten der »Quellen« so kurz wie möglich zu halten. So kommt es auch, daß das für die drei Bände der Gesamtedition so außerordentlich wichtige Personenregister (wie auch die Angaben zu den Personen in den Fußnoten) viel zu knapp bemessen sind.

Dieser dritte und letzte Band bringt Material aus vier ganz verschiedenen Perioden der Eulenburgschen Biographie: der Zeit, in der er noch als Wiener Botschafter aktiv im kaiserlichen Dienst stand; der Zeit von seinem Rücktritt 1903 bis zu den Skandalprozessen 1907/09; der Periode seines Liebenberger Exils bis zum Ende des Kaiserreiches und aus den Jahren 1918 bis zu seinem Tode 1921.

Er selber hat die Dokumentation seiner politischen Karriere bis zum Ende seines Ausscheidens aufs genaueste besorgt; jeder Brief, den er schrieb und erhielt, ist erhalten. Danach werden die Quellen rarer, privater, unzuverlässiger, jetzt aber haben sie einen neuen Stellenwert: Es sind Zeugnisse eines Mannes, der von dem Gipfel der Macht in den Abgrund stürzte, aus dem »Lichtkreis« (wie Harden sagen würde) der höchsten Gunst des Kaisers in die Niederungen seiner Ungnade. In seinem Liebenberger Exil blieben ihm noch lange Jahre Zeit und Muße, über sein Geschick nachzudenken.

Eine politische Intrige

So hätte man sich von diesem dritten Band erhoffen können, neue Aufschlüsse über die große Affäre der Epoche, die mit dem Namen und der Person Eulenburgs verbunden ist, zu erhalten. Allein, nur 50 von 1000 Seiten sind ihr gewidmet. Mehr war an unveröffentlichtem Material anscheinend nicht zu finden.

Es ist merkwürdig, wie wenig man bis heute darüber weiß. Es gibt in Deutschland kein Buch, keine Monographie über diese Prozesse. (Über den Dreyfuß-Prozeß in Frankreich gibt es eine ganze Bibliothek, und jedes Jahr erscheint ein neues Buch.) Man wird sagen müssen, daß sich alle, die an der Affäre beteiligt waren, ziemlich schäbig benommen haben, der Kaiser und der Hof, die Justiz, der Reichstag und die Presse und auch die beiden Protagonisten, Maximilian Harden und der Fürst Eulenburg, die beide nur Substitute waren. Es ging ja nicht um die Sittlichkeitsdelikte einiger hoher staatlicher Würdenträger – es handelte sich um eine politische Intrige großen Stils.

Die Prozesse waren der Höhepunkt der von Bismarck vom Tage seiner Entlassung an inszenierten »Rachepolitik« gegen Wilhelm II. und seine Leute, der Kulminationspunkt eines Machtkampfes, in dem es eigentlich um die Entmachtung des Kaisers ging. Nur vordergründig hatten die Angriffe des Publizisten Maximilian Harden zum Ziel, das Einflußmonopol des längst ausgeschiedenen Fürsten Eulenburg zu beseitigen.

Aber auch die Rede vom »unverantwortlichen Ratgeber« (im Gegensatz zu dem »verantwortlichen« Reichskanzler, Staatsministerium usw.) war reine Camouflage. Jene, die den Kampf führten, wollten nie konstitutionelle Zustände herstellen. Im Grunde hatten diejenigen, die Eulenburg benutzten oder ihn beseitigen wollten, nichts anderes im Sinn, als selber die Position des intimsten Ratgebers, die ihm zugefallen war (mehr als daß er sie gesucht hätte), zu besetzen. Die Ironie des Schicksals hat es so gewollt, daß die Zeitbomben, die seinerzeit in Friedrichsruh gebastelt wurden (als Bismarck den Publizisten Maximilian Harden, bei der Flasche des ihm vom Kaiser geschenkten Versöhnungsweines, instruierte), erst hochgingen, als sowohl Otto wie Herbert Bismarck schon im Grabe lagen und das designierte Opfer schon ein alter Herr war, der zurückgezogen auf seinen Gütern fern der Staatsgeschäfte lebte. Kein Mensch weiß mehr Genaueres darüber.

Wer war überhaupt dieser Philipp Eulenburg? Wir haben es geradezu mit einem prototypischen Repräsentanten der preußischen Junkerkaste zu tun, jedoch in einer atypischen Variante. Einerseits ist Eulenburg der Sprößling einer jener ostelbischen Großgrundbesitzerfamilien, die seit Generationen die Führungskräfte des preußischen Staats stellten. »Ich glaube, daß es mir angezüchtet ist, dem Staat und dem König zu dienen«, schreibt er einmal. Er ist »royaliste sans phrase«. Sein Leben ist ganz in den Dienst seines Königs gestellt (der das Unglück hat, deutscher Kaiser zu sein). Sein politisches Programm ist preußisch-konservativ. Er möchte verhindert wissen, daß das Deutsche Reich »auf die schiefe Ebene zur Republik gerät«.

Sein standesbewußtes Pflichtbewußtsein hat ihn die vorgezeichnete perfekte Laufbahn eines Staatsdieners als Offizier und Diplomat durchlaufen lassen. Mit größter Selbstdisziplin erfüllte er seine Aufgabe als hoher Beamter und Staatsmann (beides fällt für ihn, typischerweise, zusammen). Er konnte mit Recht für sich in Anspruch nehmen, ein »Regierungsfachmann« zu sein, der sein Metier beherrscht.

Manipulation der Macht

Doch das ist nur die eine Seite dieses Mannes, das Stereotyp, das »Sozialprofil«. Gleichzeitig war dieser Junker ein musischer Mensch, hielt sich für eine Künstlernatur – und war es wohl auch. Seine privaten Neigungen gingen in eine diametral andere Richtung, als die, die ihm seine Standespflichten vorschrieben. Er dichtete und komponierte, er verabscheute die Konvention des Hoflebens, die er natürlich perfekt beherrschte, verachtete die bürokratische Seite des Beamtentums, litt unter der Unbildung und Borniertheit der meisten seiner Standesgenossen, ja, ein sehr bedenkliches Symptom: Er hatte überhaupt nichts übrig für Jagd und Sport.

Eulenburg war ein »Preuße«, aber kein Mensch der martialischen Gewalt. Er gehörte zu den letzten Überlebenden jener anderen preußischen Tradition – die man nie vergessen sollte –, in der das Militärisch-Soldatische, stur Agrarische, noch kompensiert, ja aufgewogen wurde durch eine für Kunst und Wissenschaft aufgeschlossene und verfeinerte Lebenskultur; nennen wir sie kurz: die romantische, die dann nach der Reichsgründung langsam ausdörrte, wenn sie nicht bewußt erstickt wurde. Eulenburg schildert in seinen überaus lesenswerten Memoiren, wie sich noch im Berlin der siebziger Jahre, unter der Schirmherrschaft der musischen Kaiserin Augusta, der Salon von Mimi Schleinitz (der späteren Gräfin Wolkenstein) und die barbarische, total unkultivierte Meerkatzenhöhle der Bismarcks feindselig gegenüberstanden. Dort wurde der Kultur »gelebt«, hier lebte man einer jeden Kultur abholden, auf die Unterscheidung von Freund und Feind regredierten Manipulation der »Macht«.

Das Bismarcksche Modell hat triumphiert. Das ist keine Frage des Stils, sondern eines nationalen Mißgeschicks. Der Kult des »Gewaltpragma« mußte zwangsläufig in diesem Gewaltstaat obsiegen; der Gegensatz wurde schließlich zu jener verhängnisvollen Antinomie von »Realpolitik« und »romantischer Politik« verabsolutiert, die heute noch in den Köpfen der Deutschen spukt; »Romantik« wurde zu einem Schimpfwort. Das Schlimmste, was man dem Kaiser vorwerfen konnte, war, daß er »ein Romantiker auf dem Thron« sei. Eulenburg mußte vernichtet (!) werden, weil er, der eben auch ein »Romantiker« war, ihn daran hinderte, »Realpolitik zu machen«. Das war natürlich die reine Begriffsverwirrung, denunziatorisch, lag aber in der Logik der für diese Schicht unabdingbaren Freund-Feind-Unterscheidung. Daß Eulenburg homoerotische Neigungen hatte, war – in den Augen seiner Feinde – nur eine weitere Bestätigung dafür, daß er kein »richtiger Mann« war und deswegen ungeeignet, »richtige Politik« zu machen. So einfach war das! *So* liefen die *politischen* Fronten des Eulenburg-Prozesses.

Die Vehemenz, mit der Harden Eulenburg verfolgt hat, ist durch die politische Rolle, die sein Opfer effektiv gespielt hat, nicht zu rechtfertigen. Eulenburg war nicht der »unwahrhaftigste, skrupelloseste, gefährlichste Höfling«, der »Ungeheures, zum Himmel schreiendes Unheil« über das Reich gebracht hatte; schon gar nicht ein »gemeingefährlicher Verbrecher«, den man als Staatsfeind Nr. 1 bezeichnen konnte und vernichten mußte. Beim näheren Zusehen läßt sich heute zeigen, daß Eulenburg sein »Zugang-zum-Machthaber-Monopol« in keiner Weise mißbraucht, sondern in subjektiv-redlicher, objektiv dem »Reiche« förderlicher Weise zu nutzen gewußt hat. Er war der Moderator, der Vermittler, der im Spiel des »Königsmechanismus« zwischen den sich bekämpfenden Parteien und Personen immer den Ausgleich suchte, was beim Stand der Dinge natürlich hieß, daß er den Kaiser bei seinen personalpolitischen Entscheidungen im Interesse der Preußischen Krone beriet.

Das »Verbrechen«, dessen Harden ihn beschuldigte, war auch kein anderes, als daß er in der ersten Marokko-Krise (1904/05) – damals wollte Holstein einen Präventivkrieg gegen Frankreich riskieren – dem Kaiser zu einer »weichen, weiblichen Friedenspolitik« geraten hatte, was man ihm heute als hohes Verdienst anrechnen muß, wobei nicht einmal mit Sicherheit zu bestimmen ist, inwieweit es tatsächlich Eulenburg war, der für das kaiserliche Votum, diesen Krieg nicht zu führen, verantwortlich zu machen ist.

Seine Rolle dem Kaiser gegenüber (er war zehn Jahre älter) – war im Grunde die eines Präzeptors, der vor der schwierigen Aufgabe stand, dem ungestüm-genialischen Monarchen das ungeheuer prekäre Geschäft, »Kaiser« dieses Reiches zu sein, zu erleichtern. Die Beziehung der beiden läßt sich vielleicht am besten verstehen, wenn man an das Verhältnis Senecas zu Nero denkt, wobei allerdings weder Wilhelm II. ein Nero war (mit dem er gleichwohl verglichen wurde) noch Eulenburg ein Seneca (schön wär's gewesen!).

Sein Problem und das Problem seiner Standesgenossen lag darin, daß ihr König viel moderner war als sie und daß man ihn ständig daran hindern mußte, seinen progressiven Velleitäten nachzugehen. Sie hielten Wilhelm II. der gefährlichsten Abweichung für fähig, und das war er im Grunde auch. Die Geschichte seiner Regierung, seit der mutigen Entlassung Bismarcks, mit der er sich den Freiraum für einen »neuen Kurs« schaffen wollte, ist eine Geschichte der Verhinderung all seiner Versuche, die Politik des Deutschen Reiches aus der Beschränktheit altpreußischer Zwangsvorstellungen herauszubrechen. Seine unerbittlichsten Feinde waren darum nicht die Sozialdemokraten Bebels, sondern die preußischen Altkonservativen, die es in ihrem »cauchemar des alliances« nicht für ausgeschlossen hielten, daß er mit den Liberalen paktieren würde (zu den Sozialdemokraten war es dann nur noch ein Schritt) – in einem Wutanfall muß er es einmal angedroht haben.

Nein, Eulenburg war kein Seneca, sondern ein eher durchschnittlicher preußischer Landedelmann, der, für seine Kaste durchaus ungewöhnlich, nicht darauf verzichtet hatte, einer bescheidenen künstlerischen Begabung nachzugehen. Zum

Grandseigneur reichte es nicht, sein Künstlertum blieb dilettantisch, aber das war unter den gegebenen Umständen gar nicht anders möglich. Seine Bildung war die des deutschen Gymnasiums, sein Kunstgeschmack äußerst konventionell. Er war nicht eine Spur weltmännisch, es ist vielmehr auffällig, wie provinziell und xenophob ein Mensch geblieben ist, der in Paris und Wien gelebt hat, England und Italien kannte und obendrein eine schwedische Frau hatte. Auch darin ist er wieder klassenspezifisch. Er ist schrecklich preußisch, protestantisch, norddeutsch, und das muß in diesem Fall heißen: beschränkt. Auch seine Homosexualität ist philiströs, muckerhaft. Ganz unraffiniert, ganz undifferenziert, im Grunde hausbacken. Zweifellos von einer etwas femininen Sensibilität. Aber seine Psychologie geht über die einer Klatschbase nie hinaus. Er bleibt bis zuletzt der Gefangene seiner junkerlichen Standesvorurteile und bestätigt auf fast tragische Weise die totale Unfähigkeit seiner Kaste, die großen Veränderungsprozesse, denen das Deutsche Reich unterworfen war, richtig zu erkennen, geschweige denn anzuerkennen.

Das Beste, was zu finden war

Wie war es möglich, daß ein im Grunde so beschränkter Mann im Deutschen Reich eine so bedeutende Rolle spielen konnte? Eulenburg war immerhin einer der Granden dieses Reiches, gehörte zum engsten Zirkel seiner Führungsschicht. Seine Liebenswürdigkeit genügt nicht, uns das zu erklären. Auch seine Freundschaft mit dem Kaiser ist ein Akzidenz. Auch ohne sie hätte er zum Botschafter aufsteigen können. (Vielleicht wäre er nicht zum Fürsten gemacht worden.) Seine Sonderbeziehung zum Kaiser modifiziert nur die Frage: Warum hat der junge Monarch gerade *diesen* unter seinesgleichen zum Freunde gewählt und ihm diese Schlüsselstellung außerhalb aller Hierarchien eingeräumt? Warum hat er ihn in eine politische Rolle gezwungen? Die Antwort ist verblüffend einfach: In seiner Gespaltenheit und Doppelnatur ähnelte Eulenburg dem Kaiser. Er war, wie dieser, etwas anders, als die anderen alle.

Als Repräsentant der Führerreserve aber, aus der sich die preußische Führungsschicht rekrutierte, war er eigentlich das Beste, was zu finden war. Die Selektionsmechanismen dieser Oligarchie konnten nichts anderes an die Spitze fördern.

Mit Neid denkt man, im Vergleich, an die gleichzeitig die Geschichte des britischen Empire leitende englische Führungselite, wie sie Barbara Tuchman unvergeßlich in dem Kapitel über das letzte Kabinett von Lord Salisbury in ihrem Buch *The proud power* beschrieben hat. In ihrem Dünkel hielten sich die preußischen Herren natürlich für die Krone der Schöpfung. Der einzige, der sich danach sehnte, es mit englischen Gentlemen zu tun zu haben statt mit Ostelbiern, war der arme Kaiser selber.

Anmerkung:

1 John C. G. Röhl (Hrsg.): *Philipp Eulenburgs politische Korrespondenz*, Band 3: Krisen, Krieg und Katastrophen 1895 – 1921, Boppard: Boldt 1979.

Prinz Kuckuck

Der Zeitroman des Wilhelminismus

Klaus Günther Just schreibt in seiner vielleicht nicht genügend beachteten und in ihrer Bedeutung gewürdigten großen Geschichte der deutschen Literatur seit 1871 (*Von der Gründerzeit bis zur Gegenwart*, Bern und München 1973): ».. . *nicht Heinrich oder Thomas Mann*, sondern Bierbaum schreibt – mit ›Prinz Kuckuck‹ – den großen Zeitroman des Wilhelminismus« (201). Es ist ein Jammer, gehört aber zur Erosion unserer literarischen Kultur, daß dieses außergewöhnlich interessante, spannende, lehrreiche, in seiner Grundkonzeption geniale Werk der deutschen Literatur fast völlig in Vergessenheit geraten ist. Heute kann man es mit doppeltem Gewinn wiederlesen: dem kulinarischen Vergnügen an einer literarischen Kostbarkeit und der Belehrung durch eine kulturhistorische Dokumentation von außerordentlicher Fülle und Authentizität.

Weit mehr als ein Schlüsselroman

Prinz Kuckuck, mit dem Untertitel *Leben, Taten, Meinungen und Höllenfahrt eines Wollüstlings* (»Wohllüstling« steht auf dem schönen Jugendstil-Einband), war bei seinem Erscheinen 1907 eine literarische Sensation, man würde heute sagen, ein *Bestseller*. Eine Auflage jagte die andere; der dreibändige Roman wurde dann (sehr zu seinem Nachteil, wie mir scheint) als gekürzte zwei-, ja einbändige Volksausgabe herausgebracht und ist in dieser Fassung sogar heute noch auf dem Buchmarkt (Langen Müller) zu haben.

Das Buch galt und wurde gelesen als ein Schlüsselroman,

weil man wußte, daß Bierbaum seinem Helden Henry Felix Hauart Züge des ihm freundschaftlich verbundenen Alfred Walter Heymel gegeben hatte, dem ein großes Vermögen und der Ruf illegitimer Abkunft aus fürstlichem (manche munkelten, königlichem) Hause eine privilegierte Sonderstellung in der literarischen Subkultur des wilhelminischen Deutschland verliehen hatte. Durch Lebensstil und innere Unabhängigkeit stach er als Mäzen und dilettierender Anreger seltsam von der eher darbenden, auf Honorare und Schnorrerei angewiesenen Bohème ab. Das war ein »Schurkenstreich«, wie der mitbetroffene Rudolf Alexander Schröder sich ausdrückte[2], was uns aber nicht weiter kümmern soll. Bierbaum hatte ins Schwarze getroffen, als er die ambivalente Ausnahmestellung seines Freundes zwischen Reichtum und Geist zum zentralen Thema eines pikaresken Zeitromans machte. Er thematisierte auf diese Weise die kulturelle Frage seiner Epoche: das Verhältnis von materiellem Wohlstand und kultureller Leistung, von ökonomischer Prosperität und geistiger Repräsentanz, das nicht befriedigend gelöst zu haben schon für die Zeitgenossen das beunruhigende Merkmal der wilhelminischen Ära war.

Das infernale Trio

So erfindet er für seinen Helden Henry Felix Hauart eine Biographie, in der alle Faktoren der wilhelminischen Gesellschaft ins Spiel gebracht werden können. Erbe eines Millionenvermögens, von ungekannter, geheimnisumwitterter Herkunft, aufgezogen erst in einem großbürgerlichen Hause mit feudalem Lebenszuschnitt, dann in der moralischen und geistigen Enge einer streng protestantischen Familie aus dem Mittelstand, durchläuft er, sehr schnell im Besitz unbegrenzter Mittel, die verschiedenen Sphären der Gesellschaft, durchdrungen von dem Gefühl, ein Ausnahmemensch zu sein, besessen von einem »Drang zum Höheren«, von durchschlagender Vitalität, nicht ohne einen Funken Genialität, die es ihm ermöglicht, überall zu wittern, worauf es ankommt, in allem, was er anpackt, zu exzellieren – immer aber auch in der letzten Prüfung zu versagen. Unsicher in Geschmacks- und Stilfragen, dilettantisch und parvenuehaft, ohne Lebensplan, ohne Aufgabe, ohne echte Substanz, ein Roboterporträt, könnte man heute sagen, der Generation, die in das wilhelminische Deutschland hineingeboren war.

Ihm beigegeben ist als wirkungsvolle Kontrastfigur, als eine Art von Doppelgänger auch, sein Ziehbruder Karl aus dem Pietistenhaus, ein geistig hochbedeutender, aber verklemmter, von Ehrgeiz zerfressener, eiskalter Willensmensch, der den Millionenerben verachtet und haßt (wie übrigens auch seine Eltern), ihn aber zum Instrument seines sozialen Aufstieges zu machen versucht. Der Kampf der beiden komplementären Charaktere, der Phasen völliger Abhängigkeit und Unterwürfigkeit, Phasen der Rebellion und zäher Machtproben durchläuft, findet seinen Höhepunkt, der einer der Höhepunkte des Romans ist, in dem Mord, mit dem sich Henry seines arroganten Peinigers kurzerhand und – mit einem Lächeln entledigt. Zwischen den beiden steht Bertha, die schöne, hehre, königliche Schwester von Karl, die in einer unverblümt inzestuösen Leidenschaft ihrem Bruder verfallen ist, jungfräulich, aber nicht keusch, sinnlich, aber beherrscht, die es akzeptiert, die »große Liebe« Henrys zu sein und schließlich sogar seine Gattin zu werden. Sie heiratet den verachteten Emporkömmling (den sie freilich als Sexualpartner durchaus zu schätzen weiß) nur, um den Mord an ihrem Bruder zu rächen. Die zähe Vernichtungsstrategie dieser Frau, die zuguterletzt triumphiert, indem sie den Helden zwar nicht physisch tötet – der von langer Hand vorbereitete Giftmord mißlingt –, aber moralisch in den Tod treibt, könnte spannender und eindrucksvoller nicht geschildert werden.

Ein Panorama der europäischen Kultur

Seine Leidenschaft für die schöne Bertha (deren Spiel er schnell durchschaut) ist wohl die wichtigste Konstante im wechselvollen, von Peripetien skandierten, in immer neue Bahnen geschleuderten Leben des Helden; was seine Beziehung zu den

Frauen betrifft, aber nur der Kontrapunkt einer nicht abreißenden Kette von sexuellen Abenteuern, in denen Prostituierte der untersten Stufe, Insassen der elegantesten Bordelle, Demimondäne, aber auch eine so zauberhafte Person wie die schöne Gräfin Pfründten – eine der gelungensten Episoden des Buches – einander ablösen. Bierbaum liefert hier mit einem kompletten Inventar der erotischen Szene des Fin-de-Siècle auch einen vollständigen Katalog der Repräsentationen des Weiblichen in seiner Zeit. In der Darstellung der sinnlichen Exzesse seines Helden läßt er es weder an Detailkenntnis noch an Deutlichkeit fehlen, so daß man den Roman auch als einen erotischen lesen kann, was sicher zu seinem Anfangserfolg entscheidend beigetragen haben wird. Es hieße aber seine Absicht und den Rang des Werkes verkennen, wollte man ihn auf diesen Aspekt festlegen. Die Stärke und der Reiz des Buches liegen vielmehr darin, daß – immer mit großer Sachkenntnis und Präzision und keineswegs auf Deutschland begrenzt – die allerverschiedensten Lebensbereiche geschildert werden und auf diese Weise ein fast erschöpfendes Bild der damaligen Gesellschaft geboten wird. Vor unseren Augen entrollt sich ein Panorama der europäischen Kultur.

Ob der Autor das Treiben der Corpsstudenten in einer kleinen Universitätsstadt, ob die Münchener Bohème, ob die feudal-aristokratische Atmosphäre einer fürstlichen Residenz, ob die Sitten und Gebräuche in deutschen Offizierskreisen, auf Rennplätzen, in den literarischen Zirkeln des Berliner Tiergartenviertels beschwört, immer werden wir aufs neue entzückt sein von seiner Beobachtungsgabe und von seinem Stil, der mit ironischer Distanz das signifikante Detail festhält, dabei aber jedes Klischee zu vermeiden weiß. Genauso muß man seine Darstellung der Pariser Lebewelt, eines Wildeschen London, des Capri von Krupp, des Rom der Monsignores und eines Wien ohne Kaiserin mit Bewunderung goutieren.

Allein, der ständige Wechsel der Szenerie, der Milieus und Lebenskreise (zu deren Schilderung ein feines Ohr für Sprechgewohnheiten, Jargons, Rollen und Rollenprosa gehört), der Städte, Länder und Landschaften (immer gezeichnet mit einem außerordentlichen Sinn für Dekors, – die Beschreibung interessanter Häuser und Interieurs ist eine Sammlung kleiner Meisterwerke –), wird niemals Selbstzweck. Alles »Äußere« ist nur Rahmen für die Etappen einer außergewöhnlich wechselvollen Lebensbahn, die wesentlich ein innerer Entwicklungsprozeß ist, ein Leidensweg, der als Passionsweg verstanden werden will – Passion im doppelten Sinne des Wortes. Nein, was sich als Schelmenroman präsentiert, hat durchaus seinen Platz in der Reihe der großen deutschen Bildungsromane.

Dr. Fausti Höllenfahrt

Der Held, der immer auch Züge des Antihelden trägt, befindet sich auf einer nie befriedigten, weil nicht zu befriedigenden Suche nach der ihm gemäßen höheren, höchsten Lebensform! Ein Dr. Faustus im ordo minoris. Wir erleben ihn nacheinander als Couleurstudenten, als mäzenatischen Herausgeber einer literarischen Zeitschrift, Kavallerie-Offizier, Rennstallbesitzer und Herrenreiter – der von einem gnädigen Duodezfürsten zum Grafen gemacht wird – als unfreiwilligen Bildungsreisenden auf der »Grand Tour«, als den Editor erlesener Pressedrucke, als symbolistischen Dichter, als Amateurpolitiker gar – und das ist nicht einmal ein vollständiges Verzeichnis seiner Metamorphosen! Immer experimentiert er, in immer neuen Anläufen, mit immer neuen Möglichkeiten, seine tief in seinem Innern wurzelnden geistigen Aspirationen, über die Befriedigung seiner Triebwünsche hinaus, zu erfüllen. So wie er angelegt ist, erscheint seine Suche als eine Suche nach der optimalen Umsetzung von Reichtum in Kultur. Das ist ein alchimistisches Problem, und da weiß Bierbaum ungemein viel Gescheites und Treffendes zu sagen, denn, wenn er seinen Henry Felix Hauart auch mit größter Skepsis und Distanz behandelt (was manchmal fast an Lieblosigkeit grenzt, die auch vor Ungerechtigkeiten nicht zurückschreckt), so redet er keineswegs – was doch nahegelegen hätte – einer spiritualistischen Auffassung von »rein geistiger« Existenz das Wort, die in irgendeiner Religiosität oder irgendwelchem Künstlertum ihren mehr oder weniger adäquaten Ausdruck hätte finden können (unter den zahllosen

Nebenfiguren läßt er es an pittoresken Exempeln dafür nicht fehlen), sondern weiß sehr wohl um die Dialektik von Geld und Geist, von den Abgründen, die souveräne Lebensbeherrschung vom intellektuellen Diskurs trennen; weiß, daß Besitz geistblind sein kann, Besitzlosigkeit aber immer lebensfeindlich ist, und sucht selber nach den Möglichkeiten der Selbstverwirklichung des superioren Individuums auf höchster Stufe. Es geht ihm, ganz diesseitig auf Macht, Schönheit und Wohlleben bezogen, um »den kommenden Menschen großen gebieterischen Stils«. Das aber ist das Kulturproblem des Wilhelminismus.

Wenn er seinen Helden schließlich in einen schnöden Tod schickt, der ein kaum verhüllter Selbstmord ist, so will er uns nicht nur das Scheitern seines Helden sinnbildlich vor Augen führen; er will uns auch zeigen, daß er selber zutiefst von der Unmöglichkeit überzeugt ist, in seiner Zeit die ideale Formel einer höheren Existenz zu finden. Warum aber ist das so?

»Familienroman«

Der Roman ist der Versuch, auf diese Frage eine Antwort zu finden. Dabei bedient sich Bierbaum eines genialen Tricks, indem er die Suche nach der angemessenen höheren Lebensform verbindet mit dem Zweifel an der Identität des Helden. Wer ist überhaupt dieser Henry Felix Hauart? Er weiß es selber nicht, bezieht aber aus den – wie sich herausstellt irrigen – Mutmaßungen darüber die entscheidenden Impulse für sein Denken und Tun. Der »Schurkenstreich« des Otto Julius Bierbaum erweist sich hier als ein Geniestreich, ganz gleich, ob sein Freund Heymel ihm Modell gestanden hat oder nicht. Mit dem Topos der »unbekannten höheren Herkunft« bringt er die subtile Mechanik des »Familienromans« (im Freudschen Sinne) ins Spiel (von der Marthe Robert uns gezeigt hat, daß sie die Springfeder des Romans schlechthin ist)[3]. Der Abenteurer zieht immer aus, um ein *ihm* verheißenes »Reich« zu erobern. So ist auch der Held des »Zeitromans« des wilhelminischen Deutschlands zu verstehen. Der Aventurier des wilhelminischen Deutschlands ist auf der Suche nach dem »Reich«. Der Witz dieses ungewöhnlichen Ansatzes liegt darin, uns darauf zu bringen, daß das Zentralproblem dieser Zeit keine Stilfrage war – das Verhältnis von Inhalt und Form –, sondern ein Legitimationsproblem.

Das Buch kann auch als Krankengeschichte, im psychoanalytischen Sinne, gelesen werden: als der Bericht über einen Fall megalomanen Fehlverhaltens, das seine Wurzel nicht, wie es manchmal fast scheinen möchte, in der übersteigerten Sexualität des Patienten seine Wurzel hat: sie ist das einzig nicht hinterfragbar Authentische in ihm, sondern in einer nur Charakterneurose gewordenen Identitätskrise. Der »Familienroman« – die unbekannte höhere Herkunft – legitimiert wohl den Refus der vorgegebenen Realitäten und die Sehnsucht nach etwas Großartigerem. An der Wirklichkeit gemessen aber ist die Bezugnahme auf den »geheimen Auftrag« immer illegitim. Aus dieser Spannung speist sich die Dynamik des Helden, erklärt sich aber auch sein Scheitern. Seine Insuffizienz liegt nicht in einem Mangel an Substanz, sondern an seinem gebrochenen Verhältnis zur Realität.

Der Kaiser

Darin lag die Tragik Kaiser Wilhelms II. Vordergründig stand er vor der unlösbaren Aufgabe, aus der Vielzahl der widersprüchlichen Komponenten und Tendenzen des neuen Reiches – des Alten und des Neuen, des Agrarischen und des Industriellen, des Katholischen und Protestantischen, des Konservativen und des Liberalen, des Aristokratischen und des Bürgerlichen – einen repräsentativen unverwechselbaren eigenen Stil zu entwickeln, der auf die ganze Nation prägend gewirkt hätte.

Au fond aber war sein »geheimer« Auftrag, das »Reich« aus einer tristen Wirklichkeit zu Glanz und Größe zu erwecken, und ihm dadurch seine wahre Identität zu geben. Nicht als Staatsmann, sondern als dilettierender Mäzen. Das war seine ganz persönliche Mission. Tatsächlich wurde er zum Opfer der Widersprüche, die er, indem er sie zu überwinden suchte, nur auf die Spitze trieb. Die Deutschen versagten ihm für sein grandioses »Abenteuer« die Gefolgschaft. Die Pluralität der Partikularismen verhinderte den Konsensus, der allein sein Unterfangen hätte legitimieren können.

Kein Zweifel ist möglich: Henry Felix Hauart trägt die Züge Kaiser Wilhelms! (Man macht sich heute kaum eine richtige Vorstellung von der Rolle, die der Kaiser in den Köpfen der Zeitgenossen als die absolute, wenn auch nur diffus wahrgenommene Bezugsperson spielte!) Die Kritik der Aspirationen und Schwächen, der Rodomontaden und Taktfehler Henry Hauarts zielt immer auch auf den Kaiser. Doch interessiert den Autor nicht die Psychologie des Monarchen, sondern das deutsche Problem, das er so perfekt repräsentierte. Alles, was sich damals als Kritik an der Person des Kaisers gab, war Selbstkritik des wilhelminischen Zeitalters.

Bierbaum sagt uns im übrigen, was seine Generation von dem jungen Monarchen erwartet hat. In den Phantasien Karls erscheint seine Thronbesteigung als der Beginn einer neuen Ära, in der ein sensibler, »dekadenter« Fürst das ungeschlachte Bismarcksche Reich zur kulturellen Blüte führen würde. Der ihm dedizierte Huldigungs-Hymnus ist eine kaum verhüllte Transkription des Georgeschen Algabal-Zyklus, dessen manifester Mißerfolg bei latenter Tiefenwirkung das Romangeschehen als eine Art »Parallelaktion« begleitet. Die Exkulpation des Deutschen Reiches durch den Geist – um Nietzsche zu variieren –, das war die »Kultur«-Idee dieser Generation.

Die Wahrheit freilich war eine andere. Rudolf Borchardt spricht sie in seinem großen apologetischen Essay über den Kaiser aus, der kurz nach dem Roman Bierbaums erschien. Da beklagt er »das geistige Chaos einer zerrissenen Übergangsgeneration, durch das er (der Kaiser) mit uns Zerrissenen, mit uns Formlosen, mit dem ganzen Fluche und der ganzen Sehnsucht der Zeit zusammenhing«. Fluch und Sehnsucht – das ist das eigentliche Thema des »Prinz Kuckuck«.

Die grausame Pointe

Wie tief Bierbaum in die Problematik der wilhelminischen Ära eingedrungen ist, zeigt sich an zwei, für den Roman konstitutiven Momenten, die beide aufs engste mit dem Geschehen verwoben sind, um im entscheidenden Moment als die absolut determinierenden Faktoren in Erscheinung zu treten.

Da ist einmal die Homosexualität des bösen Ziehbruders Karl, des Ästheten, Möchtegern-Dandys, georgianischen Poeten und Nietzscheaners. Die inzestuöse Geschwisterliebe – in der das Musilsche Zentralthema vorweggenommen wird – bekommt durch diesen Zug ihr eigentliches Relief, doch auch die Prätentionen reiner, elitärer Geistigkeit. Wir lassen diese Dimension des Romans hier auf sich beruhen – erinnern nur daran, daß sein Erscheinungsjahr das Jahr der Eulenburg-Prozesse war. Homosexualität literarisch zu thematisieren war damals ein Wagnis, ihre Bedeutung für Kunst und Kultur in Deutschland zu zeigen ein Zeichen von Scharfblick.

Aufregender, doch noch kontroverser ist das andere Thema, das den Roman wie ein roter Faden durchzieht. Zunächst kaum beachtet, von nur anekdotischem Interesse, könnte man meinen, bis sich herausstellt, daß hier der eigentliche Schlüssel des Schlüsselromans liegt. Der Held, der sich für einen Abkommen der mexikanischen Habsburger hält (wie Weygand es war), ist *jüdischer* Herkunft! Die Mutter Henrys, die als mysteriöse Gestalt immer in den entscheidenden Momenten auftaucht und hilfreich eingreift, Henry vor allem vor dem kalten Mordplan der schnöden germanischen Walküre rettet, ist Jüdin.

Auch Mephisto ist ja homosexuell (und das erklärt vieles). Goethe wäre aber nicht auf die Idee gekommen, dem faustischen Wissensdrang, dem unermüdlichen Schweifen durch alle Daseinsbereiche, der Suche nach dem Weiblichen – seien es Hexen, Gretchen, Helena oder die Mütter – eine jüdische Konnotation zu geben. Das ist wilhelminisch! Und zwar ein Ausdruck der Erfahrung, daß der Wille zur repräsentativen Kulturleistung, zu einer Überhöhung materiellen Erfolges im Geistigen, die gesellschaftliche Transformation von Geld in Geist in dieser modernen deutschen, feudal-industriellen Gesellschaft nicht mehr geleistet wird von der Aristokratie, die lediglich einen Fundus vornehmer Lebensformen tradiert, auch nicht von der deutschen Bourgeoisie, die auch da, wo sie sich »geistig« wollte, kleinbürgerlich, provinziell, philiströs und autoritätsgläubig blieb, sondern der spezifische Beitrag des assimilationswilligen deutschen Judentums war.

Bierbaum, als er die phantastische Biographie seines Helden konstruierte, hatte offenbar nicht nur die schillernde Gestalt des Kaisers vor Augen. Neben ihm sah er Figuren wie Borchardt, Aby Warburg, Ballin, Fürstenberg, Wolfskehl und Walter Rathenau. Nicht anders als Musil mußte er, von einer Persönlichkeit fasziniert sein, in der Traditionsbewußtsein und Modernität, aufrichtige Verehrung für große Form und Züge von Parvenuehaftigkeit, Reichtum und höchste Sensibilität für die Forderungen der Zeit sich mischten, ohne sich jedoch zu der erhofften glaubwürdigen Synthese zu vereinigen.

Die Abwehr des Fremden

Im Versteckspiel mit den Mutmaßungen des »Familienromans« siedelt Bierbaum seine Interrogation über die Chance der Selbstverwirklichung der Deutschen auf der Ebene an, auf der der Kaiser und ein Rathenau als die repräsentativsten Figuren ihrer Zeit erscheinen. Von beiden kann man sagen, daß sie vergeblich versucht haben, einen phantastischen Traum in die Wirklichkeit umzusetzen. Beide sind an der deutschen Misere zerschellt.

Die Analyse geht dahin, daß hier letzten Endes ein zu hoher Anspruch als etwas Fremdes, dem Deutschen Inkommensurables, letztlich »Illegitimes« abgewehrt wurde. Das jüdische Element in diesem Kontext ins Spiel gebracht zu haben ist die Trouvaille Bierbaums: Das Weltvolk der Juden brachte den Gestus der großen Welt in die deutsche Provinz; sie, die Juden, – und wenn man genau hinschaut, nur sie – haben der Kulturszene des wilhelminischen Deutschland den imperialen Glanz zu verleihen versucht, den der Kaiser sich wünschte. Wenn man es genau überlegt, haben wirklich nur die Juden jene Botschaft verstanden. Aber auch er – der Sohn der Engländerin – blieb mit seinen Ambitionen für die Deutschen ein extravaganter Outsider.

Die Äquation, die Bierbaum als Romancier gelingt, hat 20 Jahre später Christoph Steding in seinem Buch *Das Reich und die Krankheit der europäischen Kultur* zu einer geschichtsphilosophischen Theorie ausgebaut, derzufolge das Deutsche Reich an der Intention zugrunde gegangen ist, es zum Dorado der Weltkultur machen zu wollen. Träger dieses Anspruches waren der Kaiser und die von ihm geförderten Juden. (»Die kulturelle Frage ist die Judenfrage«.) Wir wissen, wohin diese Überzeugung geführt hat. Die Zerstörung Deutschlands als Kulturnation begann mit der Vernichtung der deutschen Juden. Nicht zufällig endet der Roman Bierbaums mit einer Untergangsmetapher, der die Denunziation des Helden als Jude vorausgegangen ist.

Wir können das Buch heute nicht ohne Betroffenheit lesen. Rückblickend erkennen wir, wie sich in diesem Versuch, der jüdischen Komponente des wilhelminischen Deutschland gerecht zu werden, bei aller Faszination, der Diskurs des viszeralen deutschen Antisemitismus organisiert.

Bierbaum lesen

Es gibt meines Wissens kein Buch der deutschen Literatur, und darin hat Just vollkommen recht, das eine Darstellung der wilhelminischen Epoche mit der gleichen Virtuosität und Vielseitigkeit versucht hat und ihrem Geheimnis gleichzeitig so nahe gekommen ist. Thomas Mann, in seinen wilhelminischen Novellen, dem *Tonio Kröger*, der *Königlichen Hoheit*, dem *Tod in Venedig*, bleibt immer auf Teilaspekte beschränkt. Das Psychologische ist ihm wichtiger als das Historische. Im *Zauberberg* nimmt der Essayist überhand, der die Probleme eher zerredet als in Szene setzt. Auch der *Doktor Faustus* bleibt seltsam wirklichkeitsfremd. Was ihn grundsätzlich von Bierbaum unterscheidet – und das gilt auch für Heinrich Mann – ist die Tatsache, daß er das wirkliche Leben nicht kennt. Das wird ganz auffällig, wenn man seinen *Hochstapler Krull*, der in Anlage und Intention sehr viel mit dem *Prinzen Kuckuck* gemein hat, zum Vergleich heranzieht. Während Bierbaum aus dem vollen schöpft und, in seiner Schilderung der verschiedenen Milieus und Figuren (ohne je der Gefahr der Kolportage zu erliegen), immer ganz dicht an der Realität bleibt, kann man sich bei Thomas Mann nie des Gefühls erwehren, daß er alles, was er schildert, nur aus zweiter und dritter Hand kennt und daß darum alles, was er sagt, so amüsant und weitschweifig seine Darstellung auch sein mag, letzten Endes falsch ist.

Wer sich für deutsche Literatur *und* Geschichte interessiert und einmal etwas anderes als Thomas und Heinrich Mann lesen will, sollte sich ruhig den *Prinzen Kuckuck* vornehmen – obwohl in der gekürzten Ausgabe viel Köstliches – natürlich gerade auch Reflexives – verlorengegangen ist. Auch dem, der finden sollte, daß wir hier etwas überinterpretiert haben, ist eine genußreiche Lektüre garantiert.

Daß wir es mit einem Stoff zu tun haben, der sich wie kein anderer für eine Fernsehserie eignen würde, brauchen wir wohl nicht hinzuzufügen.

Anmerkungen

1 Otto Julius Bierbaum: *Prinz Kuckuck. Leben, Taten, Meinungen und Höllenfahrt eines Wollüstlings. In einem Zeitroman*, München und Leipzig (Georg Müller) 1907
2 Vgl. die sorgfältige Dokumentation im Katalog der Ausstellung des Literaturarchivs in Marbach 1978: *Rudolf Borchardt, Alfred Walter Heymel, Rudolf Alexander Schröder.*
3 *Origine du roman, roman de l'origine* (der berühmte Aufsatz von Freud ist von 1908!)

Räuber und Gendarmen

Zur Psychologie der Anarchismusangst

Als Fürst Bismarck in Friedrichsruh 1878 die Nachricht von dem zweiten Attentat auf Kaiser Wilhelm überbracht wurde, rieb er sich die Hände: »Jetzt lösen wir den Reichstag auf«, sagte er und tat es. Er hatte den Vorwand, den er brauchte, um sein Ausnahmegesetz zur Bekämpfung der Sozialdemokratie durchzusetzen – gegen den Willen der Liberalen, die von gewissen rechtsstaatlichen Vorstellungen nicht abzubringen waren und die furchtbare Gefahr, die ihnen von seiten der Staatsfeinde drohte, einfach nicht erkennen wollten. Ein erstes Attentat hatte nicht dazu ausgereicht. Jetzt war die öffentliche Meinung über den schamlosen Terrorakt gegen die erhabene »Vaterfigur« aufs äußerste empört – die Voraussetzung also gegeben, um die gesetzliche Grundlage dafür zu schaffen, jede politische Opposition, die die bestehenden Verhältnisse (und das heißt ja immer Herrschaftsverhältnisse) verändern wollte, auszuschalten, und zwar mit der dazu vom Staat ausgebildeten, ihm eigenen Mittel innenpolitischer Herrschaft: der Polizeigewalt.

Ja, die Kriminalisierung der politischen Opposition – das ist ein altes, und wenn man will, legitimes, auf jeden Fall systemkonformes Lieblingsvorhaben jedes Staates, der mit dem Anspruch, der Garant von »Sicherheit und Ordnung« für alle zu sein, in Realität doch immer nur ein Machtinstrument der herrschenden Klasse ist. Den Angriff auf die »heiligsten Güter« – auf »Thron und Altar« – zu einem Attentat zu erklären, ihn als Terrorakt zu disqualifizieren, diejenigen, die solches im Sinne haben, zu gemeinen Verbrechern zu stempeln, zu Banditen, zu einer »Räuberbande« (die in unseren Städten haust), die den Rechtsschutz, den der Staat seinen Bürgern gewährt, nicht für sich in Anspruch nehmen können, weil sie außerhalb des Rechtsstaates stehen, sie also zu »outlaws« zu machen, oder, was wichtiger ist, sie ohne weiteres als solche behandeln zu können, das liegt in der inneren Logik staatlicher Ordnungspolitik.

Damit sie begangen wird, bedarf es, als der Bedingung der Möglichkeit, des juristischen »Tatbestandes« und des potentiellen Täters. Das sicherste Mittel, um sich dieses Beweismaterials zu vergewissern, liegt darin, den innenpolitischen Gegner in einer Weise zu diffamieren, die es erlaubt, ihn jederzeit jeder Untat für fähig zu erklären, ihn von vornherein also als virtuellen und potentiellen Täter zu verdächtigen. Das aber ist weiter kein Kunststück, denn wir sind nun einmal so gebaut – alle –, daß wir jeden, der das Gewohnte in Frage stellt, als eine unmittelbare und persönliche Bedrohung empfinden.

So fiel es nicht schwer, jene aufrechten Männer und Frauen, die den Mut aufbrachten, sich eine andere Gesellschaftsordnung vorzustellen, eine Gesellschaft ohne Herrschaft, eine Gesellschaft der Gleichen und der gleichen Chancen, der Selbstverwirklichung für alle, jene kühnsten, weil konsequentesten Verfechter einer friedlichen Gesellschaft, in der es keine Gewalt mehr geben würde, als Gewaltverbrecher hinzustellen – und sie schließlich dazu zu machen. Ich spreche von den »Anarchisten«.

Wer einem braven Bürger seinen Besitz nicht gönnt, die Familie verunglimpft, den Kriegsdienst verweigert, wird auch vor Mord und Totschlag, geschweige denn vor einem Bankraub, nicht zurückschrecken. Was Wunder, daß die, denen man dies so eindringlich suggerierte, anfingen, es selber zu glauben. Man ließ ihnen gar keine Wahl.

Der Bedeutungswandel, den der Begriff »Anarchist« im 19. und 20. Jahrhundert erfahren hat und der bis zur völligen Vergessenheit seines eigentlichen noblen Sinnes, ja zur völligen Verkehrung dessen geführt hat, was er einmal gewesen war, ist der Indikator eines Aufwiegelungsprozesses, dessen Dialektik man sich einmal vor Augen führen sollte.

Als nach der Ermordung der Kaiserin Elisabeth von Österreich, 1889, erneut die Gelegenheit gekommen schien, um, diesmal durch eine internationale Konvention, die Kulturstaaten zu einer Ausnahmegesetzgebung gegen alle »Terroristen« zu verpflichten, die endlich zu einer brauchbaren Handhabe gegen alle des Terrorismus Verdächtigten werden konnte und sollte, hielt der Führer der deutschen Sozialdemokratie, August Bebel, eine bedeutsame, leider in Vergessenheit geratene Rede. Er verwahrte sich, im Namen seiner Partei, nicht nur gegen die Unterstellung, daß letzten Endes die organisierte Arbeiterbewegung, die zweite Internationale, der eigentliche, zumindest geistige, Urheber aller Attentate sei, daß diese schrecklichen »Anarchisten« also nur das täten, was im Grunde jeder Sozialdemokrat in seinem Herzen wünschte – das hatte er 1878 schon Bismarck gegenüber getan, als dieser Nobeling auf das Konto der Sozialdemokratie setzen wollte, und nicht ohne Erfolg, wie man weiß – sondern er brachte den bis an die äußerste Grenze der Wahrscheinlichkeit gehenden Nachweis dafür, daß die Attentate das Produkt der Polizei seien, der international zusammenarbeitenden Geheimpolizeien, ihrer Spitzel und Agenten, jener zwielichtigen Figuren insbesondere, die jeder bessere Polizeiapparat im Solde hat: der sogenannten »agents provocateurs«. Und er nannte Namen.

Ein schönes Beispiel war der 1889 durch einen Agenten des Polizeipräsidenten von Elberfeld dem Internationalen Anarchistenkongreß vorgelegte Plan für ein Attentat gegen den Kaiser, den die Konferenz natürlich ablehnte. Der Agent wurde später entlarvt, das Vorurteil aber gegen die Anarchisten blieb.

Es ist damals gelungen, die von den kontinentalen Monarchien, Deutschland und Rußland an der Spitze, angestrebte Antianarchistenkonvention abzuwenden. Sicher nicht wegen der Rede Bebels. Es war dies vor allem dem Widerstand Englands und – sie haben das dort in der Zwischenzeit vergessen – der Schweiz zu danken. Habeas Corpus und die Tradition einer großzügigen Gewährung des politischen Asylrechts, eine von den Freiheitsansprüchen des Bürgers und nicht von seinen Ängsten her bestimmte Rechtsvorstellung, gaben den Ausschlag, und man kann dies durchaus als einen Triumph der Idee des liberalen Rechtsstaates rühmen.

Andererseits haben die Enthüllungen, die darauf abzielten, die geheimen Praktiken der politischen Polizei an den Tag zu bringen, nicht zu einer Abschaffung dieser Praktiken geführt.

Der Zwang, sich von den »Anarchisten« zu distanzieren, hat die Sozialdemokratie auf das Terrain ihrer politischen Gegner abgedrängt und zu jener staatskonformen Partei gemacht, die, indem sie die geschriebene Verfassung akzeptierte, auch die Realverfassung in Kauf zu nehmen genötigt war und die dann schließlich, im Jahre 1918, in Bayern und anderswo, die einzigen Ansätze, die es für eine wirkliche Revolution in Deutschland je gegeben hat, mit den Mitteln der Polizei und, was auf dasselbe hinausläuft, dem innenpolitischen Einsatz von Militär gewaltsam niedergeschlagen hat.

Die Terrorakte gegen Liebknecht und Rosa Luxemburg, der Mord von Eisner und Landauer, sind niemals zum Ausgangspunkt irgendeiner Ausnahmegesetzgebung gemacht worden, dafür sorgten die »staatstragenden« Parteien, zu denen auch die Sozialdemokratie unbedingt gehören wollte, was durchaus zu verstehen ist, wenn man bedenkt, unter welchen Umständen sie ihren politischen Kampf zu führen gezwungen war.

Dem Makel, eine »Räuberbande« zu sein, gegen die man mit Kanonen vorgehen kann, entgeht man nur dadurch, daß man sich selber hinter die Kanone stellt. Das war der Preis für den Schritt aus der Illegalität in die Legalität. Es ist dabei geblieben, daß die Abwehrstrategien eines modernen Staates gegen seine innenpolitischen Gegner immer von dem gleichen Szenario ausgehen: Der Einsatz von legaler Gewalt wird durch verbrecherische Gewaltakte ausgelöst, für deren Durchführung es dann schließlich auch nicht schwerfällt, die Akteure zu finden und zu bezahlen.

Es bedarf dazu des Nachweises, daß der politische Gegner ein gemeingefährlicher Verbrecher ist. Um diesen Nachweis überzeugend führen zu können, bedarf es der verbrecherischen Tat. Wo sie nicht rechtzeitig begangen wird, muß sie in Szene gesetzt werden. Ein allgemeiner Verdacht reicht dazu nicht aus.

Der Terrorakt vollzieht sich an jenem Punkt, an dem sich jene Gefahren konkretisieren, die sich diejenigen ausgedacht haben, deren Aufgabe es ist, sie abzuwenden. Die Sicherheits- und Abwehrdienste stehen damit in einem ähnlichen Verhältnis zu ihren mutmaßlichen Gegnern wie die Beichtväter zu den Beichtkindern: die erotischen Phantasmen der einen bringen überhaupt die anderen erst auf die sexuellen Praktiken, die es angeblich auszumerzen gilt.

Der Terrorakt gehört zu den Phantasmen der politischen Polizei und ihrer Auftraggeber. Es ist kein Wunder, daß ihre Realisierung jederzeit möglich gemacht werden kann, wo die Durchsetzung staatlicher Ordnungsvorstellung einer politischen Opposition keinen anderen Ausweg mehr läßt, als in der Erfüllung der Phantasmen (ihrer Verfolger) die letzte Chance einer symbolischen Evokation ihrer Ansprüche zu suchen. Hier stoßen wir wieder auf einen Sachverhalt, dessen Aufklärung nicht mit soziologischen oder politikwissenschaftlichen, sondern nur mit psychologischen, oder sagen wir es getrost, tiefenpsychologischen Kategorien geleistet werden kann.

Tatsächlich finden wir bei Freud an für diesen Zusammenhang unerwarteter Stelle den entscheidenden Hinweis. In seinem kurzen Aufsatz über den Fetischismus bezeichnet er den Ort, an dem jene zutiefst in jedem Manne wurzelnde Urangst – die Angst, kastriert zu werden – die Abwehrenergien mobilisiert (Abwehrkräfte organisiert), mit denen er sich ein ganzes Leben lang dagegen zu schützen sucht. Um die Größe des traumatisierenden Schocks zu bezeichnen, findet er kein besseres Vergleichsmoment als den Schrecken, den im späteren Leben jede Gefährdung von »Thron und Altar« auslösen wird, und erklärt damit den neurotischen Charakter der Abwehrstrategien, die gegen solche »Gefährdungen« gesetzt werden.

Das Modell der Kastrationsphantasmen ist bei allen Akteuren des politischen Spiels das gleiche. Es wird von jenen formuliert und auf den politischen Begriff gebracht, die den großen Fetisch, den Staat, zu schützen haben. Es bestimmt natürlich auch die Imagination derer, die sich in ihrem Individualisierungs- und Sozialisierungsprozeß den herrschenden Normen nicht angepaßt haben und die Entfaltung ihrer Lebensenergien in jenem Freiheitsraum suchen, in dem deren Infragestellung, bis hin zu ihrer Übertretung, die Bedingung der Möglichkeit der Selbstverwirklichung scheint. Jede denkbare Veränderung gesellschaftlicher Verhältnisse beruht auf der Offenhaltung dieses kleinen Spielraums, in dem die Überwindung der Kastrationsangst die Rebellion gegen den Vater ermöglicht.

Es ist also durchaus richtig, diejenigen, deren persönliches Schicksal sie in den Stand einer konstitutionellen Opposition versetzt, als Außenseiter der Gesellschaft zu bezeichnen. Sie sind Randerscheinungen. Doch soll man nicht vergessen, daß in dieser Randzone vieles angesiedelt ist, was man als die kulturellen Leistungen einer Zeit anzuerkennen bereit ist, Kunst und Literatur zum Beispiel und jede Philosophie, die eine Reflektion über die Verbesserung der Lebensbedingungen der Menschheit eingestandener- oder uneingestandenermaßen zum Gegenstand hat. Die Repräsentanten dieser Marginalität als Verrückte zu bezeichnen, wenn nicht einzusperren (dort, wo man sie nicht als Hofnarren in den Dienst des Fürsten stellen kann), ist vertraute Praxis. Sie zu »outlaws« zu machen, sie für vogelfrei zu erklären, sie, wo wir es nun schon einmal zu der approximativen Verwirklichung des Rechtsstaates gebracht haben (weitgehend wohl auf Grund ihrer Hartnäckigkeit) zu kriminalisieren, bleibt eine permanente Aufgabe für den »Staat«.

Die Hauptaufgabe der politischen Polizei, der Abwehr- und Sicherheitsorgane des Staates, die natürlich, um genau zu wissen, mit wem sie es zu tun haben, ihre Antennen in jene sozialen und politischen Randzonen vortreiben müssen, in denen jenes gefährliche Denken, das der gefährlichen Tat vorausgeht, sekretiert wird. Der Zensor ist der beste Kenner der Materie, die zensurbedürftig ist. Er entwickelt da eine Spürnase, um mögliche »Gefährdungen von Thron und Altar« in dem letzten Schlupfwinkel stilistischer Verschlüsselung aufzuspüren, die dem analytischen Vermögen jedes Kritikers überlegen ist. Er spürt sie sogar da auf, wo der Autor sich ihrer nicht bewußt war. (Darin gleicht er dem Psychoanalytiker, dessen Intuition darauf beruht, daß sein psychischer Apparat genauso funktioniert wie der seines Patienten.)

Dort, wo es um die präventive Abwendung politischer Gefahren im wahren Sinne des Wortes, also politischer Aktion, geht, sind die Netze, die jede politische Polizei, und darin war

Fouché ihr großer Lehrmeister, auszulegen sich genötigt sieht, zu einem wahren System der Durchdringung aller nur denkbaren Gefahrenherde entwickelt worden; zu einem System, das um so sicherer funktioniert, als es in seinen letzten Verästelungen zur Personalunion des Räubers mit dem Gendarmen führt.

Daß diese Identität gelegentlich bis in die Spitzen des Polizeiapparates gehen kann, läßt sich an Figuren wie Vidocq und dem zwielichtigen Chef der zaristischen Geheimpolizei, Aseff, leicht nachweisen.

Es bedarf auch keiner Erklärung, daß das Personal der Spitzel, Indikateure, Doppelagenten und Informanten natürlich aus denselben gesellschaftlichen Randzonen stammt, aus denen sich, in ihren extremsten Vertretern, eine politische Opposition rekrutiert. Gemeinsam ist ihnen eine psychische Disponibilität, eine leicht als Labilität hinzustellende Anpassungsschwierigkeit, die ebenso Kreativität wie Kriminalität freizusetzen vermag und in der die Lösung individualpsychologischer Konflikte ebenso zu Verrat wie zum Märtyrertum führen kann.

Der »agent provocateur« aber ist jener »go-between«, der den einen zu jener Tat anstiftet, die die anderen zur Legitimation ihrer Abwehr brauchen.

Man kann wohl ohne Übertreibung feststellen, daß es keine Opposition in den westlichen Kulturstaaten gegeben hat, die sich systematischer, sachkundiger und gründlicher mit Mordplänen beschäftigt hat, als der Sicherheitsdienst der Vereinigten Staaten (CIA). Man kann aufgrund des vorliegenden Materials die Behauptung riskieren, daß Terrorakte nur in den seltensten Fällen von denen ausgeführt werden, die sie ersonnen haben. Es ist kein Kunststück, für die Durchführung eines guten Planes auch jemanden zu finden, der ihn sich zu eigen macht, und sei es einen Dummen. Der Terrorakt ist das Agieren einer vorgegebenen Interaktionsbeziehung. Es handelt sich im Grunde um die In-Szene-Setzung eines Psychodramas mit verteilten Rollen, die uns, wenn wir sie auf der Bühne oder im Film erleben, unterhält, wenn wir aber in der Zeitung darüber lesen, unseren Unwillen hervorruft. In einem Fall wird nur mit Worten, im anderen scharf geschossen.

Die »verbrecherische« Tat ist von sekundärer Bedeutung.

Sie wird erst a posteriori (im nachhinein) gebraucht. Wichtig ist es, die Bedingung ihrer Möglichkeit zu schaffen: den »Tatbestand« als das glaubhafte, idealtypische Verhaltensmuster des hypothetischen Täters.

III. Aspekte des Nachkriegswilhelminismus

Ernst Jünger: Der Arbeiter

Zur Neuauflage 1964

Die Frage »wie war es möglich?« bleibt Schicksalsfrage unserer Generation. Noch haben wir keine befriedigende Antwort gefunden. Es fehlt nicht an Beschuldigungen, und die Apologetik treibt seltsame Blüten. Es kommt aber nicht darauf an, einen »Sündenbock« zu finden, sondern eine einigermaßen plausible Deutung des historisch-soziologischen Kollektivphänomens in seiner geschichtlichen Einmaligkeit zu gewinnen, – nicht darauf, verdächtigen Individuen den Prozeß zu machen, sondern den Mechanismus freizulegen, der ein ganzes Volk in die Katastrophe geführt hat. Denn je mehr wir über das »Dritte Reich« und seine Genese erfahren, um so mehr müssen wir zu der Überzeugung gelangen, daß es nicht dem Wahnwitz einiger Kirmineller, sondern sehr weitgehend der sonderbaren Vorstellung entsprungen ist, die sich das deutsche Volk in seiner überwältigenden Mehrheit in einem historischen Augenblick von der ihm gemäßen Daseinsform und seiner Bestimmung gemacht hat und die es in einem großangelegten, ja titanischen Experiment zu verwirklichen versuchte.

Der Versuch ist gescheitert. Die Folgen waren für alle Betroffenen schmerzlich; das macht die Frage um so dringlicher, was eigentlich geschehen ist. Einem so eklatanten Mißerfolg muß doch ein feststellbarer Fehler zugrunde liegen, eine falsche Einschätzung der Gegebenheiten, ein auf Fehlspekulation beruhendes Mißverhältnis von Gewolltem und Erreichbarem. Den einzig brauchbaren Maßstab für die Beurteilung der Katastrophe kann darum nur das Leitbild liefern, das angestrebt, aber verfehlt wurde. Nur wenn man genau weiß, was beabsichtigt und welche die Versuchsanordnung war, kann man den

Verlauf des Experimentes beurteilen und möglicherweise gar einige Lehren daraus ziehen.

Solchen Bemühungen steht nichts *mehr* im Wege, als die Behauptung, es sei völlig hoffnungslos, so etwas wie eine Doktrin der nationalsozialistischen Herrschaft rekonstruieren zu wollen. Das Gedankengut, auf das dieses Regime sich gründete – heißt es oft –, sei so außerordentlich konfus gewesen, ein derartiges Sammelsurium aus allem und jedem, daß es sich jeder Systematik entzöge, – ja seine Inkohärenz und Verwirrtheit sei gerade das Typische und die eigentliche Ursache des Unglücks gewesen. Dem ist nicht so. Der Horror, der Ekel und die Scham, welche uns dieses nationale Desaster einflößt, dürfen uns nicht blind machen gegenüber der Tatsache, daß es wenige Epochen der deutschen Geschichte gegeben hat, deren geistige Voraussetzungen so klar, deren Programm so einheitlich, deren Ideale so deutlich umrissen waren. Die Schwierigkeit liegt tatsächlich in der Wahl des stichhaltigen Dokumentarnachweises. Die Fülle des Materials ist verwirrend – das haben die Übersichten von Armin Mohler und Kurt Sontheimer zur Genüge gezeigt. Ganze Bibliotheken harren noch ihrer Durchleuchtung und Durchforschung. Ideal wäre es, Voraussetzungen und Ziel, Theorie und Vision der »nationalen Erhebung« von 1933 in einem zeitgenössischen Werk zusammenfassend so dargestellt zu finden, daß man sich seiner als eines Modells bedienen könnte, an dem sich die Frage untersuchen ließe: »Was wurde gewollt, – wo liegt der Fehler?«, mit anderen Worten: über ein Originaldokument zu verfügen, das – wenn es vielleicht auch nicht bewußt als Programm der nationalsozialistischen Erhebung konzipiert und geschrieben war – dennoch retrospektiv als solches angesprochen werden dürfte und aus dem sich in Kenntnis der Geschichte die Formel des Mißerfolges extrapolieren ließe. Wir hätten also nach jener für das Verständnis historischer Zusammenhänge wichtigsten Quelle Ausschau zu halten, die jenen Punkt markiert, an dem ein epochales Geschehen den ihm adäquaten literarischen Ausdruck gefunden hat. So erstaunlich es klingt: dieses zeitgenössische Schriftstück, dieses Originaldokument, diese geistesgeschichtliche Quelle gibt es; es ist *Der Arbeiter* von Ernst Jünger.

1932 erschienen, stellte dieses merkwürdige Opus den Beitrag eines einsamen Denkers dar, das deutsche Schicksal zu deuten. Ein Bohémien der »goldenen zwanziger Jahre«, ein Einzelgänger ohne Stellung und Einfluß unternimmt es, darin der staunenden Umwelt sein Patentrezept einer nationalen Erneuerung zu entwickeln. In seiner Einflußlosigkeit und Ohnmacht bewegte sich der Autor in der gesellschaftlichen Dämmersphäre der »Demi-solde«, die immer schon ein fruchtbarer Nährboden für Katastrophenkeime war.

Das Buch genoß einen gewissen Erfolg, – wie viele andere Versuche ähnlicher Art, über die deutsche Zukunft letztinstanzlich Auskunft zu vermitteln und die deutschen Mißstände mit Hilfe einer unfehlbaren Wunderkur zu beheben. Man steht mit Schaudern vor diesem, in manchen Partien den Irrsinn streifenden Produkt. Der inzwischen zur Berühmtheit gelangte, glasklare, messerscharfe Stil, die suggestive Prägnanz der Formulierungen und Metaphern stehen in einem flagranten Kontrast zu der aberwitzigen Verschrobenheit und Verquollenheit der Gedankenführung. Der Leser fragt sich ständig, wie so viele treffende Beobachtungen und Analysen mit so hanebüchenem Unsinn Hand in Hand gehen können, und er fühlt sich dazu gedrängt, in dieser beinahe schizophrenen Inkongruenz die Symptome jener Geisteskrankheit zu erkennen, die unter dem Namen »folie raisonnante« beschrieben wird und darin besteht, daß völlig falsche Prämissen mit ungeheurer Schlußfähigkeit, Denkschärfe und Logizität zu den tollsten Endergebnissen hinentwickelt werden. Das Buch wäre tatsächlich heute nur noch von klinischem Interesse, erwiese sich nicht rückblickend, daß es den ganzen methodischen Wahnsinn des Dritten Reiches wie in einer Nußschale enthält. Alle Abnormitäten und Schrecknisse, der ganze Bluff und die ganze Überdrehtheit der einzigartigen Epoche finden ihre Präfiguration in den Stilblüten dieser aggressiven Prosa. Es handelt sich offensichtlich um ein Werk, das nicht mit intellektuellen, sondern mit kollektivpsychologischen, ja sozial-pathologischen Maßen zu messen ist und für das man den Autor nicht mehr verantwortlich machen darf. Seine Bedeutung liegt in der schauerlichen Verifikation, die es erfahren hat. Eine Neuauflage 1964, 20 Jahre nach der

Katastrophe, ist darum nicht nur eine verdienstvolle, es ist auch eine mutige Tat. Dem, der es schrieb, muß es längst entwachsen sein und als monströse Ausgeburt einer stürmisch krankhaften Geniezeit erscheinen – ein Wechselbalg des Zeitgeistes. Trotzdem hat er die Courage gehabt, es ohne Änderungen aufzulegen, und so der Nachwelt ein einzigartiges Zeugnis jener sonderbaren Geistesverfassung vorzulegen, welche die Machtergreifung von 1933 möglich machte. Nehmen wir heute den Autor beim Wort, so nicht, weil wir das Œuvre eines exzentrischen Privatmannes kritisieren wollen oder weil wir auch nur einen Augenblick glauben, er hätte wirklich das nationalsozialistische Abenteuer gewollt oder bewußt vorbereitet, – wohl aber weil wir den *Arbeiter* für ein zuverlässiges Ideenprotokoll jener Konstruktion halten, die der Fehlentwicklung von 1933 zugrunde lag. Wir analysieren es, *als ob* es das Manifest des Dritten Reiches gewesen wäre, und wollen dafür gerne den Vorwurf in Kauf nehmen, den Autor besser zu verstehen, als er sich selber verstanden hat.

Was für ein erstaunliches Buch! Es ist unmöglich, von seiner Lektüre·nicht gefesselt zu sein. Was seinen geistesgeschichtlichen Rang betrifft, so kann man den *Arbeiter* durchaus mit dem »Nouveau Christianisme« und dem Kommunistischen Manifest in eine Reihe stellen. Trotz seiner Fragwürdigkeit gehört es zu den säkularen Leistungen der spekulativen Philosophie, wie sie nur dort gelingen, wo die politische Soziologie von geschichtsphilosophischen Impulsen getragen wird. Wie Saint-Simon und Marx will Jünger die Welt nicht nur verstehen, sondern ändern. Auch hat er mit seinen großen Vorgängern die Methode gemein, den geschichtlich-gesellschaftlichen Wandel in der dynamischen Entfaltung von »Gestalten« zu erfassen. »Gestalten«, die nicht jedem ohne weiteres sichtbar sind, sondern sich nur dem »gestählten Blick« ganzheitlicher Wesensschau enthüllen, ein Erkenntnisvorgang, der sich »jenseits sowohl der moralischen und ästhetischen, als auch der wissenschaftlichen Wertung vollzieht«, ein »revolutionärer Akt« (Seite 39/47). Nach dem »Industriel« (Saint-Simon) und dem »Proletarier« (Marx) stellt uns Jünger den »Arbeiter« als den

Agenten des Weltgeistes vor, dem es obliegt, das Alte zu liquidieren und das »Neue« heraufzuführen.

Wie jedes Unternehmen geschichtsphilosophischer Observanz konstituiert Jüngers Buch den Augenblick seines Erscheinens als den entscheidenden Wendepunkt der Menschheitsgeschichte, an dem das *Alte* endgültig vergangen, das *Neue* aber unwiderstehlich im Kommen ist. »Der tiefe Schnitt« trennt nicht nur zwei Generationen, nicht nur zwei Jahrhunderte, sondern »kündigt das Ende tausendjähriger Zusammenhänge an« (Seite 196/216); das aber heißt: die Vergangenheit wird beseitigt, wir gehen einer herrlichen Zukunft entgegen.

Das »Neue« ist immer die Erscheinung des Eigentlichen, die Erlösung vom Übel der Gegenwart durch die Zukunft, der »Advent« des immanent verstandenen Seins in seiner »Fülle«. Dieser »Parousismus« (dessen geistesgeschichtliche Relevanz entdeckt zu haben das Verdienst von Eric Voegelein ist) bestimmt das eigentümliche Klima des Buches; doch ist die Atmosphäre hochgespannter, endzeitlicher Erwartung gerade außerordentlich charakteristisch für die Jahre seines Erscheinens. Es waren die Jahre der Depression, in der große Teile des deutschen Volkes die Folgen des verlorenen Krieges als schwere persönliche Prüfung auszustehen hatten und nach dem Wunder Ausschau hielten, das ihnen die Erlösung von allem Übel bringen würde.

Der »Arbeiter«? Jüngers Arbeiter hat, wie wir sehen werden, mit dem Arbeiter der Arbeiterfrage und der Arbeiterbewegung, auch mit der Arbeit im landläufigen Verstande, nichts zu tun. Es handelt sich nicht um eine soziologische, sondern um eine metaphysische Größe – einen Mythos –, obwohl Jünger diesen Ausdruck scheut; einen gewaltigen, sehr gewalttätigen Mythos. Einen Golem.

Seine Umrisse werden am Schnittpunkt dreier geschichtlicher Bewegungstendenzen sichtbar, die seine Herrschaft ebensosehr ankündigen und vorbereiten, wie sie integrierende Bestandteile seines Wesens sind, die in ihm Bestimmung und Erfüllung finden: Im *Arbeiter* vollendet sich die technisch-industrielle Revolution; er führt die Idee des Staates zu höchster Vollendung; in ihm erfüllt sich das Schicksal der Deutschen.

Alle Bemühungen Jüngers zielen darauf, die geheime Identität dieser drei Faktoren in der Einheit eines geschichtlichen Verwandlungsprozesses nachzuweisen.

Was er zum Thema »Technische Entwicklung der Menschheit« zu sagen hat, kann heute noch vor jeder Kritik bestehen. Nach 30 Jahren müssen wir dem Autor attestieren, daß er in seiner Darstellung der »Brave New World« erstaunlichen Scharfblick entwickelt. Mit unverhohlener Genugtuung und einer Aggressivität, die dem Leser den Atem verschlägt, wird da die Heraufkunft der neuen technischen Ära, die progressive Verwirklichung einer planetarischen Weltordnung geschildert: Vor unseren Augen entsteht das faszinierende Bild der vollendeten Industriegesellschaft, wie es zutreffender gar nicht gedacht werden kann.

Alle seine Hypothesen – die Ausweitung der Räume, die wachsende Verapparatung, die Bedeutung des Planes, die Anonymität der Herrschaft, die Ohnmacht des einzelnen – haben sich als richtig erwiesen, und fände sich Jünger dazu bereit – wie Aldous Huxley –, seine Zukunftsvisionen heute auf ihre Richtigkeit hin zu überprüfen, so hätte er die Genugtuung – wie dieser – feststellen zu können, daß die Wirklichkeit seine Fiktion an vielen Punkten bereits weit übertroffen hat. Was Jünger insbesondere über das Schicksal der Entwicklungsländer, über die Aufhebung des Unterschiedes von Krieg und Frieden, über die Überwindung des Dualismus von Geistes- und Naturwissenschaften vorausgesagt hat, ist schlechthin genial und im Zeitalter der Entwicklungshilfe, des Kalten Krieges und der Kybernetik gültiger denn je.

Allein, der *Arbeiter* ist kein Zukunftsroman und unser Autor kein Humorist, sondern ein Mystagoge, dem es darum geht, einer politischen Aktion den Boden zu bereiten. Mit erprobter Überredungskunst sucht er uns darum von der dieser technisch-industriellen Revolution einzig angemessenen Form staatlich-gesellschaftlicher Ordnung zu überzeugen.

Ist »die Technik« »die Art und Weise, in der die Gestalt des Arbeiters die Welt mobilisiert« (Seite 191/211), so ist es nur logisch zu sagen, daß sie mit den traditionellen, vor-technischen Institutionen des Staates nichts anfangen kann und an die

Stelle altfränkischen Umstands und artisanaler Zopfigkeit Herrschaftsformen setzen wird, die ihrer eigenen Rationalität und Zweckmäßigkeit entsprechen. Angesichts der Größe der Aufgabe – die Unifikation des Planeten – können ihre Bestrebungen nur »total« sein. Es geht ums Ganze. Ihr spezifisches Instrument ist der Plan. Zu dessen Durchführung bedarf es immer weitergehender Kompetenzen. Da kann man sich mit Privilegien, Prärogativen und Kompromissen nicht aufhalten.

Der Zusammenhang von technischer Revolution und Totalitarismus leuchtet ohne weiteres ein; auch, daß der historische Träger der Totalität, der »Totale Staat« sein muß. Der totale Staat ist der durchrationalisierte Superstaat; letztlich und endlich der Weltstaat des technischen Zeitalters, die Weltorganisation als vollendete Technokratie.

Träger dieser Totalität ist eine Elite von Auserwählten. »Wenn durch diese Veränderungen auch der menschliche Gesamtbestand nicht unberührt bleiben kann, so ist doch die Zahl der aktiven Vertreter des Arbeitsvorganges beschränkt. Wir sehen hier eine Art von Garde, ein neues Rückgrat der kämpfenden Organisation entstehen – eine Auslese, die man auch als Orden bezeichnen kann« (Seite 109). Ein Orden mit asketischem Lebensbild. Die Vorstellung eines umfassenden hochperfektionierten Herrschaftsapparates, dem jedes Einzelschicksal unterworfen ist und dessen Handhabung einer Elite von höchster Luzidität anvertraut ist, gehört seit alters her zu den Lieblingsvorstellungen der Philosophie. Sie ist ebenso unrealistisch wie schön. In Verbindung gebracht zu den großartigen Aufgaben der Vollindustrialisierung der Erde, ist sie von gefährlicher Modernität und hat etwas Bestechendes. Die Zusammenschau von technischer Welterschließung, Planungsnotwendigkeiten und Totalitarismus in einem Umstrukturierungsprozeß der gesellschaftlichen Verhältnisse in ihrer Gesamtheit läßt Jünger in vieler Hinsicht als Vorläufer von Teilhard de Chardin erscheinen.

Problematisch wird die Sache in dem Augenblick, in welchem Technokratie und Totalität umschlagen in einen mystischen Kollektivismus, in dem die Unterordnung des einzelnen unter die Erfordernisse des Gesamtplans nicht nur als eine technische, sondern als eine moralische Notwendigkeit postuliert wird, – in dem eine relative Entmachtung des einzelnen zu seiner absoluten Entrechtung, die Einschränkung der individuellen Einflußsphäre zu einer Auslöschung jeder geistig-sittlichen Autonomie führen sollen; in dem gefährliche Tendenzen nicht als Gefahren denunziert, sondern als unausweichliche Folgen einer historischen Determination gefeiert werden. Genau das tut Jünger.

Die planetarische Welt ist eine Welt, in der die individuelle Freiheit ausgestorben ist. »Jeder Freiheitsanspruch« wandelt sich in einen »Arbeitsanspruch« (Seite 64/73). Es gibt nur noch Herrschaft und Dienst – und sie sind ein und dasselbe: die exakte Durchführung des historisch Notwendigen. Das ist das Gesetz der Entwicklung, gegen das es keine Berufung gibt. Weh dem, der sich dagegen aufzulehnen wagt, weil seine »Freiheit« ihm mehr bedeutet als Untergang. Es geht ihm grausig an den Kragen! Als »Individuum« wird er gebrandmarkt und an den Pranger gestellt. Nicht genug: seine Ausmerzung wird zum Programm erhoben. »Der Menschenschlag, der sich in anderen Formen als dieser [der Freiheit] gar nicht bewegen kann«, wird »zum Aussterben gezwungen« (Seite 115/128). Man hat das wohlorganisierte Massaker deutlich vor Augen. Das Schicksal der Überlebenden ist der Gestellungsbefehl. Die Totalität wird auf der Ebene des einzelnen, der nicht zur Führungsschicht gehört, als »Totale Mobilmachung« erfahren. Dagegen ist nichts zu machen. »In demselben Grad, in dem sich die Individualität auflöst«, konstatiert Jünger, »verringert sich der Widerstand, den der einzelne seiner Mobilmachung entgegenzustellen vermag. Im Wirkungslosen verhallt der Protest, der der privaten Sphäre entsteigt« (Seite 143/158). Sollten noch Zweifel bestehen, daß die Liquidation vollständig sein wird, so kann man sich damit beruhigen, daß die »Wiederentdeckung der alten Wissenschaft der Entvölkerungspolitik« (Seite 143/158) unmittelbar bevorsteht. Es kann gar nicht schnell genug gehen. Die Verwandlung in eine Weltstaatstermite ist das in leuchtenden Farben geschilderte Endziel. Die »Gestalt des Arbeiters« ergreift den einzelnen »als gleichsam blinder Wille, als planetarische Funktion« (Seite 147/163). Wäre Jünger nicht so überaus humorlos, ja mit geradezu sadistischer Süffisanz am Werke, könnte man ihm zubilligen, er habe Orwell antizipiert.

Doch Jünger klagt nicht – er triumphiert. Er kann sich gar nicht genug tun, diesen Wandel, der natürlich eine Entmenschung des Menschen ist, in immer neuen Paraphrasen zu schildern. Warum?

Weil dieser Prozeß den Deutschen zugute kommen wird! Ja, das klingt seltsam, aber wir werden keinen Augenblick darüber im Zweifel gelassen, daß der »Arbeiter« deutscher Nation ist! In seiner »metaphysischen Gestalt« finden Deutschtum und Weltgeschick gleichmäßig und gemeinsam höchste Ausprägung und Erfüllung. Nur insofern der »Arbeiter« Deutscher ist, kann er seinen historischen Auftrag erfüllen, – insofern aber der Deutsche dem »Arbeiter« in sich zum Durchbruch verhilft, wird ihm jener unaufhaltsame Aufstieg zur Weltherrschaft gelingen, dessen Unausweichlichkeit nachzuweisen offensichtlich das eigentliche patriotische Anliegen des Autors ist. Der »Arbeiter« ist das Programm für die nationale Erneuerung Deutschlands. Entfalten sich Jüngers Diagnosen und Prognosen auch im Horizont einer Phänomenologie des industriellen Zeitalters und einer Theorie des Totalitarismus, so ist doch der Kern seines Buches ein Traktat über die weltpolitische Bestimmung des deutschen Volkes.

Die skurrile Idee, daß Industriegesellschaft, totaler Staat und historische Sendung der Deutschen etwas miteinander zu tun hätten, ja aufgrund einer geschichtlichen Gesetzmäßigkeit zur Kongruenz kommen würden, ist in der Tat die Pointe der ganzen Konzeption. Doch ist sie mehr als der originelle Einfall eines Autors. Gewiß, sein System gipfelt in dem Nachweis der Zusammengehörigkeit dieser heterogenen Elemente, doch vollzog sich diese Konfusion in größtem Maßstab gleichzeitig in den Köpfen von Millionen Volksgenossen. Man darf sagen: In der imaginären Konvergenz der drei Komponenten liegt die geistesgeschichtliche Voraussetzung für die Machtergreifung. Das »Aus-drei-mach-eins«, das bei Jünger den Charakter einer intellektuellen »tour de force« hat und nur darum nicht völlig absurd wirkt, weil die Magie sprachlicher Beschwörungskunst es immer wieder glaubhaft macht, ist auf das Niveau einer demagogischen Volksbewegung gehoben, das »Hexen-Einmaleins« des Hitler-Reichs.

Was aber, um Gottes willen, verbindet den armen Deutschen mit dem epochalen Weltschicksal? Was prädestiniert nach Jünger ausgerechnet ihn, an dem Prozeß der Technisierung des Planeten in so ausgezeichneter Weise teilzuhaben? Seine weltbürgerliche Tradition etwa? Seine hohe Auffassung von Bestimmung und Würde des Menschen? Sein enges Verhältnis zur Humanität? Oder aber eine besondere Befähigung für Technik und Wissenschaft, seine leidenschaftliche Suche nach Wahrheit, seine Gewissenhaftigkeit und Redlichkeit? Nein, keineswegs! Was ihn zu Großem bestimmt, ist eine spezifische Insuffizienz, eine Schwäche und Unzulänglichkeit, wie sie erbärmlicher gar nicht gedacht werden könnte und eigentlich schamvoll verschwiegen werden müßte, – der Umstand nämlich, »daß ihm im Innersten jedes Verhältnis zur individuellen Freiheit fehlt« (Seite 119/123). Dieses Mißverhältnis zur Freiheit schafft eine geheimnisvolle Affinität der Deutschen zu Technik und Totalitarismus. Eine Korrespondenz, die sich natürlich nicht plötzlich ergeben hat, sondern auf einer langen Tradition beruht. Frühzeitig schon hat der Deutsche einen Daseinsmodus ausgebildet, in dem die Freiheit des einzelnen keine Bedeutung hat, – ein historisches Modell gewissermaßen jenes durch Technik und Totalität geprägten Menschentyps der Zukunft: des Soldaten.

Daß zwischen dem Technischen, dem Totalitären und dem Soldatisch-Militärischen eine besonders enge Beziehung besteht, leuchtet ohne weiteres ein. Jede gute Armee ist eine Maschine, jeder Armee ist ein Totalitätsanspruch inhärent. Insofern also der Deutsche das soldatische Prinzip frühzeitig perfektionierte, das heißt militärische Disziplin, unbedingten Gehorsam und die Bereitschaft, sich in eine Hierarchie einzufügen und mit der Präzision eines Automaten zu funktionieren, zu absoluten Daseinsidealen erhob, hat er sich für die Entwicklung zur Weltstaatstermite in der Tat besonders qualifiziert und nimmt somit in dem welthistorischen Augenblick, in dem der »Arbeiter« zur Herrschaft gelangt, eine Vorzugsstellung ein. Was hat das zu bedeuten?

Wir haben offensichtlich den Punkt erreicht, an dem wir uns wieder der historischen Situation erinnern müssen, in welcher der Jüngersche Monstermythos entstanden ist. Er steht doch nicht im luftleeren Raum. Vielmehr bezeichnet er einen entscheidenden Wendepunkt in jener tragischen Auseinandersetzung, die tatsächlich das Fatum der Deutschen ist, den Kampf zwischen »Soldat« und »Bürger«. Dieser Kampf hat lange vor Jünger begonnen und ist auch heute noch keineswegs beendet. In den zwanziger Jahren aber spitzte er sich zu einer besonders dramatischen Konfliktsituation zu.

Jeder, der die deutsche Geschichte kennt, weiß, worum es sich handelt: um den tödlichen Widerstreit zweier Daseinsformen und Wesensarten, zweier Verfassungsideale und Führungsschichten, um die Vorherrschaft und den Anspruch, das deutsche Volk zu prägen und zu repräsentieren. Der tiefe Gegensatz von gesellschaftlich-bürgerlicher und staatlich-militärischer Führung und Lebensgestaltung fand in der Verfassungssituation des 19. Jahrhunderts im Dualismus von preußischer Militärmonarchie und bürgerlichem Rechts- und Verfassungsstaat seinen politischen Ausdruck und endete mit einer Niederlage des »Bürgers«. Die Folge waren jene überaus seltsamen Sozialverhältnisse, die dem deutschen Kaiserreiche seinen zwielichtigen Charakter gaben, – jene Mischung von Rückständigkeit und Modernität, die darauf beruhte, daß in einem hochentwickelten Industriestaat die wirtschaftlich tragende Schicht von einer Feudalaristokratie und der ihr hörigen Bürokratie bevormundet und systematisch von der Macht ferngehalten wurde. Dem Bürgertum wurde der dynastische Militärstaat aufgezwungen und der »Soldat« zum dominierenden Typus.

Dieses anachronistische Regime nun war in einem Weltkrieg, den es weitgehend zu verantworten hatte, zusammengebrochen. Als Frucht des Debakels erstand ein neuer Staat, in dem die Verfassungsideale des Bürgertums zum erstenmal in den Rang einer politischen Ordnung erhoben wurden: die Republik von Weimar. Der schwache und späte Sieg des »Bürgers« bedeutete vor allem auch die Institutionalisierung der Niederlage des »Soldaten«.

Diese Niederlage zu verstehen und anzuerkennen war eine

harte Sache. Selbst für den, der innenpolitisch die Emanzipation des liberalen Bürgertums begrüßen mochte, mußte Weimar als das Instrument der Erniedrigung und Entwaffnung des deutschen Volkes im Interesse seiner Feinde erscheinen. Weil diese Feinde nun aber die sogenannten westlichen Demokratien waren, die ihren Sieg über den Soldatenstaat im Zeichen der bürgerlichen Freiheit errungen hatten, schien auch die Weimarer Republik nichts anderes zu sein als eine dem deutschen Volk von seinen Gegnern aufgezwungene, ihm wesensfremde Lebensordnung. Wer wollte es wagen, von einem Versagen des deutschen Soldaten zu sprechen? Hatte man nicht vielmehr allen Anlaß, einen schimpflichen Verrat jenes anderen Deutschland zu vermuten, das in seiner Ranküne nicht davor zurückgeschreckt war, das deutsche Volksheer an seine außenpolitischen Feinde auszuliefern? Der deutsche Soldat wäre demnach einer ins Land gelockten Weltbourgeoisie und nicht den legitimen Ansprüchen seiner innerdeutschen Antagonisten erlegen ... Soweit ein Raisonnement, das wir hier nur zu skizzieren brauchen, um den Ort zu fixieren, an dem Jüngers *Arbeiter* seinen politischen Koeffizienten erhält: den historischen Augenblick nämlich, in dem sich der innerdeutsche Konflikt zwischen »Bürger« und »Soldat« ins weltpolitisch-welthistorische ausgeweitet hatte, die Niederlage des »Soldaten« zu einer nationalen Schande, – der Staat des »Bürgers« zu einer schamlosen Usurpation, zur Fremdherrschaft geworden war. Rehabilitierung des »Soldaten« und Liquidation des »Bürgers« bekamen dadurch eine gesteigerte Dringlichkeit und gewaltige Proportionen: Es handelte sich nicht mehr um eine interne Abrechnung zwischen Brüdern, sondern um die Revanche eines Volkes in planetarischen Dimensionen.

Wie der »Industrie!« vor dem Erfahrungshintergrund der Restauration (als der verratenen Revolution), wie das »Proletariat« vor dem Hintergrund des Scheiterns von 1848 steht, so erhebt sich die Gestalt von Jüngers *Arbeiter* vor der Kulisse der deutschen Niederlage von 1918. Mit dem leidenschaftlichen Haß des Besiegten nimmt der Leutnant a. D. mit dem »Pour le Mérite« Ernst Jünger in einem Bürgerkrieg Partei, der sich zum Weltbürgerkrieg ausgeweitet hat. Die haßerfüllten Invektiven seiner tief inhumanen Totalitätsprophetie wären völlig unfaßlich, könnte man nicht deutlich den Feind erkennen, den sie tödlich treffen sollen: die Weimarer Republik und ihren Repräsentanten: den Bürger.

Der »Bürger«, der sich nicht entblödet, in der »Freiheit« ein Grundelement menschlicher Existenz zu sehen und sich als »Individuum« geriert. Den Nachweis zu führen, daß es welthistorisch um die »individuelle Freiheit« geschehen sei, hieß vor allem, dem »Bürger« die Daseinsgrundlage entziehen; hieß den Beweis dafür erbringen, daß der späte Triumph des »Bürgers« über den »Soldaten« nur vorübergehend, ein Schein, ein bösartiger Irrtum sei, – hieß der Faktizität geschichtlicher Willkür die höhere Wahrheit geschichtsphilosophischer Gesetzmäßigkeit entgegenstellen. Darauf aber kommt es an.

In letzter Instanz und Intention ist der »Arbeiter« eine Kreatur der Rache; er markiert die – bis auf weiteres – letzte Phase einer innerdeutschen Vendetta, in der es Überlebende nicht geben soll.

Offensichtlich ist die Klammer, die alle Wesenselemente des *Arbeiters* zusammenhält, eine im Freiheitsverzicht wurzelnde »Antibürgerlichkeit«. Doch ist diese Antibürgerlichkeit eine ebenso irreführende Kampfmaske, wie die Bezeichnung »Arbeiter« eine auf Täuschung des Gegners zielende Kriegslist ist.

Unser Autor mißbraucht den »Bürger-Arbeiter«-Gegensatz für seine patriotischen Belange: Er hofft an der tiefen Wahrheit dieses Antagonismus, der nicht nationale Genotypen, sondern die legitimen Exponenten zweier Phasen der Wirtschafts- und Gesellschaftsordnung der Erde, des Fortschritts der Menschheit zu Höherem, gegeneinanderstellt, zu parasitieren, wenn er seinem Golem einen sozialistischen Anstrich gibt.

Die Gestalt, deren Herrschaft uns angekündigt, ja man muß sagen: angedroht wird, hat mit dem weltrevolutionären Prozeß, den das »Proletariat« der »Bourgeoisie« zu machen hat, überhaupt nichts zu tun. Seine grausame Radikalität bezieht der Jüngersche »Arbeiter« aus dem Affekt des Militärs gegen den Zivilisten; es wird der »Supersoldat« mit dem »Zivilschwein« endgültig abrechnen.

Der »Proletarier« ist dem »Bourgeois« gegenüber immer der

Repräsentant der Menschheit; *sein* Herrschaftsanspruch beruht darauf, der wahre, bessere Vertreter des okzidentalen Humanismus – eines um die Freiheitsidee integrierten Menschentums – zu sein, eines Ideals, das der Bürger, als Kapitalist, verraten hat. Jünger konfisziert die Freiheit, um den Bürger, als Zivilisten und Nutznießer der Weimarer Republik, zu vernichten. Er nimmt es kaltlächelnd in Kauf, mit dem Bürger den Menschen zu töten.

Die ganze Konstruktion hat nur ein Ziel: der Revanche der Deutschen den Weg zu bereiten, – wobei unterstellt wird, daß der Deutsche identisch mit dem Soldaten ist. Mit *dem* Bürger und *dem* Arbeiter wird auch *der* Deutsche zu einer stereotypen Fälschung.

Welten trennen uns von einem nationalen Selbstverständnis, für das »Deutschtum selbst Bürgerlichkeit, Bürgerlichkeit größten Stils, Weltbürgerlichkeit, Weltmitte, Weltgewissen, Weltbesonnenheit [heißt], welche sich nicht hinreißen läßt und die Idee der Humanität, der Menschlichkeit, des Menschen und seiner Bildung nach rechts und links gegen alle Extremisten kritisch behauptet« (Thomas Mann). Der Deutsche, dekretiert Jünger, war nie ein Bürger (Seite 11/17). Zur Freiheit unfähig, taugt der Jünger-Deutsche natürlich auch zum Bürger nicht.

Der Circulus vitiosus rundet sich: Untauglichkeit zur Freiheit und Antibürgerlichkeit sind darum um so größere Tugenden, weil sie die Voraussetzung dafür abgeben, die Niederlage des »Soldaten« in einen Sieg umzuwandeln, – einen Sieg, der auf der Etablierung einer Weltordnung beruht, in der die Freiheit und der Bürger nichts mehr gelten; der totale Weltstaat deutscher Nation wiederum, in dem dieser Endsieg des Soldaten gipfelt, ist ein Produkt des technisch-wissenschaftlichen Fortschrittes, weil dieser die unerläßliche Disziplin und Ordnung fördert und die Freiheit gefährdet. Der ganze Hokuspokus verheißt uns aber nichts anderes als die überdimensionale Verwirklichung eines Angsttraumes: des teutonischen Soldatenstaates par excellence.

Wir haben schon bemerkt, daß Jünger seiner Dichotomie von »Bürger« und »Arbeiter« das Hegelsche Rezept geschichtsdialektischer Antithetik unterschoben hat, weil es zur Entbindung politischer Sprengkraft schon einmal mit Erfolg Verwendung fand. Die Brisanz der Formel liegt – wie man weiß – darin, daß die Negativität einer Situation die Bedingung der Möglichkeit ihres Umschlags ins Positive ist. In der Negativität selbst liegt die Voraussetzung ihrer Überwindung. So konnte das Proletariat im Schoße der Bourgeoisie als soziologischer wie auch metaphysischer Ort bestimmt werden, von dem her die klassenlose Gesellschaft dialektisch zu konzipieren und zu realisieren war.

Hat nun der Sieg der Weltbourgeoisie ein Volk in den Pariastand versetzt, welches das »Soldatenvolk« schlechthin ist, so liegt es in der Logik der Geschichtsdialektik, daß der Keim des dialektischen Umschlages an jenem Punkt zu suchen wäre, in dem die Erniedrigung am tiefsten, die Niederlage am schmerzlichsten, die Demütigung des Soldaten am kränkendsten ist. Wir sind deswegen nicht erstaunt zu sehen, daß die ominöse Dreieinigkeit von Technologie, Deutschtum und Anti-Bürgerlichkeit ihre letzte Konsekration nicht in einer positiven Aufwallung, sondern da finden soll, wo sie sich in ihrer ganzen Negativität offenbarte, – in der Materialschlacht des Ersten Weltkrieges. Nicht ein Sieg, die schmähliche Niederlage von 1918 ist der eigentliche Legitimationsnachweis ihrer Geschichtsmächtigkeit: Weil sie in diesem letzten Waffengang unterlegen war, hat sie ihre dialektische Ausgangsposition für den letzten totalen Triumph gewonnen.

Doch wo liegt der *absolute* Nullpunkt? So wie Karl Marx seinerzeit auf der Suche nach den dialektischen Antipoden des Kapitalisten das Proletariat auf dem Grunde des kapitalistischen Systems entdeckte, der ein wahrer sozialer Abgrund war, so findet Ernst Jünger seinen weltgeschichtlichen Helden in jenem tiefsten Loch, in das der Krieg den armen Deutschen gestoßen hatte und in dem er seine Niederlage in ihrer ganzen Absurdität erfuhr; jenem dreckigen, regennassen, gasverseuchten Granattrichter vor Verdun, wo er mit Stahlhelm und Gasmaske, als individuell nicht mehr identifizierbares, jämmerliches Stück Menschenmaterial und Kanonenfutter, ohne Rang und Stand, ohne Gesicht und Namen in anonymer Pflichterfüllung sein Letztes hergab, als der Soldat schlechthin, als der Soldat sans phrase, als der *unbekannte Soldat*.

Sobald Jünger auf den unbekannten Soldaten zu sprechen kommt, wird der eiskalte Zeitkritiker zum sentimentalen Mystiker: Er läßt uns nicht im Zweifel darüber, daß das Verständnis nicht nur seines Systems, sondern der Epoche mit dem Verständnis dieser Schlüsselfigur beginnt. Wer das Mysterium des unbekannten Soldaten nicht begriffen hat, kann überhaupt nicht mitdenken, geschweige denn mitreden. »Was aber sind das für Geister, die noch nicht einmal wissen, daß kein Geist tiefer und wissender sein kann als der jedes beliebigen Soldaten, der irgendwo an der Somme oder in Flandern fiel. Das ist der Maßstab, dessen wir bedürftig sind« (Seite 201/221).

Welche trouvaille! Nicht der Soldat, nein, der unbekannte Soldat im tiefsten Abgrund der Demütigung ist in seiner absoluten Negativität der Träger des großen Aufbruches, mit dem der Deutsche das Reich gewinnen wird. Er ist das Kokon, aus dem der »Arbeiter« schlüpfen wird, um sich in seiner ganzen Größe und Herrlichkeit zu entfalten.

Nichts wäre erfreulicher, als wenn wir rückblickend mit Befriedigung feststellen könnten: Hier irrte der Dichter. Aller Wahrscheinlichkeit zum Trotz hat er aber recht behalten. Was als der Denkfehler eines Autors eine interessante geistesgeschichtliche Kuriosität geblieben wäre, wurde als Massenwahn einem ganzen Volke zum Verhängnis.

Die Mystik des unbekannten Soldaten ist ein Problem für sich, und wir wollen es hier nicht profanisieren. Die Überzeugung, daß das unverschuldete Leid von Millionen von Menschen nicht einfach umsonst gewesen sein kann, hat in sich etwas Sinnvolles. In dem Moment aber, wo versucht wurde, aus der abgrundtiefen Traurigkeit, die jeden angesichts unzähliger Gräber ergreift, politisches Kapital zu schlagen, mobilisiert man Kräfte, mit denen man nicht unbedingt gerechnet hat. Das Unvorhersehbare trat ein, als der unbekannte Soldat in der ganzen Negativität, mit der ihn geschichtsdialektische Spekulation nur ausstatten konnte, leibhaftig aufstand, ein wahrer Alptraum, wie man ihn bislang in der Geschichte überhaupt noch nicht erlebt hatte. Mochte man wie Jünger auch tausendmal erklären, in der Weimarer Republik sei es unendlich erstrebenswerter, »Verbrecher als Bürger zu sein« (Seite 24/31), mit diesem Grad an Kriminalität hatte niemand gerechnet. Allein wer war denn dieser Hitler, wenn nicht eben jenes unbekannte Frontschwein des Ersten Weltkrieges, das, in die Jahre gekommen, sein Recht an der Sonne verlangte? Lag nicht, in der Tat, das Vergehen der Weimarer Republik darin, diesen geheimen Helden des Deutschtums, den Märtyrer des Weltkrieges, ignoriert und schlecht behandelt zu haben? Da lief er herum, mit seinem Ohrfeigengesicht, eine lächerliche Figur, und wurde einfach nicht ernstgenommen von diesen Bürgern, die in zivilistischem Übereifer nun ganz wie ihre Sieger »Demokratie« spielten.

Ja, da stand er, Katschmarek, eine Witzblattfigur! Freilich: hatten die Bürger die »Humanität« auf ihrer Seite, er hatte den Haß auf der seinen. Die Metamorphose der letzten bürgerlichen Regierung des Weimarer Staates in die Realität des böhmischen Gefreiten, das war der echte, wahrhaft revolutionäre Vorgang von 1933 – die Erfüllung à la lettre der Jüngerschen Gruselessayistik. »Der in dem Todesringen des Ersten Weltkrieges aus den Tiefen des Volkstums schicksalhaft wiedererstandene Gemeinschaftsgeist und Opferwille hatte den unbekannten Frontsoldaten Adolf Hitler befähigt, die Problemstellung der deutschen Gesundung intuitiv zu erkennen und die Führung der Erneuerungsbewegung zu übernehmen«, kündete damals ein NS-Barde. Wir wissen jetzt, wie sehr er recht hatte.

Im Phänomen Hitler kamen die gedanklichen Voraussetzungen von Jüngers *Arbeiter* und die soziologisch-psychologischen Voraussetzungen von 1933 genau zur Deckung. In ihm und durch ihn verwirklichte sich »Herrschaft und Gestalt des Arbeiters«; im furchtbaren Experiment des Dritten Reiches wurde die Wahnidee eines technisch-perfektionierten, von einer deutschen Herrenschicht geführten totalen Weltstaates in jene Realität übersetzt, die ihr notwendig beschieden war: in die Katastrophe.

Wir wollen das Jünger nicht nachtragen; er hat auf den »Marmorklippen« dafür gebüßt.

Um so mehr kommt es darauf an, seinen Fehler deutlich zu erkennen. Jünger hat nur formuliert, was die Mehrzahl des Volkes dunkel glaubte. Der Enthusiasmus, mit dem die Machtergreifung von 1933 begrüßt wurde, ist nur verständlich, wenn man sich die völlig falschen Erwartungen vor Augen hält, die an diesen Umschwung geknüpft waren. Wir wissen, daß der Chiliasmus in Zeiten der Not floriert und schließlich *alle* Geschichtsphilosophie auf der Bemühung beruht, eine Niederlage in einen Sieg umzuwandeln. Dabei kommt doch alles darauf an, die Ursachen der Niederlage zu begreifen. Das lehnte Jünger, und mit ihm die Masse des deutschen Volkes, ab. Er suchte nicht Einsicht, sondern Rechtfertigung. Um dieser Rechtfertigung willen mußte er seine klugen Analysen der technischen Revolution und der planetarischen Weltorganisation in den Dienst einer Vision zwingen, die für einen kurzen Augenblick zwar Sinn und Hoffnung in eine äußerst komplexe, unendlich unbefriedigende, vom nationalen Standpunkt aus desolate Situation brachte, aber den Sinn der historischen Entwicklung, der nur in der Selbstverwirklichung des Menschen liegen kann, verfehlte. Um der Rechtfertigung willen mußte er das grausige Bild des Deutschen als des zur Freiheit Unfähigen, Untauglichen glorifizieren und schließlich auf die völlig hirnverbrannte Idee verfallen, daß der arme Landser von 1914/18 einen historischen Auftrag zu erfüllen habe. Das hieß, die Größe eines Volkes auf den Geist des Ressentiments, seine Zukunft auf die Fehler seiner Vergangenheit, seine Stellung in der Welt auf die Verkennung seiner eigentlichen Chancen gründen.

Winifred Wagner

Zu Hans Syberbergs Film

Ein Porträt von Winifred Wagner, der Herrin von Bayreuth, berühmt und berüchtigt durch ihre Freundschaft zum Führer und Reichskanzler, bekannt durch die Liebe Adolf Hitlers zu Bayreuth und Richard Wagner: was für ein Thema! Für jeden, der sich ein bißchen für deutsche Zeitgeschichte interessiert, aber auch für das Werk Wagners und die Bayreuther Festspiele, ist die Fülle der Assoziationen geradezu überwältigend, und es zeugt für den Spürsinn von Herrn Syberberg, für seinen Hang zu delikaten Themen an der Grenze zwischen Geschichte und Skandal, sich dieses Sujet, gut »getimed« mit dem bevorstehenden Wagner-Jubiläumsjahr, geschnappt zu haben. Denn hier wird ein Monument enthüllt. Ob eine Demystifikation gelingt oder einer Mythisierung großen Stils Vorschub geleistet werden soll, das wird sich zeigen. Ohne fehlzugehen, kann man schon jetzt behaupten, daß dieser Film ein Prüfstein sein wird für den Stand des historisch-kulturellen Selbstverständnisses der Deutschen, heute – *wenn* er an die große Öffentlichkeit gelangt.

Der erste, schockierende Eindruck: hier wird die unretouchierte Großaufnahme eines echten Nazis, und zwar nicht nur eines prominenten, sondern eines Nazis von Format geboten. Man kann sagen, daß man so etwas bislang noch nicht zu sehen bekommen hat. Wie wir seit 30 Jahren wissen, gibt es die Nazis überhaupt nicht, oder wenn es sie gibt, haben sie sich versteckt. Dieser erste Schock wird bei einigen Empörung, bei anderen indessen, täuschen wir uns darüber nicht, Begeisterung hervorrufen. Da ist endlich einmal jemand, der den Mut hat, die Wahrheit zu sagen. Und es ist nicht ausgeschlossen, daß diejenigen, denen dieser Mut bisher gefehlt hat, nun hervortreten werden und man mit Erstaunen wahrnimmt: nicht nur Deutschland, sondern ganz Europa ist von Nazis dicht bevölkert.

Bereiten wir uns also auf diese Überraschung vor durch ein paar Überlegungen, die uns vor Schockwirkung und Kurzschlußurteilen zu bewahren geeignet sind.

I

Als erstes gilt es wohl, das Stichwort zu suspendieren, das jedem zuerst einfällt: das Schlagwort vom alten Nazi. Es ist ohne jeden heuristischen Wert. Man tut sodann gut daran, einige der Problemkreise, die sich in dem Phänomen Winifred Wagner überschneiden, zu isolieren und besonders zu behandeln – zum Beispiel: Was hat es mit dem Haus Wahnfried in Bayreuth für eine Bewandtnis? Wer ist überhaupt diese Winifred? Wie steht es mit dem Bayreuth-Habitué Hitler? –, bevor man sich an die große Frage heranmacht, die Syberbergs Film aufwirft und die sein einziges Interesse ausmacht: Inwiefern hat die Zuneigung von Frau Wagner für Adolf Hitler etwas mit dem Nationalsozialismus und der Musik Wagners zu tun? Wie auch immer die Antwort sein wird, die Tatsache schon, daß die Frage gestellt werden kann, rechtfertigt solche Bemühungen. Ob kurioser Einzelfall oder historisches Paradigma, wir haben es mit einem Kapitel deutscher Geschichte zu tun.

Denn das Haus Wahnfried ist die »Villa Hügel« des deutschen Familienunternehmens »Bayreuther Festspiele«. Was sie von anderen Künstlervillen der gleichen Zeit unterscheidet (z. B. der Lenbach-, Hildebrand- oder Stuck-Villa), ist, daß sie nicht lediglich Residenz eines Künstlers, seine durch den Erfolg gerechtfertigte Arbeitsstätte ist, sondern die Zentrale eines privatwirtschaftlichen Familienunternehmens. Was auch den Unterschied der Familie Wagner zu anderen Künstlerfamilien ausmacht: daß die Nachkommen nicht nur Erben eines berühmten Musikers und selber Künstler sind, sondern die Erben und Verwalter eines Großbetriebes von nationalem Rang. Insofern ähneln sie, was ihren sozialen Status und ihre internen Familienprobleme betrifft, weniger anderen oft schnell in die Bohème abgeglittenen Künstlerfamilien (den Manns, den Wedekinds z. B.) als jenen für die deutsche Geschichte so ungemein wichtigen und charakteristischen Industriellenfamilien, für die die Krupps nur das bekannteste Beispiel sind; man könnte ebensogut die Roechlings, Thyssens oder Haniels nennen. Mit ihnen haben sie die Verantwortung für einen großen Besitz gemeinsam, der ein Produkt ihrer unternehmerischen Leistung ist; sie haben dieselbe patriarchalisch-dynastische Familienorganisation und alle daraus folgenden Schwierigkeiten, z. B. in jeder Generation einen geeigneten Nachfolger zu finden, aber auch die moralischen und materiellen Verpflichtungen der Gesamtzahl der Erben gegenüber. Hier liegt eine gewisse Verwandtschaft des großbürgerlichen mit dem aristokratischen Familienmodell: Man ist sehr schnell bei Hausgesetzen, Primogeniturfragen, Apanagen, Mesalliancen und morganatischen Ehen.

Natürlich sind die Bayreuther Festspiele weder ein Industrieunternehmen noch ein feudaler Großgrundbesitz, sie sind ein Kulturinstitut; aber das Interessante liegt eben darin – und das zeigt seine Geschichte –, daß seit dem Tode Richard Wagners der kultur-künstlerische Auftrag der Anstalt – für die Familie zum mindesten – immer mehr zum ideologischen Überbau verblaßte, immer mehr zum Mittel jenes Zweckes wird, der in dem materiellen Zwang liegt, einen Besitzerstand zu verwalten und zu perpetuieren. Das nun wieder haben die »Festspiele« mit anderen künstlerischen Familienunternehmen gemeinsam, dem Rosetheater z. B. oder dem Zirkus Krone, in denen artistische Ambitionen immer von Finanzierungssorgen und schließlich determiniert zu werden drohten.

Man muß das vor Augen haben, wenn man sich z. B. klar darüber werden will, was ein Enthobensein von diesen Sorgen bedeutet. Was also Winifred Wagner bedeutet – denn sie ist das Wunder, dank dessen das Familienunternehmen in einer äußerst prekären Situation von seinen Nachfolgerschwierigkeiten erlöst und in kritischer Zeit zu ungeahnten Erfolgen geführt wurde.

Kennt man andere Fälle dieser Art? Daß ein Waisenkind von greisen Pflegeeltern ganz im Kulte dessen großgezogen wird, mit dem es sich einmal repräsentativ identifizieren muß; daß eine 17jährige Jungfrau einem schwachen Kronprinzen zugeführt wird und von einer greisen Königinmutter und bösen Schwägerinnen (mit den Allüren von »royal princesses«) sorgsam, sorgfältig und hart auf eine Aufgabe vorbereitet wird, die sie dann auch, zur Überraschung aller, genauso erfüllt, wie man es ihr beigebracht hat; daß eine Frau, nach dem frühen Tode ihres Gemahls, dem sie eine treue und vorbildliche Mutter (von Erben, vor allem von Erben) war, zu einem auf der Höhe der Verantwortung stehenden Familienchef, zu einer echten Herrscherpersönlichkeit heranwuchs? So etwas kommt doch eigentlich nur im Märchen oder in der mythischen Frühzeit königlicher Häuser vor. Oder zeigt sich da nur an einem besonderen Glücksfall, wozu eine gute bürgerliche Erziehung, wenn sie auf fruchtbaren Boden fällt, nicht alles imstande ist?

Die Entwicklung einer naiven, die Kochschule absolviert habenden höheren Tochter in ein resolutes, ja tyrannisches Familienoberhaupt, in eine herrische Mutter und Großmutter, in eine tüchtige Geschäftsfrau können wir in jeder besseren bürgerlichen Familie beobachten. Ja, wir haben es hier mit dem optimalen Resultat eines Sozialisierungsprozesses zu tun, der die Menschen darauf verpflichtet, nach festgelegten sozialen und moralischen Normen eine Lebensaufgabe zu bewältigen – was auf dieser ökonomischen Ebene immer auch eine Herrschaftsfunktion impliziert, die sich zunächst in der Herrschaft über Familie und Hauspersonal zu bewähren hat. So tritt uns in Winifred Wagner das Musterexemplar eines Familienchefs, der gleichzeitig den Familienbetrieb leitet, entgegen. Man darf sagen: das hat sie sich nicht ausgesucht. Die patriarchalische Familienstruktur war ebenso vorgegeben wie die Klassenstruktur. Es ist nur ein Zeichen für ihre besondere Fähigkeit, mit der ihr zugefallenen Aufgabe fertig zu werden, daß sie, von irgendwelchen artistischen Ambitionen und Emotionen ungestört, eine überdurchschnittliche organisatorische Begabung entwickelt, dem Zug der Zeitläufe und gesellschaftlichen Sachzwängen folgend das ganze Unternehmen im großen Stil verwaltungsmäßig zu »managen«. Wäre sie dazu nicht imstande gewesen (und die Chancen dafür standen 1000 zu eins), so wären die Bayreuther Festspiele wahrscheinlich nach dem fast gleichzeitigen Tode von Cosima und Siegfried Wagner zusammengebrochen.

Doch der Schlüssel für ihre außerordentliche Leistung liegt in einer tieferen Schicht. Es war gewiß nicht leicht, sich als Unbekannte in eine bis zur Arroganz von ihrer Tradition und Bedeutung durchdrungenen Familie einzufügen, aus dem englischen Waisenkind eine »Wagner« zu werden. Die besondere Schwierigkeit dieses Assimilationsvorganges hat aber zweifellos darin gelegen, daß die junge Frau mit der Einführung in die Riten der Größe der Dynastie auch eingeweiht werden mußte in das Geheimnis ihrer Schwäche. Aber gehört das nicht zum Problem jeder Dynastie, daß sie ihre schwarzen Schafe und ihre Leichen im Keller hat? Es war im Falle Winifred Wagners lediglich dadurch akzentuiert, daß das Geheimnis, das es zu wissen, aber zu übersehen galt, das Geheimnis ihres eigenen Mannes war; daß, obwohl sie die treue Gattin und Mutter der Erben zu werden hatte, gleichzeitig auch dazu erzogen werden mußte, der Mann im Hause zu sein – und zwar, solange der Gemahl lebte, ohne daß jemand es merkte. Und das hat sie fertiggebracht.

Dazu gehört mehr als preußisch-puritanisch-kantisches Pflichtbewußtsein. Dazu gehört Charakterstärke oder eine Härte, die nur dadurch erkauft werden kann, daß man breite Register seiner Sensibilität, aber auch jeden Zweifel in sich rigoros abtötet. Die sich so durch einen Prozeß der Selbstverstümmelung herausbildende Persönlichkeitsstruktur, die dazu befähigt, das Mißliche nicht zu sehen, den Skandal im eigenen Hause – oder, in der Sprache der Schicht und der Zeit, die Schande – souverän zu ignorieren, qualifiziert in besonderem Maße zur Ausübung der Herrschaftsgewalt. Das genau ist es, was den Hamlets fehlt. Und natürlich fällt die Reduktion der empfindsamen Seele einem Wesen leichter, das schon als Kind mit dem Affektionsdefizit einer elternlosen Erziehung und allen Härten des von Haus zu Haus weitergereichten, um nicht zu sagen weitergestoßenen Waisen innerlich fertig zu werden hatte. Aus einer solchen Kindheit wird dann auch, konstitutionell gewissermaßen, ein Verhältnis zur kommunikationslosen Einsamkeit stammen, die sich auf den Höhen der Macht dann als Tugend, als Lebenshilfe, auch als Entlastung bewährt.

Der bittere Verzicht auf – man darf sagen: – jedes überflüssige menschliche Gefühl zeichnet das Gesicht der alten Frau, die man nun fünf Stunden vor sich sieht. In dieser Verkümmerung und Verhärtung, die mit den Jahren immer deutlicher sichtbar werden mußten, gleicht sie, die auch für Augenblicke aussehen kann wie eine Herzogin, einer alten Bäuerin, einer Wittib, die zäh und verbissen um ihren Hof kämpft; für die jeder, der nicht zum Clan gehört, ein potentieller Feind ist und die ums Verrecken nicht das Geheimnis preisgeben wird, das sie allein noch besitzt. Da lacht sie nur höhnisch, wenn sie merkt, daß jemand so blöd sein könnte, zu vermeinen, es ihr zu entreißen ...

Diese Frau nun als die Vertraute und Freundin von Adolf Hitler – wundert uns das?

II

Die List des Syberbergschen Filmes liegt darin, daß er uns fünf Stunden lang Winifred Wagner vorführt, in Wirklichkeit aber ausschließlich an Hitler interessiert ist. Das entspricht nicht nur der Absicht des Filmes, sondern ist auch vom Sujet her berechtigt; denn ohne ihre seltsame Beziehung zu Hitler und die dadurch bedingte fatale Verstrickung Bayreuths mit dem nationalsozialistischen Regime wäre diese Frau ja im Grunde uninteressant. Mit Hitler aber sind wir noch lange nicht fertig, trotz all der dicken Bücher, die in der letzten Zeit über ihn geschrieben wurden.

Wer war bloß dieser Hitler? Wenn man das wörtlich nimmt, was Frau Wagner da mit so entwaffnender Offenheit zu Protokoll gibt, so entsteht eines jener Porträts, die uns Gerhard Prause in der *Zeit* geliefert hat und die uns lehren sollen, wie schlecht wir die großen Figuren der Weltgeschichte kennen; das lautet dann ungefähr so:

»Er spielte ganz hübsch Klavier. In seiner Jugend hat er eine

Oper komponiert. Er liebte die Kinder und stand gerührt über Kinderbetten gebeugt. Frauen behandelte er mit größter Höflichkeit und, obwohl seine Umgebung dies mißbilligte, küßte er ihnen die Hand. Wenn auch Vegetarier, aß er gelegentlich gern Leberknödelsuppe. Er haßte es, über Politik zu sprechen und diskutierte leidenschaftlich gerne Inszenierungsprobleme. Er war ein großer Liebhaber und Kenner der Musik Wagners, die er auch unter den schwierigen Umständen, in die ihn sein Beruf brachte, regelmäßig zu hören versuchte. Am Telefon meldete er sich als Kapellmeister Wolf. Wer war's?«

Das ist weniger lustig, als es klingt, weil es eben keine Erfindung ist, sondern die volle Wahrheit. Jener Führer, von dem Frau Wagner uns erzählt und den sie als einen liebenswürdigen Hausfreund und Gönner, als apolitischen Kulturmenschen schildert, es hat ihn gegeben; es nützt nichts, das leugnen zu wollen. Die Frage ist nur: In welchem Zusammenhang steht er mit jenem anderen, der der niedrigsten Verbrechen fähig war und Deutschland in den Untergang geführt hat? Und den zu unserem allergrößten Erstaunen, um nicht zu sagen, zu unserer Empörung seine Freundin Winifred *nicht einmal wahrnimmt*.

Nicht wahrnehmen will? Oder nicht wahrnehmen kann? Lassen wir für einen Moment die Frage auf sich beruhen, wie es ihr möglich ist, noch 1975 in diesem Zustand des Unwissens oder Nicht-wissen-wollens zu verharren. Fragen wir vielmehr, wie eine Frau, die in der Reichskanzlei ein- und ausging, die das Staatsoberhaupt jährlich für Wochen in ihrem Hause beherbergte, an die das Elend der Verfolgten in Bittschriften herangetragen wurde – wie diese Frau in der Lage war, alles, was ihr an ihrem Wolf nicht paßte, schlechterdings zu ignorieren.

Die Antwort liegt nahe: Genau jene Eigenschaften, die sie zu einer so vorbildlichen Herrin in Bayreuth gemacht haben, setzten sie außerstande, zu Hitler jenen Abstand zu gewinnen, der notwendig gewesen wäre, um das Image, das sie von ihm hatte, zu relativieren und zu durchschauen. Hier verschränken sich sozialgeschichtliche und individualpsychologische Verhaltensmuster und verfestigen sich zum Zwangshabitus. Zunächst haben wir da die großbürgerliche Chefin der Firma Wagner, eines privatwirtschaftlichen Großbetriebes, die dem Chef des deutschen Staates mit derselben Loyalität gegenüberstand wie die Masse der Herren der deutschen Großindustrie; ein allerhöchstes Interesse für das Produkt »Wagnerische Musik« war für sie Bestätigung, Ansporn und Erfolgsgarantie, wie es für die Krupps ein »nationales Interesse« an guten Kanonen war. Es wäre schlechtes Management und schlechter Stil gewesen, es mit dem Staatschef anzulegen; im übrigen verkehrte man mit ihm auf der Stufe der Gleichheit – von Souverän zu Souverän gewissermaßen. Es ist aber nicht nur das: Wenn eine junge Frau dazu erzogen wird und sich dazu erzieht, an demjenigen Menschen, der ihr am nächsten steht, entscheidende Schwächen *nicht zu sehen*, dann wird dieses Wegsehenkönnen zu einer Gewohnheit, die sie instand setzt, auch bei anderen Menschen, für die sie sich aus beruflichen und auch aus persönlichen Gründen interessiert, die negativen Seiten – »das, was im Dunkeln vor sich geht« – nicht zu sehen. Der Schritt von einem willentlichen Ignorieren zum Nicht-glauben und, in einer zweiten Stufe, zur Abwehr jeder unliebsamen Gegeninformation, die automatisch als Verleumdung disqualifiziert wird, ist schnell vollzogen. Beobachten wir derartige Mechanismen des Selbstschutzes nicht hundertfach in unserem Alltag? Wo sie sich nicht zu Neurosen auswachsen, gelten sie als gesunde Adaptionsleistungen.

Oder *liebte* sie Hitler und verhielt sich nicht anders als die Geliebte eines Gangsterchefs oder Bankrotteurs, die einfach zu ihrem Kerl hält, ganz gleich, was er tut oder was die Leute sagen, ob er im Gefängnis sitzt oder auf den elektrischen Stuhl geschickt wird, weil eben *andere* Qualitäten für sie den Ausschlag geben? Ich glaube, man muß diese Hypothese ausschließen. Nicht, weil sie zu einem solchen Verhältnis nicht fähig gewesen wäre, in dem sie nachvollzogen hätte, was ihr in ihrem Eheleben versagt geblieben war, sondern weil Hitler – wie soll ich mich ausdrücken – gar nicht der Mann dazu war.

Das Problem ist gar nicht so sehr ihre Beziehung zu Hitler, als vielmehr Hitlers Beziehung zu ihr, und die wurzelt sicher in einer Idee, die er sich von der kulturellen Bedeutung Bayreuths und Richard Wagners gemacht hat. Hier fanden sie sich, und Winifred hat ganz recht, wenn sie sagt: »Das war eine rein menschliche, persönliche und vertrauliche Bindung zwischen uns, die auf der Grundlage der Verehrung und der Liebe zu Richard Wagner beruht.« Wie aber ist das zu verstehen?

Aufschlußreich ist das Verhältnis des merkwürdigen Paares zu den Wagner-Erben, den Brüdern Wieland und Wolfgang, die einerseits gleich behandelt werden, ohne daß andrerseits zu verhindern wäre, daß der Älteste in eine privilegierte Kronprinzenrolle gedrängt wird. Von seiten der Mutter ist die Erziehung der Kinder ein Managementproblem wie alle andern, die sie mit einem Minimum an Emotion blendend bewältigt. Die Jungens werden ausgebildet, um einmal die Nachfolge antreten zu können; aber es besteht zunächst überhaupt keine Veranlassung, sie an der Macht partizipieren zu lassen. Ganz anders liegen die Dinge auf seiten des Gönners und Hausfreundes. Wenn die Mutter ihren Kindern gegenüber fast lieblos war: Hitler hat sie geliebt.

Man geht kaum fehl in der Vermutung, daß die Anziehungskraft Bayreuths für Hitler gar nicht so sehr in der Mutter Winifred als in ihren Söhnen Wieland und Wolfgang lag, besonders Wieland. Die größten Rosensträuße kamen an Tagen, die für das Leben dieses Sohnes wichtig waren: Konfirmation, Abitur, seine Hochzeit. Doch wenn er Wieland vom Kriegsdienst freigestellt hatte, so ließ es sich der Führer und oberste Kriegsherr mitten im Kriege nicht nehmen, seinen jüngeren Bruder Wolfgang, der verwundet war, zur Bestürzung der gesamten Belegschaft im Lazarett zu besuchen. Und wenn sich die Frau Mutter nach Mitternacht schon zurückgezogen hatte, saß er bis früh in den Morgen mit den Söhnen in seinem Flügel des Hauses Wahnfried und entwickelte mit ihnen phantastische Pläne für die Zukunft der Bayreuther Festspiele *nach* dem Kriege – so wie er sich mit dem jungen Speer stundenlang, über pompöse Gipsmodelle gebeugt, über die zukünftige städtebauliche Gestaltung von Berlin, München, Graz, aber auch Paris schwärmerisch unterhalten konnte.

Hier begegnen wir jenem Hitler, der uns auch in den Memoiren Speers entgegengetreten ist: der verhinderte Künstler, der leidenschaftliche Architekt und Megalomane, der, abgedrängt in die Politik, total vereinsamt in den Gipfelsphären der Macht, sich für junge Menschen begeistert, die er zu seinen Jüngern, Schülern, Adoptivsöhnen macht, weil er hofft, daß sie unter seinem Einfluß das künstlerische Werk vollbringen werden, das zu vollbringen ihm versagt war. Es handelt sich um die wohl extremste Ausformung jener schizoiden Spaltung der Persönlichkeit in einen Künstler hier und einen Politiker dort, die auf der Trennung von Kultur und Politik, einer Welt der Innerlichkeit und einer Welt äußerer Verstrickungen beruht – und die ein fundamentales Problem der deutschen Geschichte ist, über das man sich schon soviel Gedanken gemacht hat, ohne in der Lage zu sein, im Einzelfall jeweils sagen zu können, wie das eigentlich funktioniert. (Lagen die Dinge bei Nero anders?)

Wir finden also dieselbe Spaltung in Hitler wie in Winifred. Sie stört sich an dieser Gespaltenheit deswegen nicht, weil sie in ihrer eigenen Persönlichkeitsstruktur gespalten ist. Wobei es eben die Exstirpation weiter Bereiche des Menschlichen in ihr war, was sie für das Partial-Menschliche in ihrem Gegenüber so besonders empfänglich machte. Von den beiden, kein Zweifel ist da erlaubt, war *er* der Künstler. Was Hitler in ihren Söhnen liebte, vergötterte sie in Hitler: den Künstler und musischen Menschen.

Doch gehen wir noch einen Schritt weiter: Wie sie im Verhältnis zu Siegfried gelernt hatte, der Mann zu sein, so war sie auch Hitler gegenüber der Mann, mit allen Begleiterscheinungen einer Männerfreundschaft: Treue, Kameraderie, Komplizität. Ihr gegenüber war Hitler das Weib, musisch, launisch, emotionell, schillernd. Man könnte darum vermuten, daß diese, in eine männliche Herrscherrolle gedrängte, durchaus maskuline Persönlichkeit in dem »polymorphen Perversen« Hitler eine Komplementärfigur gefunden hat, die zu einer echt libidinösen Fixierung führte.

Ist es ihr also zu verargen, daß sie den Zusammenhang zwischen dem liebenswürdigen Kunstenthusiasten, der von einer fabelhaften Zukunft Bayreuths schwärmte, und dem Politiker, der dafür verantwortlich war, daß das Haus Wahnfried in eine Ruine verwandelt wurde, die Familie Wagner ins Elend stürzte und die Festspiele – um ein Haar – liquidiert worden wären, nie hergestellt hat? Was ihr da widerfuhr, wie allen Deutschen, ging auf das Konto der Geschichte, nicht auf das Konto *ihres* Freundes. Hartnäckig hält sie an dieser Version fest, an dem, was sie weiß, besser weiß als alle Spruchkammern und zeitgeschichtlichen Forschungen. Noch einmal ist es dieselbe Persönlichkeitsstruktur, die es ihr seinerzeit möglich machte, sich erfolgreich in die Wagner-Dynastie zu integrieren, und die es ihr jetzt unmöglich macht, umzudenken. Jedes Eingeständnis eines Irrtums impliziert hier das Risiko der Selbstaufgabe. Ausgestattet mit den Attributen der Macht und des Erfolges mag eine solche Haltung der Größe nicht entbehren; tritt sie unverhüllt auf dem Hintergrund eines Rentneralltags in Erscheinung, erschrickt man vor soviel unreflektierter Borniertheit und schwankt, ob man es mit einem Monstrum zu tun hat. Aber nichts Abnormes ist an ihr. Im Gegenteil, alles ist von erstaunlicher Normalität; es sind die außergewöhnlichen Umstände ihres Lebens, die sie mit Maßen messen lassen, die gar nicht für sie gemacht sind. Wir sind nicht mit einem König Lear auf der Heide konfrontiert, sondern mit einer starrsinnigen Alten, die in ihrem Lehnstuhl gar nicht gemerkt hat, was ihr eigentlich passiert ist. Das unterscheidet sie von einem Speer, dem noch während des Krieges zu dämmern begann, daß mit seinem Hitler nicht alles in Ordnung war, und der deshalb schon in Nürnberg in der Lage war, ein Schuldbekenntnis abzulegen. Das unterscheidet sie aber auch von ihrem Sohne Wieland, der es fertigbrachte, sich von dem Hitler-Kapellmeister-Wolf-Image zu lösen, die wahnhafte Verstrickung seiner Mutter zu durchschauen und einen völlig neuen Anfang für Bayreuth zu suchen.

III

Der Film von Syberberg ist in der Absicht gedreht, einen Nachweis dafür zu erbringen, daß das Œuvre Wagners mit dem Nationalsozialismus wesensmäßig verwandt sei, Bayreuth gewissermaßen der Umschlagplatz des unheilvollen Kulturerbes aus dem Zweiten in das Dritte Reich – und daß dieser historische Transfer in der Begegnung von Winifred und Adolf Hitler seinen symbolischen Ausdruck gefunden habe. Die Pointe des Filmes liegt in der Demonstration, daß diese These falsch ist. Man geht aus der fünfstündigen Geisterbeschwörung mit der Überzeugung heraus, daß die außergewöhnliche Beziehung dieser beiden Herrschaften mit der Musik Richard Wagners ebensowenig zu tun hat wie mit dem Nationalsozialismus. Der Kapellmeister Wolf war in seiner Leidenschaft für Wagner dem Nationalsozialismus genauso fern, wie Winifred in ihrer Zuneigung zu Hitler Wagner fern war. Sie trafen sich auf der mittleren Linie eines Kultus, die vielleicht etwas mit dem Festspielbetrieb Bayreuths, aber nicht mit der Musik Wagners zu tun hatte.

Nie war wohl das Wort Nietzsches so wahr, daß »Wagner unter Deutschen bloß ein Mißverständnis« sein könnte. Wenn Winifred uns sagt, daß ihre Bindung auf der Grundlage der Verehrung und der Liebe zu Richard Wagner beruht, so bezeugt sie damit nur, daß diese Beziehung auf einem fundamentalen Mißverständnis beruhte – aber wir wissen ja, daß das oft die Bindungen sind, die am unverbrüchlichsten halten. Dieser beiden Deutschen Wagner war jener vereinnahmte, mißhandelte, verfälschte, den die »Freunde Bayreuths« in ihrem Protestbrief gegen das geniale Wagner-Bild Thomas Manns 1935 verteidigen zu müssen glaubten und für den man Wagners Musik nicht verantwortlich machen kann. Ein richtiges Verständnis der Musik Wagners, das hatte Thomas Mann wieder in Erinnerung gebracht, mußte zu künstlerischen und politischen Optionen führen, die mit dem Nationalsozialismus unvereinbar waren. Aber dieses Verständnis war getrübt durch einen historischen Kontext, der sich auf der Ebene des Bayreuther Unternehmens, nicht erst unter der Leitung von Winifred, zu einem sozio-ökonomischen Kontext verengte. Für die Begegnung Winifred-Wolf gaben sozialgeschichtliche und individualpsychologische Momente den Ausschlag, nicht musiksoziologische.

Der Beweis dafür liegt darin, daß der Rückgriff auf einen ursprünglichen Wagner den Neuansatz von Wieland möglich machte. Winifred wäre nicht sie selbst, wenn sie davon den Schimmer einer Ahnung und eines Verständnisses zeigen könnte. Der erschütterndste Aspekt dieses Porträts ist die absolute Wagner-Fremdheit der Frau, die jahrzehntelang sein Vermächtnis verwaltet hat. »Absolut« ist das Wort, das am häufigsten in dem Film vorkommt.

Fünf Stunden sind eine lange Zeit und lassen Raum, um nacheinander sehr verschiedene und widersprüchliche Eindrücke zu vermitteln. Man mag zunächst fasziniert sein und sich sagen: Eine fabelhaft mutige Frau, eine große Dame mit den Allüren eines Souveräns. Dann wird man eine sehr einsame, unglückliche Frau sehen; und dann wird man, wenn der Mund sich zusammenkneift und die Augen einen falschen listigen Blick bekommen, plötzlich doch mit einem Monstrum konfrontiert. Und da immer Hitler im Hintergrund steht, muß man aufpassen, daß es einem mit ihm nicht umgekehrt geht und das Monstrum, das man zuerst vor Augen hat, sich verwandelt, so daß man plötzlich nur noch einen einsamen kunstbesessenen Menschen sieht, der die Dimensionen einer tragischen Figur gewinnt – gleichwie in einem Trickfilm ein Schwimmer mit den Beinen zuerst aus dem Wasser ragt, um dann in umgekehrter Flugbewegung aufrecht auf dem Sprungbrett zum Stand zu kommen.

Wir sind mit Hitler noch lange nicht fertig

I

In der ersten Phase der Restauration war Napoleon das Monstrum, der große Verbrecher, der Antichrist, und wer es wagte, über ihn etwas Positives zu sagen, riskierte, sich im Gefängnis wiederzufinden. Gleichzeitig – und das ist das Revers derselben Medaille – wurde der in St. Helena gefangengehaltene Korse in einer Weise mythisiert, die bis zur völligen Auflösung seiner Identität als Individuum ging. Napoleon war ein kosmisches Ereignis, ein Messias, auf jeden Fall der Exponent übermenschlicher Kräfte, denen allenfalls mit geschichts-philosophischen Kategorien beizukommen ist. Man kann sagen, daß die Geschichtsphilosophie, die damals entstand, in all ihren Ausformungen immer einen Versuch darstellt, das »Phänomen« Napoleon auf den Begriff zu bringen. Kriminalisierung und Mythisierung hatten schon zu seinen Lebzeiten begonnen, wo die vornehmlich englische antinapoleonische Kriegspropaganda, die »Niki Buonaparte« als frechen Usurpator und Gangster diskreditierte, ihren Gegenpart in den Mystifikationen eines Héoné Wronski und Hegel fand, der ja in Jena den Weltgeist zu Pferde vorbeireiten sah.

Napoleon hat selber seinen Teil dazu beigetragen in der heroisierenden Selbstdarstellung seiner Heeresberichte, doch vor allem während seines Inselexils, wo er systematisch an einer Automythisierung arbeitete, die, über die Tagebücher von Las Casas auf den Kontinent geschleust, ihre Wirkung nicht verfehlte, um so mehr, als apokryphe Autobiographien (das »Manuskript aus St. Helena«) das Terrain vorbereitet hatten.

Der Mythos Napoleon wurde geschichtsmächtig und in seiner ahistorischen Ungenauigkeit der Legitimationsgrund des Second Empire. Das verhinderte wiederum den Prozeß der historiographischen Aufarbeitung der historischen Gestalt Napoleons, die mit Thiers' großer Epopöe des Empires in den dreißiger Jahren des vorigen Jahrhunderts einsetzte, aber bis heute eigentlich noch nicht abgeschlossen ist. Bis heute ist es nicht gelungen, den historischen aus dem mythischen Napoleon herauszuschälen – mit anderen Worten, das Geheimnis des sterblichen Menschen Napoleon Bonaparte und seines außergewöhnlichen Erfolges zu lösen, das heißt zu erklären.

Die großen Figuren der Geschichte der Neuzeit, die in ihrer Wirkung über die üblichen Proportionen hinausgegangen sind, haben, was ihre Rezeption durch die Nachwelt betrifft, offenbar ein ähnliches Schicksal, das eigenen Gesetzen zu unterliegen scheint und als solches wohl mit zu den wenngleich postumen Kriterien der historischen Größe gehört. Diese Herren werden vergöttert oder verteufelt. Sie werden überbewertet oder unterbewertet. Sie werden zu Übermenschen oder zu Untermenschen. Solange ihre Zeitgenossen, die Generation der unmittelbar durch ihre Wirkung Betroffenen, noch leben, mag das durchaus verständlich sein, denn es setzt sich in der Auseinandersetzung um sie der politische Kampf fort, dessen Exponenten sie waren. Aber auch dann, zehn bis 20 Jahre später, wenn man darangeht, der historischen Erscheinung kritisch gerecht zu werden, bleibt offenbar ein Rest des Unerklärbaren zurück, und jede Antwort auf die Frage, woran es denn nun eigentlich gelegen habe, daß (im nun durchaus überschaubaren und deutlichen Feld ihrer Epoche) ausgerechnet dieses Individuum die außerordentliche und spezifische Rolle gespielt hat, die von der historischen Forschung nur bestätigt werden kann, ist nicht mehr als eine letzten Endes unbefriedigende Hypothese.

Dies Nichterklärbare bleibt für jede kommende Generation die Herausforderung, an der sich immer neue Deutungsversuche entzünden; sie zeichnen sich alle dadurch aus, daß die Glaubwürdigkeit der Neuinterpretation nie auf einer definitiven Aufhellung des Phänomens beruht, sondern auf ihrer

Konkordanz mit dem für die jeweilige Generation evidenten Sinnzusammenhang. Neue Interpretationsmethoden vermitteln dabei zwischen Gegenwartsbewußtsein und Vergangenheitsaufklärung, zwischen Enigma und Aktualität.

II

Wie stehen nun die Dinge bei Hitler? Eine gewisse Mythisierung und Entpersonalisierung des »Führers« gehörten bereits zum nationalsozialistischen System und Herrschaftsstil. Gleichzeitig funktionierte daneben die halb kriminelle, halb lächerliche Figur des Asylinsassen, des »verhinderten Kunstmalers« alias Anstreichers, des »böhmischen Gefreiten« (der hartnäckig Schicklgruber genannt wurde). In den Kreisen der bürgerlichen und militärisch-aristokratischen Halbopposition war sie das willkommene Alibi für das totale Unverständnis der wirklichen Person Hitler gegenüber. Dieses Unverständnis beruhte nicht nur auf Unkenntnis, sondern auf Arroganz und war die Voraussetzung für die Verkennung und Unterschätzung des Phänomens Nationalsozialismus – somit einer der Gründe für Hitlers Triumph über die alte deutsche Oberschicht. Wenn dieser die Kategorien fehlten, um den Mann richtig einzuordnen – sie standen vor der Alternative, ihn entweder für den Kaiser zu halten oder für einen Irren, der sich für den Kaiser hält –, so wurde dieses konstitutionelle Nicht-verstehen-Können für jenen zu einem konstitutiven Faktor seiner objektiven und effektiven Überlegenheit.

Die Siegermächte haben dann die propagandistische Mystifikation einer totalen Identifikation von Hitler mit Deutschland, die mit allen Mitteln der Massenpsychologie und des Terrors herzustellen und aufrechtzuerhalten das wichtigste Anliegen, aber auch die außergewöhnliche Leistung des nationalsozialistischen Herrschaftsapparates war – »ein Volk, ein Reich, ein Führer« –, schlicht übernommen, in der These von der »Kollektivschuld« scheinjuristisch untermauert und in den Prozeduren der sogenannten Denazifizierung, mehr noch, als dies der Nazipropaganda je gelungen war, zur Sache jedes einzelnen

Deutschen gemacht. Jeder Deutsche war nun Nazi, Hitler steckte »in ihm«, er mußte sich davon reinigen.

Auf diese Weise geriet nicht nur das ganze deutsche Volk, sondern die gesamte deutsche Geschichte in den Bann dieser ungeheuerlichen Identifikation »Hitler = Deutschland«. Die Frage »Wie war Hitler möglich?« konnte nicht mehr gestellt werden als die Frage nach Aufstieg und Fall der historischen Figur Hitler, sondern weitete sich aus zu der Frage nach Deutschland und den Deutschen. Je ungeheuerlicher das historische Geschehen, das mit der Person Hitlers verbunden war, den Zeit- und Schicksalsgenossen erschien, um so irrelevanter mußte es für seine eigene Person sein. Unter dem Zwang der Denazifizierung verlagerte man so die Versuche einer Deutung des Phänomens auf die Ebene gesamtgeschichtlicher Zusammenhänge – was apologetisch ergiebiger und auf jeden Fall weniger ehrenrührig war. Deutsche Geschichte, ob nun von Luther, Friedrich dem Großen oder Bismarck an datiert, mußte jetzt zur Erklärung des Sieges der nationalsozialistischen Bewegung und ihres Führers über die Weimarer Republik herhalten; im übrigen konnte man es bei dem Psychopathen Schicklgruber lassen, den keiner ernstzunehmen brauchte.

So waren die ersten 20 Jahre des Hitlerverständnisses nach dem Zusammenbruch durch den unüberbrückbaren Abgrund gekennzeichnet, der zwischen einem überdimensionalen, mythischen und schlechterdings nicht zu bewältigenden Super-Hitler qua gesamtdeutschen Schicksal-und-was-nicht-alles und einem residualen anekdotischen Mini-Hitler klaffte – was um so unheimlicher wirkte, als soviel notorische und generell akzeptierte Minderwertigkeit in kein Verhältnis zu jenen welthistorischen Ereignissen gebracht werden konnte, die ihr zur Last gelegt werden mußten.

III

In den späten sechziger und den frühen siebziger Jahren kam nun eine Generation zum Zuge, die sich mit dieser schizophrenen Zweiteilung nicht mehr zufriedenzugeben brauchte, weil für sie Hitler und der Nationalsozialismus nicht mehr ein Problem der Denazifizierung oder, anders ausgedrückt, der Selbstrechtfertigung war. In aller Stille war die Epoche des Dritten Reiches und des Zweiten Weltkrieges inzwischen auch historiographisch so weit durchleuchtet worden, daß man dazu übergehen konnte, sich langsam für jenen Herrn, den man bisher tunlichst weg- oder überinterpretiert hatte, zu interessieren, das heißt, man begann nach dem Menschen Adolf Hitler zu fragen, wie er wirklich war.

Man kann, glaube ich, sagen, daß dieses Interesse ziemlich schlagartig mit der Veröffentlichung der Memoiren von Albert Speer einsetzte, der gewissermaßen aus dem Gefängnis, in das er als Erfüllungsgehilfe eines weltgeschichtlichen Verbrechers, als Mitverantwortlicher an einer nationalen Katastrophe, die die ganze Menschheit in Mitleidenschaft gezogen hatte, hineingeschickt worden war, nach 20 Jahren Haft denazifiziert herausspazierte, als nachdenklich-besinnlicher, ja liebenswürdiger Zeitgenosse und Augenzeuge – als »normaler« Mensch also. In seinem Gepäck brachte er auch einen ganz menschlichen Hitler mit oder, noch aufregender: einen Hitler als Menschen, auf den sich nicht nur die deutsche, sondern auch die Weltöffentlichkeit mit dem ganzen Appetit stürzte, den ihr die bis dahin gängigen hochmögenden, aber schlecht verdaulichen, vor allem unbefriedigenden gesamtgeschichtlichen Deutungsversuche und Mythisierungen hinterlassen hatten.

Der Bann war damit gebrochen. Es war fürderhin nicht mehr nötig, Hitler als unwiderstehliche überpersönliche Schicksalsmacht, als mysteriöse Inkarnation aller negativen Stränge der deutschen Geschichte zu sehen, um sich zu erklären, daß man seinem magischen Zauber erliegen mußte; oder aber ihn als minderwertiges Subjekt, als banale, unmoralische Unperson in Quarantäne zu halten – um zu erklären, daß es gar nicht der Mensch Hitler gewesen sein konnte, der die ungeheure Leistung des Dritten Reiches und des Zweiten Weltkrieges vollbracht hatte. Es trat in die Arena des öffentlichen Interesses eine erstaunlich komplexe, vielseitig talentierte, in vielem außergewöhnliche, ja geniale Persönlichkeit, die biographisch-analytisch so ergiebig war, daß man zunächst einmal darauf verzichten konnte, von ihr her die gesamte Geschichte der Deutschen zu interpretieren. Vielmehr erwies es sich als sinnvoll, diese Persönlichkeit und ihren Werdegang von der deutschen Geschichte her zu interpretieren – wie man das auch sonst mit den interessanteren Sujets biographischer Bemühungen tut.

Das tat in umfassender Weise Joachim Fest, der mit seiner Hitlerbiographie einen Wendepunkt markiert. Wie es sich für eine gute Biographie gehört, stellt sie die Person Adolf Hitlers in den historischen Kontext und sucht in der Beschreibung des Zusammenwirkens psychologischer und zeitgeschichtlicher Faktoren die Bedingungen der Möglichkeit der außerordentlichen Wirkung des Individuums aufzudecken, das zu einem politischen Phänomen ersten Ranges geworden ist. So verdienstvoll das Festsche Werk aber auch immer sein mag, so unbefriedigend ist es doch, und zwar aus eben dem Grunde, der sein Verdienst ausmacht. Ist es ihm zu danken, daß man die Figur Hitlers nunmehr mit den »Augen des Historikers« sehen kann, so zeigt es gleichzeitig, daß die Augen des Historikers nicht genügen, um das Geheimnis des Hitlerschen Wirkens zu erklären. Die klassischen Methoden der Historiographie und einer in ihren Dienst gestellten traditionellen Psychologie reichen dazu nicht aus. Fest ist bis an die äußerste Grenze des – nach gültigem positivistischem Standard – fachwissenschaftlich Vertretbaren gegangen. Der Fall Hitler aber liegt offenbar jenseits dieser Grenze. Die historische Fachwissenschaft ist da am Ende ihres Lateins.

Darf es also wundernehmen, wenn man in dem Bemühen, Hitlers Geheimnis näherzukommen, nach neuen Methoden Ausschau hielt, mit deren Hilfe man hoffen konnte, tiefer in die Zone des Unbegreiflichen, des Unerklärlich-Mysteriösen einzudringen? Methoden, die in demselben Maße über die Techniken der klassischen Historiographie hinausgehen, in dem das Phänomen Hitler den Rahmen der klassischen Geschichte sprengt; und die sich deswegen entwickeln konnten, weil sich Geschichte in einer Weise entwickelt hat, die die Produktion solcher Phänomene möglich machte? In erster Linie bot sich da natürlich jene hermeneutische Kunstlehre an, die gleichzeitig mit Hitler, unter denselben Ausgangsbedingungen, im selben historischen Augenblick wie er, im Wien der Jahrhundertwende entstanden ist: die Psychoanalyse.

Längst hat sich dieses Instrument anthropologischer Tiefen- und Kernforschung über ihren individualpsychologischen Ansatz hinaus entwickelt und differenziert und findet in einer Vielzahl von Varianten und Spezialdisziplinen – als Soziopsychoanalyse, Ethnopsychoanalyse oder Familienanalyse – ihre Anwendung auf den gesamten Bereich der geschichtlich-gesellschaftlichen Wirklichkeit. Wenn sie in Amerika oder in Frankreich – oft durch das Verdienst der von Hitler vertriebenen Emigranten! – sich ganz anders als in Deutschland entfalten konnte und dort über eine wissenschaftliche Autorität und Anerkennung verfügt, die ihr in unserem Lande noch versagt wird, so liegen die Gründe dafür vielleicht auf derselben Linie wie die fatale Borniertheit dem Phänomen Hitler gegenüber.

Ihre Anwendung auf einen im Grunde noch völlig unbekannten Hitler ergab sich um so selbstverständlicher, als man am anderen Ende, gewissermaßen, der Bemühungen, das Phänomen zu bewältigen, dort, wo man mit der Exposition geschichtlicher Großzusammenhänge auch nicht viel weiter kam, schon mit der Psychoanalyse der Deutschen begonnen hatte (man denke hier vor allem an die Arbeiten von Mitscherlich oder Kalow). Vom Standgericht der Parteien, das ihn in effigie zum Tode verurteilt und gehängt hatte, kam Adolf Hitler so recht unvermittelt auf die Couch des Analytikers.

IV

Es müssen nicht unbedingt Bücher über Hitler sein, wie das von Rudolph Binion und Robert C. C. Waite, die jetzt in der angelsächsischen Welt von sich reden machen und den Pionier der Hitlerhistoriographie Allan Bullock in der *New York Times Book Review* (typischerweise unter dem Titel *The Schicklgruber Story*) zu einer überaus skeptischen Stellungnahme herausgefordert haben (Mai 1977); rein psychiatrische Monographien, wie die aufregende Arbeit des (aus Amerika zurückgekehrten) Helm Stierlin *Hitler, Familienperspektiven* (jetzt in zweiter Auflage bei Suhrkamp) oder der große Exkurs von Gerard Mandel in seinem Buch *Revolte gegen den Vater* – oder auch eine Studie, wie die von Saul Friedländer über den *Antisemitisme Nazi* (Paris 1971), bereiten einer Schule kollektivpsychologischer Tiefenforschung den Weg, die man inzwischen – etwas irreführend – als »Psychohistorie« zu bezeichnen übereingekommen ist. Es sieht wirklich so aus, als wäre sie erfunden worden, um Hitler besser zu verstehen. Eine ihrer frühesten Leistungen war Wilhelm Reichs *Massenpsychologie des Faschismus*, 1930 erschienen; es ist seitdem nichts Besseres zum Thema gesagt worden! Eine wichtige Rolle in diesem Zusammenhang spielt zweifellos der Freudomarxismus, zu dessen Produkten ja auch Adornos amerikanische Studie *The Autoritarian Personality* gezählt werden muß. Sie ist ein Stück psychohistorischer Hitlerdeutung!

Für den psychohistorischen Ansatz werden begreiflicherweise jene Phasen von Hitlers Leben wichtig, die bisher – wozu er selber am meisten beigetragen hat – im dunkeln geblieben sind. Wir erfahren – was den Fachhistoriker so irritieren muß! – wenig neue Fakten, die wenigen bekannten Fakten aber erscheinen nunmehr in völlig neuem Licht; seine Kindheit und Jugend also – auch Hitler hatte Schwierigkeiten mit Vater, Mutter und Geschwistern –, vor allem aber jene Wiener und Münchner Jahre vor dem Ersten Weltkrieg! Wir sehen da einen künstlerischen, musikliebenden, jugendlichen Intellektuellen kleinbürgerlicher Herkunft, der sich in Schwabing mit den geistigen und politischen Problemen seiner Zeit auseinandersetzt – einer von vielen im Milieu einer künstlerisch-intellektuellen Subkultur, aber keineswegs so sehr anders als die vielen, die, berühmter als er, in diesen Jahren genauso wie er zwischen Wien und Berlin nach einer Alternative suchten zum Wilhelminischen Reich und zu seinem grotesken Herrscher einerseits und dem weniger aggressiven, in seinen sklerotischen Feudalstrukturen dahindämmernden Kakanien andererseits. Alle standen sie unter dem gewaltigen Druck einer repressiven patriarchalischen Gesellschafts- und Herrschaftsordnung (die als strukturelle Gewalt erfahren wurde), hatten einen »Vater« zu töten und suchten nach einem Zugang für ihren Abstieg in das Reich der Mütter – das unerhörte, subversive, irre Schwabing der »Kosmischen Runde«, das sich für den geistigen Nabel der Welt hielt, sicher aber für den Ort der Erneuerung des sich selbst entfremdeten abendländischen Geistes! Hier wirkten Männer wie Ott Gross, Ludwig Klages, Alfred Schuler, Stefan George mit ihren Schülern und Akolythen, die Hitler aller Wahrscheinlichkeit nach auch kannte. Zumindest kannte er ihre Theorien. Kannte er Freud? Die Lektüre von Le Bons *Massenpsychologie*, ein Bestseller der Zeit, führt ihn offenbar zu denselben Ergebnissen wie den Autor von *Massenpsychologie und Ichanalyse*. Er kannte natürlich H. St. Chamberlain und die Bayreuther Blätter. Er liebte die Wagnersche Musik, versäumte keine Aufführung, aber hinter der Musik muß ihn vor allem die Figur jenes wie er aus ganz kleinen Verhältnissen gekommenen genialen Künstlers fasziniert haben, der sich zum Präzeptor Germaniae und Erneuerer des Reiches aufzuschwingen vermocht hatte. Und natürlich partizipierte er in der antipreußischen Atmosphäre des Schwabinger »Simplizissimus« – nicht anders als ein Max Weber – an der hitzigen, empörten, neurotischen Auseinandersetzung mit der zentralen Figur dieser Zeit, »S. M.« (Kaiser Wilhelm). Ganz wie so viele andere muß auch er sich irgendwo für einen potentiellen »Gegenkaiser« gehalten haben – und so hat er dann später in seinem Stil, als Staatsmann, als Führer der Deutschen, den »populären Absolutismus«, der dem Kaiser irgendwie als moderne Herrschaftsform vorgeschwebt hat, zum Modell genommen –, nur daß er dann eben alles viel konsequenter und erfolgreicher gemacht hat ... Ist nicht überhaupt das »Dritte Reich« nur das Satyrspiel des Wilhelminischen? »Endlösung« und »Untergang« eine Nachgeburt des Schwabinger Hexensabbats, dessen Phantasmen damals auch den jungen Hitler durchzuckten – wie all die anderen auch?

V

Wir sind auf dem besten Wege, in den Bereich der »unverifizierbaren Spekulationen« zu geraten! Oder sollen wir sagen: der keineswegs abgesicherten Arbeitshypothesen, zu denen uns die Anwendung der analytischen Methode – nicht nur auf das Individuum Hitler, sondern auf das gesamte Feld seiner Wirksamkeit, letzten Endes auf die Gesamtheit seiner Zeitgenossen – verleitet? Die Schwierigkeit in der Handhabung dieser gewagten Interpretationstechnik liegt ja gerade darin, daß sie in jene Zone vorstoßen muß, in der das Unbewußte, individual- und kollektivpsychologisch, sein Unwesen treibt und in der man gehalten ist, Repräsentationen, Phantasmen, Verdrängungen, Umkehrungen und Assoziationen wichtiger zu nehmen als das, was, an der Oberfläche sichtbar, als Factum brutum positiv nachweisbar ist; wo das Nichtgesagte wichtiger ist als das Gesagte, wo das semantische Feld, der Assoziationsbereich eines Wortes, einer Geste, wichtiger ist als ihr offenbarer Gehalt. In der man auf Vermutungen angewiesen ist und die Glaubwürdigkeit einer Hypothese, ihre Brauchbarkeit, allein in der Evidenz liegen kann, mit der sie bisher Unverständliches im Consensus bonorum verständlich macht.

Man wird diese für einen Fachhistoriker noch inakzeptable Unwissenschaftlichkeit einer »Hermeneutik zweiten Grades« zunächst einmal in Kauf nehmen müssen. Man kann sich mit der Aussicht vertrösten, daß sich der menschliche Geist im Zuge der Zeit schon die nötigen Mittel schaffen wird, um höhere Grade der Gewißheit zu ermöglichen. Schließlich ist sich ja die Historiographie auch noch gar nicht so lange ihrer Methoden sicher. Wenn man sagen darf, daß der Historismus die Antwort auf die – zunächst durchaus unerklärbare – Französische Revolution war, der historische Materialismus die Antwort auf die industrielle Revolution, so ist die »Psychohistorie« vermutlich die Antwort auf die Probleme, die das heraufkommende Zeitalter der Massendemokratien stellt, zu dessen ersten revolutionären Manifestationen ja der Nationalsozialismus mitsamt seinem Führer gerechnet werden muß.

Die Widerstände gegen die »Psychohistorie« – wir deuteten

es schon an – sind auf dieselben Ursachen zurückzuführen wie die Blindheit der herrschenden Klassen gegenüber dem Phänomen Hitler. Positiv kann man sie freilich als Hinweis darauf deuten, daß die aufklärende Forschung sich hier durchaus auf dem richtigen Wege befindet. Eines steht fest: Wir sind mit Hitler noch lange nicht fertig! Die ernsthaften Versuche seiner Deutung haben überhaupt erst begonnen. Wir dürfen heute mit Genugtuung feststellen, daß wir aus der Phase der mythisierenden oder kriminalisierenden Über- oder Unterbewertung heraus sind. Forschungsgegenstand ist nun der »denazifizierte Hitler«.

Alfred Weber:
Der dritte oder der vierte Mensch

Dem Andenken Else Richthofens gewidmet

Nicht ohne Spannung, ja innere Erregung, nahm ich den schmalen Band zur Hand, den ich vor nun schon mehr als 20 Jahren zum ersten Mal gelesen habe. Gelesen? Als das Protokoll langer mündlicher Auslassungen überflogen, weil das, was sein Autor, der 1953, als das Buch erschien, noch lebte, der außergewöhnliche alte Herr in der Dachstube, Heidelberg, Bachstraße 24, zu sagen hatte, mir ohnehin vertraut war. So fasziniert ich seinen leidenschaftlichen Extemporationen im Privatissimum lauschte, so sehr litt ich unter seinem schlechten Stil. Jetzt, wo ich mir den Text einmal genau angesehen habe, komme ich aus dem Staunen nicht heraus. Das Buch ist noch viel interessanter, als es mir in Erinnerung geblieben war.

Es ist still geworden um Alfred Weber, es ist sogar schick, bei Erwähnung seines Namens, wenn man ihn überhaupt noch kennt, süffisant zu lächeln. Heidelberger Schule? Kultursoziologie? Das tun die jungen Damen und Herren heute mit einer Handbewegung ab. Dabei kann man nicht sagen, daß Alfred Weber bewußt vergessen wurde. Er geriet einfach aus dem Blickfeld einer skeptischen Generation heranwachsender Gesellschaftswissenschaftler, für die erkenntniskritische, methodologische und wissenschaftstheoretische Fragen in dem Maße an Bedeutung gewinnen mußten, in dem sie der Faszination, die von großen Konzeptionen ausgeht, zu mißtrauen gelernt hatten. Die Wiederentdeckung Max Webers und das Luxurieren der Frankfurter Schule sind dementsprechend charakteristisch für eine dogmatische Wissenschaftsfrömmigkeit, in der rabulistisch-talmudistische Textinterpretationen das Gefühl vermitteln, im Besitze der Wahrheit zu sein, weil sie von den Risiken des offenen Denkens dispensieren.

Um Alfred Weber zu folgen, genügt es nicht, ein Buch genau zu kennen, einen Autor, einen Jargon. Er setzt Bibliotheken voraus. Darin ist er der vielleicht letzte, durch ein biologisches Wunder in unsere Zeit hereinragende Repräsentant der bürgerlichen Geisteswissenschaften der imperialistischen Ära, in der sich europäische Daseinserhellung und Weltherrschaft in gewaltigen, die gesamte Geschichte der Menschheit umfassenden planetarischen Synthesen reflektierte. Alfred Weber gehört sicher in die Reihe derer, in denen der Hegelsche Geist – ein Denken in Jahrtausenden und Kontinenten, als dem ausgezeichneten Modus eines säkularen und säkularisierten Selbstverständnisses – zu voller Entfaltung kam. Seine »Kultursoziologie« steht, wie die Werke Saint-Simons, Auguste Comtes und Karl Marx', in dieser Tradition und gehört zum Genre der geschichtsphilosophischen Systeme, das inzwischen ebenso verfallen ist wie die europäische Weltherrschaft – und der große europäische Roman. Sein Universalismus ist ebensosehr ein später Abglanz der Universalität der deutschen Universitas des 19. Jahrhunderts, wie derjenige Toynbees eine letzte geistige Blüte des britischen Empires war.

Dabei ist Alfred Weber alles andere als ein Epigone. Das Erstaunliche an ihm liegt darin, daß dieser Nachzügler des 19. Jahrhunderts der Pionier eines neuen Denkens von atemberaubender Progressivität und Aktualität werden konnte, dem es gelang, die *nach*europäische, *nach*bürgerliche Welt mit derselben Unbefangenheit und vormärzlichen Menschheitsgläubigkeit zu deuten, mit der er die Vergangenheit der Menschheit gedeutet hatte – den das epochale Krisenbewußtsein nicht verdüsterte, sondern der unverzagt weiter nach dem Weg suchte, auf dem es weitergehen konnte. Das unterscheidet ihn besonders von Spengler.

So ist Alfred Weber als 80jähriger in einem Buch, wie dem, das wir hier in Erinnerung bringen, ein Vorläufer gewesen, was wir überhaupt erst heute richtig würdigen können, nachdem sich unter dem wachsenden Druck der Weltprobleme – Energiekrise, Überbevölkerung, Unterernährung, Ausweitung der Atomgefahr, Verschmutzung der Meere und der Atmosphäre, Ungleichgewicht der reichen und der armen Länder – der vorübergehend verlorengegangene Sinn für das Ganze der geschichtlich-gesellschaftlichen Wirklichkeit und der Bestimmung des Menschen in der Weltöffentlichkeit wieder Geltung zu schaffen begonnen hat, und sei es auch in der Charaktermaske neuartiger Spezialwissenschaften wie der Zukunftsforschung und der Ökologie.

Wenn Alfred Weber noch in der »Geschichte« wurzelte, so hat er doch den »Abschied von der bisherigen Geschichte« proklamiert, was natürlich heißt: Abschied von der europäischen Geschichtsphilosophie des 19. Jahrhunderts. Er ist damit in den Raum vorgestoßen, in dem das Verhältnis von Mensch und Erde in planetarischen Dimensionen zum Gegenstand einer »nuova scienza« werden mußte, die anthropologische, soziologische, ökonomische, demographische und ökologische Probleme als ebenso viele Aspekte der Art- und Erdgeschichte zu artikulieren versteht. Vielleicht war Alfred Weber der allererste, der als Einzelkämpfer, als bürgerlicher »Selbstdenker« das Menschheitsbewußtsein an die Schwelle begleitet hat, von der ab es fürderhin nurmehr von mit Computern arbeitenden interdisziplinären Teams weitergeführt werden kann. In seinem Denkansatz, in seiner Problemstellung, in seiner absoluten Offenheit, was die Methoden betrifft, in seiner Sorge um die Zukunft der Gattung – deren Überlebenschance er gering einschätzt –, steht er an derselben Stelle, wie der »Club of Rome«. Was ihn von diesem unterscheidet, ist, daß er unendlich viel mehr weiß.

Seine Ausgangsposition ist in aller Bescheidenheit die des »beobachtenden Soziologen«, dem es um die »Klärung der generellen soziologischen Rahmenbedingungen« geht, innerhalb derer sich die Fortentwicklung der Menschheit als Gattung vollzieht. Zu seinem methodischen Instrumentarium gehört die Distinktion von Sozialstruktur, Kultursphäre und Zivilisationsprozeß – drei Komponenten des »geschichtlichen Gesamts«, auf deren wechselseitiges Verhältnis und einzigartige Interrelation die aufeinanderfolgenden universalgeschichtlichen Epochen und die sie beherrschenden »Geschichtskörper« befragt werden müssen, die in ihrer jeweiligen Ausformung eine je spezifische Variante der Spezies »Mensch« produzieren.

So ist vom »ersten«, »zweiten« und »dritten« Menschen die Rede. Kontinuität und Einheit der Menschheitsentwicklung wird quer zu den verschiedenen Geschichtskörpern durch den Zivilisationsprozeß gestiftet. Es ist das frühe Verdienst Alfred Webers gewesen, diesen Prozeß als den Parameter einer progressiven und letzten Endes nicht umkehrbaren szientistisch-technologischen Daseinserhellung und -bewältigung identifiziert zu haben, an dem sich die Veränderung der Gattung nicht nur in ihren historischen Erscheinungen, sondern als artgeschichtliche, anthropologische Transformation ablesen läßt.

Die »chaotischen Krisenerscheinungen«, von denen wir heute umgeben sind, lassen erkennen, daß dieser Umwandlungsprozeß nunmehr in eine Phase eingetreten ist, aus der die Gattung Mensch – wenn sie überhaupt physisch überlebt – als etwas total Neues und anderes, allen Anzeichen nach, für das tradierte Selbstverständnis wenigstens, Entsetzliches, Unmenschliches hervorzugehen droht. Dieses Unheil, das da heraufzieht, dieses Ungeheuer, das sich überall ankündigt, in uns und um uns, bezeichnet Alfred Weber ganz unpathetisch mit dem mageren Terminus technicus: der »vierte Mensch«.

Der »dritte Mensch«, das braucht wohl kaum gesagt zu werden, ist der geschichtliche Mensch der Neuzeit, der »homo europeensis« – ein fragiles Produkt der letzten, äußerst kurzen Evolutionsphase der Menschheit. Dieser Menschentyp, der einen um die Idee der Freiheit und der Menschlichkeit integrierten ich- und persönlichkeitsbezogenen Daseinsmodus herausgebildet hat, stellt vielleicht einen Höhepunkt menschlicher Selbstentfaltung dar; es ist ihm aber nicht gelungen, die seinen Bedürfnissen adäquaten Sozialstrukturen zu stabilisieren, vielmehr hat er, als letzter Agent des Zivilisationsprozesses, Automatismen in Gang gesetzt, die nicht nur seine Weiterexistenz, sondern auch das Fortbestehen seiner Lebensbasis aufs äußerste in Frage stellen.

Von Fortschritt ist nicht mehr die Rede. Was wir erleben, ist das Gegenteil: die Ausbildung und Verhärtung neuartiger Sozialstrukturen, in denen die technologischen Errungenschaften des Zivilisationsprozesses mit den in sie eingebundenen Individuen Verbindungen eingehen, die ihre psychische und geistige Desintegration zur Folge haben. Weber spricht von der »Gesamtverapparatung«, die den Menschen erfaßt und ihn im Extremfall zum »Roboter einer bürokratisch-autokratischen Terrormaschine« macht. Die amerikanischen Analysen des »organisation man«, nicht weniger als die Fehlentwicklung der sozialistischen Revolution in Rußland, für die ein Solschenizyn die letzten Belege geliefert hat, führen uns vor Augen, wohin die Aufspaltungstendenzen führen. Aber wir erleben auch in Europa in unzähligen Einzelsymptomen die Heraufkunft des »vierten Menschen«!

Webers kultursoziologische Deutungsversuche dieses Phänomens gehen weiter und schürfen tiefer als alles, was eine larmoyante Zeitkritik bisher darüber zu sagen gewußt hat. Er versucht den Prozeß der Regression, des Zerfalls des »dritten« Menschen, an seiner anthropologischen Wurzel zu fassen. Im Zentrum seiner Überlegungen steht darum eine ebenso offene wie radikale Anthropologie, die sich gleichermaßen frei zu halten sucht von theologischen und philosophischen Dogmen (besonders denen, die säkularisierte Theologie sind) wie von den rein biologisch-zoologischen, um zunächst einmal Aufschluß über die prinzipielle Wandelbarkeit und Plastizität des Menschen als gesellschaftlichem Wesen – die durchaus variable Fixierung der Spezies auf bestimmte, nicht nur historische, sondern auch psychosomatische Typen – zu suchen.

Dabei scheut er sich nicht, auf dem Boden eines dezidiert diesseits fundierten Daseinsverständnisses, die unmittelbare Erfahrung nach Wesen und Wirksamkeit von »hinter den Phänomenen wirkenden Mächten« zu befragen, deren prägende Kraft in der Kultursphäre vielleicht ihren deutlichsten Ausdruck findet, ohne die aber – und das zu sehen und zu sagen ist sicher Alfred Webers größtes Verdienst – kein Aspekt der Menschheitsgeschichte verstanden werden kann. Nur unter Einbeziehung dieser »Mächte« in das Blickfeld des »beobachtenden Soziologen« scheint es ihm möglich, den Transformationsprozeß, dessen Zeuge wir sind, vollständig zu erfassen, unsere Position darin zu bestimmen und unser Handeln zu einem sinnvollen zu machen.

Um diese numinosen Kräfte zu bezeichnen, die wir als »Werte« erleben und die allen unseren Vorstellungen – vom Guten und vom Bösen, vom Schönen und Häßlichen, vom Niedrigen und vom Erhabenen – zugrunde liegen: die allem, was besteht, in der Natur, zu der auch der Mensch mit seiner Geschichte gehört, seine spezifische Bedeutung verleihen, hat Weber keinen besseren Begriff gefunden, als den der »immanenten Transzendenz«. Ein terminologisches Unding, gewiß, aber es zeugt von der Zurückhaltung und intellektuellen Redlichkeit dessen, der sich seiner in seinen Versuchen, das Undenkbare zu denken, bedient. Der Kampf des »dritten« und »vierten« Menschen ist ihm schließlich ein Kampf dieser Mächte in uns.

Weber sucht nach Kriterien, um das Wirken der Mächte »hinter dem Wirken der Menschen« zu deuten, um es uns möglich zu machen, für diejenigen zu optieren, die unser »Überleben« bewirken könnten. »Die positiv erfahrenen Mächte sind universalisierend und dadurch befreiend. Sie fügen uns in eine Weite und erlösen und befreien uns damit von dem Eingesperrtsein in unsere subjektive Enge. Die negativen aber sind partikularisierend. Sie verengen oder isolieren uns, sie haben in dieser Verengung und Isolierung den Effekt, sofern sie praktisch wesentliche Mächte sind, unsere Anlagen der Gewalt, des Hasses und der Zerstörung zu wecken.«

Es geht also um die Klärung der »grundsätzlichen Verbindung zwischen unserem Aufgebautsein aus in der Lagerung variablen Anlagekomplexen und diesen Mächten«, »die außer uns inkorporiert und zugleich als Anlagemächte in uns existent und wirklich sind und die höchst aktiv aus sich selber sind und fortgesetzte Entscheidungen fordern«. Aber »dies nur als ein allgemeines Schema, ohne daß ich schon jetzt und hier der außerordentlichen Verzweigtheit dieser in absichtlicher Vereinfachung zunächst einmal ins Bewußtsein gehobenen Phänomenwelt nachgehe«. Pianissimo. Versuchsweise: »Man lügt für die Gesamtstrukturbetrachtung der Geschichte nicht völlig, wenn man sagt, die Außenstrukturierung sei heute zu einer Funktion der Innenstrukturierung geworden.«

Wenn man näher hinschaut, wird man erkennen, daß die Analysen des »beobachtenden Soziologen« hier an jene Grenze stoßen, an der jede Kulturtheorie ihre Probe bestehen muß – die Grenze, an der die Unterscheidung von Innen und Außen entfällt. Jede Gewißheit hört auf, und Arbeitshypothesen werden leicht zu Mythologemen, deren Evidenz kein Syllogismus mehr erweisen kann, sondern nur subjektive, nicht falsifizierbare Erfahrung, die in der Geschichte der Mythen und in den Chiffren der Kunst ihren einzigen und letzten Legitimationsgrund findet. Alfred Weber steht hier an derselben Schwelle, an der Sigmund Freud (derjenige seiner Altersgenossen, mit dem er in seiner anthropologischen Tiefenforschung vielleicht mehr gemein hat als mit irgendeinem anderen) seine Versuche, die Trieblehre zu einer Kulturphilosophie auszubauen, abgebrochen hat. Was beide gleichermaßen auszeichnet, ist der Mut, die Radikalität und die völlige Unvoreingenommenheit ihres Denkens.

Alfred Weber ist total undogmatisch, eklektisch, synkretistisch – wenn man will: unwissenschaftlich. Ihm fehlt die harte, militant aggressive »preußische« Rationalität seines Bruders. Diese »Sanftheit« ist seine Stärke. Und das erklärt auch seine Sprache, die nicht der inneren Logik und terminologischen Stringenz eines »Discours« folgt, der sich immer schon auf ein System bezieht, sondern die Hilflosigkeit und Demut eines unsystematischen Sichherantastens ans Unbekannte hat. Er ringt mit den Worten. Er verzichtet auf jede Sprachmagie, auf den trügerischen Reiz der brillanten Formulierung, des suggestiven Paradoxons, des dialektischen Kalauers. Es fehlt bei ihm jeder Anspruch auf sprachliche Perfektion, er sucht nicht den Leser zu überrumpeln, sondern in den Strudel eines Denkprozesses hineinzureißen, er will ihm nie definitive Ergebnisse vorlegen, sondern ihn an einem Lernprozeß, an einer Exploration, teilnehmen lassen.

Sein Stil ist das Gegenteil von »Jargon«. Den Naphtas und Settembrinis gegenüber ist er ein rechter Peeperkorn. So schert er sich den Teufel um das Verdikt Wittgensteins, demzufolge man über das, worüber man nicht sprechen kann, zu schweigen hat. Gerade das, und er wäre durchaus bereit, es als das »Mystische« zu qualifizieren, interessiert ihn. Gerade darauf, was unsere Sprache uns versagt, auf das Unsagbare (und darum nicht weniger Existierende) kommt es ihm an.

Trotzdem will Alfred Weber durchaus praxisbezogen sein. Der »vierte Mensch« ist eine Gefahr, aber keine Fatalität. Weber glaubt, daß es möglich ist, die Kulturerrungenschaften des »dritten Menschen«, so prekär sie auch immer sein mögen, in eine neue Ära hinüberzuretten. Voraussetzung dazu ist allerdings ein klares Bewußtsein der Lage, in der wir uns befinden. Was uns daran hindert, dieses Bewußtsein zu gewinnen, ist nicht die Kühnheit spekulativen, intuitiven Denkens, sondern ein dogmatischer Begriff von Wissenschaft.

»Das muß man sehen: die Gefährdung auf der einen und die Rettungsmöglichkeiten auf der anderen Seite. Die Gefährdung auf der einen Seite: niemand, auch der auf höchster autoritärer Warte Stehende, darf, sich in Dogmen hüllend, an dieser Situation vorbeisehen und Verhaltensregeln geben, als ob die Gefahr nicht bestünde, daß die Menschheit durch weiter fortschreitende Vermehrung in den Zustand von einander auffressender Heuschreckenschwärmen hineingerät. Niemand darf sich hiergegen blind stellen und seine Autorität dazu mißbrauchen, die Abkehr von diesem Wege zu verhindern.«

Wir müssen den Prozeß der Desintegrierung aufhalten! Der Spaltung und inneren Auflösung sind besonders die mit der Gesamtverapparatung und Bürokratisierung entstandenen halbintellektuellen Mittelschichten ausgeliefert, die Funktionäre und Angestellten, alle, die man heute zum tertiären Sektor zählt, der auch ständig weiter anschwillt. Nicht nur von ihren seltsamen, praxisfernen Arbeitsbedingungen, gerade auch von ihren nichtbewältigten Freizeitmöglichkeiten her erscheinen sie als gefährdet. Die Arbeiterschaft hingegen hielt Alfred Weber für durchaus resistent und für positive geistige Impulse aufgeschlossen.

Nach dem Zweiten Weltkrieg hat er das politische Engagement nicht gescheut, sondern gesucht. Er wurde Mitglied der Sozialdemokratischen Partei, wo er natürlich in den Schumacherschen Zeiten ein Außenseiter bleiben mußte. Doch gehört er zu den ersten, die das Konzept eines freiheitlichen Sozialismus, eines »Sozialismus mit menschlichem Antlitz«, zu formulieren unternahm. Er hat die Wendung zum Godesberger Programm mit vorbereiten helfen. Seine Übung war – bis zu seinem Tode – am schwarzen Brett angekündigt unter dem Titel: »Sozialismus und Demokratie«.

Alfred Webers Buch *Der dritte oder vierte Mensch* ist erstaunlich wirklichkeitsbezogen und visionär zugleich. Es ist sein vielleicht bestes, sein kürzestes, sein klarstes Buch. Im Grunde ein Manifest, ein Appell, ein Testament. Wenn eine derartige Bezeichnung noch einen Sinn haben sollte – und der Attitüde des Kulturpessimismus gegenüber, die unter bürgerlichen Zeitkritikern sonst de rigueur ist, hat sie das vielleicht –, wäre zu sagen, daß Alfred Weber immer ein Optimist war. Er gehörte nicht zu denen, die aus der Verachtung der Menschen ihre Stärke ziehen; in ihrer Gefährdung liebte er sie. Immer ist er auf dem langen Marsch in das Gelobte Land geblieben. »Tritt man, von der Not gezwungen, endlich aus dem bisherigen bloß naturhaften Verhältnis zwischen Mensch und Erde hinaus in ein rational überlegtes und geformtes, das wilden Expansionstrieben die Zügel anlegt, so wird sich das über die gesamte Daseinssphäre hin auswirken und sie dem Wesen nach verändern. Es werden sich ein anderes seelisches und geistiges Klima und ganz neue und andere Daseinsmöglichkeiten einstellen.«

Ich bin mir sehr wohl bewußt, daß es Leute im heutigen Wissenschaftsestablishment gibt, die in Alfred Weber nicht mehr sehen können als einen spätbürgerlichen professoralen Spinner. In einem Augenblick aber, in dem man in Frankreich daran geht, den »maîtres de pensées«, deren Gesellschaftsanalysen das Denken der europäischen Intelligenzija heute weitgehend beherrschen, den Prozeß zu machen – schließlich und endlich geht es ja nur wieder einmal darum, die Gültigkeit des Marxismus als letztes Wort der Menschheit über ihre Weiterentwicklung in Frage zu stellen –, ist es vielleicht geraten, Denkanstöße wieder aufzunehmen, die, wie diejenigen Alfred Webers, einen antiquierten Marxismus längst hinter sich gelassen haben.

Ich könnte mir durchaus vorstellen, daß, sagen wir einmal in

20 Jahren, wenn kaum noch ein Mensch weiß, wer Adorno war, die Stunde gekommen sein wird, in der Alfred Weber in seinen wahren Dimensionen, als weiser Seher, gewürdigt werden wird, der an der Schwelle des neuen Äons als erster das tellurische Kraftfeld der Transformation des Menschen für die Zukunft vermessen hat. Max Weber, wird man fragen, wer war das? Ach ja, der ältere Bruder von Alfred.

Carl Schmitts Endspiel: Der Partisan

Man kann sagen, daß Carl Schmitt der letzte dezidierte Vertreter des Ordnungsdenkens des patriarchalischen Zeitalters gewesen ist, der das Heraufkommen des Matriarchats vergeblich und verzweifelt abzuwehren versuchte. Einmal in der traditionellen Form der »Selbsterzeugung des Mannes«; als Abwehrstrategie gegen das Weibliche. Dann in der Form der Beschwörung – einem Versuch, die Dimension des Weiblichen in seine Theoriebildung einzubeziehen.

So war er in einer ersten Phase seiner theoretisch-wissenschaftlichen Arbeit der Panegyriker der kontinentaleuropäischen Staatsidee, in ihrer reinsten, absolutesten, virilsten Ausprägung – bis an die äußersten Grenzen paranoider Machtfixiertheit. Er war der Anwalt der Gewalt. Er stand mit beiden Füßen auf dem Land.

In einer zweiten Phase versucht er, in einer poststaatlichen Weltordnung zu denken, die sich – wie wir meinen – an den Erfahrungen und Erfolgen der englischen Seeherrschaft orientiert, in dem matriarchalische Kräfte wirksam waren. Er hatte zu verstehen gelernt, wo die wirkliche Macht lag. Sein neuer Horizont war das Meer. »Eine Weltherrschaft, die auf einer vom Lande sich abtrennenden maritimen Existenz errichtet ist, und die Ozeane der Welt umfaßt, das ist dasselbe wie Zivilisation und Menschlichkeit – es ist der Friede und das Völkerrecht selbst!«

Aber seine Absage an den Staat und die Einwendung zu einem neuen Nomos der Erde, einer ozeanischen Weltordnung, in der »eine Mehrzahl von Großräumen ... in sich selbst und untereinander vernünftig ausbalanciert ist«, führten nicht zu einer echten Konversion des Theoretikers der patriarchalischen Ordnung zu einem bewußten Vertreter jener »anderen Reiche«, in denen das Zeitalter des Matriarchats heraufziehen würde.

Was ihn daran hinderte, den entscheidenden Schritt zu tun, hat er in seinem späten Hamletbuch (*Hamlet und Hekuba*) dem, der ihn verstehen wollte, gesagt: Das »Tabu« der Könige. Er hat es genannt und berührt – aber nicht verletzt. Gewiß hat er »die Kaiserin traumhaft gewahrt«, wie es der Freund seiner Jugend, Theodor Däubler, in seinem Nordlichtepos verheißen hatte – eine Botschaft, von der er damals nichts wissen wollte; aber es war ihm nicht vergönnt, ins »Bett der Kaiserin« zu gelangen – sich jenen phantasmatischen Regressions– und Erlösungswunsch zu erfüllen, den er, in dem für sein Leben so aufschlußreichen kleinen Essay *Zwei Gräber* (*Ex captivitate Salus*, 1950, S. 43), dem Selbstmörder Kleist unterstellt hat.

Derlei für einen Staats- und Völkerrechtslehrer eher ungewöhnliche Referenzen und Korrespondenzen gehören in die dritte Phase der Schmittschen Biographie – in der er über sein merkwürdiges Tun nachgedacht, meditiert und spekuliert hat.

Auch diese letzte Lebensphase – bei weitem die längste – stand ganz im Zeichen einer ambivalenten Haltung dem »Tabu« gegenüber. Doch ist seine Theoriebildung jetzt nicht mehr militant, aggressiv oder auch massiv-suggestiv, sondern sie bekommt etwas Spielerisches. Seine Mythologeme haben jetzt etwas Parodistisch-Ironisches, und auch die fast zu einer Manie werdenden Plädoyers zu seiner Selbstrechtfertigung verlieren zunehmend das Pathos, das sie nach dem Zusammenbruch des Zweiten Weltkriegs noch auszeichnete. Immer mehr schimmert Selbstironie durch, etwas Humorvoll-Abgeklärtes, etwas Verschmitztes, das, was Heidegger das »Kunzige« nennen würde.

Aber auch der 80jährige hält an seiner Grundüberzeugung fest, nicht mehr ganz so dogmatisch, eher mit einer gewissen Ratlosigkeit; er kann mit dem Frieden nichts anfangen. Frieden und Politik sind einander ausschließende Größen. Wo

Friede herrscht, gibt es keine Politik mehr. »Das Kriterium des Politischen«, erinnert er sich in einem Rundfunkgespräch mit Joachim Schickel 1970, »ist die Unterscheidung von Freund und Feind«, fügt jetzt aber – etwas resigniert – ironisch hinzu, als ob es vielleicht doch nicht der Weisheit letzter Schluß sei: »Wenn wir bei der hundertprozentigen, unreflektierten Freundschaft an sich bleiben, dann hätten wir auch im Paradies bleiben können, oder in der matriarchalischen Urgesellschaft.« Damit spricht er aus, was es mit der berühmten Formel auf sich hat. Es ist eine Kampfparole, eine Drohung, hinter der sich die Angst verbirgt, es könne mit einer Welt zu Ende gehen, in der die Männer das Sagen haben.

Ja, das Wort »Frieden« fällt ins semantische Umfeld des Matriarchats. Die Skotomisierung jeder Friedensvorstellung, die Weigerung, sich mit einer solchen Möglichkeit überhaupt zu beschäftigen, gehört zu den von den Männern geforderten Verdrängungsleistungen, die aus ihnen erst »richtige« Männer macht, gehört zur Unterdrückung des Weiblichen, des Geschlechtlich-Sinnlichen, auch in sich, gehört zur Taburespektierung. Die Negierung des Friedens, weil Kampf das Schicksal der Römerwelt ist, ist die Wahrheit der Distinktion von Freund und Feind als Kriterium des »Politischen«.

Was aber bedeutet das in einem Zeitalter, in dem die kriegerische Weltordnung die Staaten zerstört, die friedliche der Großräume aber alles andere als etabliert ist? Wo laufen da die Fronten? Wo ist da Freund? Wo Feind? Die alte staatliche Ordnung mit ihrer klaren Trennung von Innen und Außen war aufgeweicht, die pluralistische Großraumordnung von Gegensätzen zerrissen, die nicht mehr klaren Grenzlinien folgten. Es ist eine Ära chaotischen Übergangs, wenn nicht überhaupt, als Dauerzustand, ein Zustand genereller Anarchie, den man schlecht und recht als »Weltbürgerkrieg« bezeichnen könnte.

In dieser Lage nun vollzieht sich für Carl Schmitt eine seltsame Wandlung. Die alte Polarität von Soldat und Bürger, Staat und Nichtstaat, die auch eine von Land und Meer war – und hinter der in letzter Instanz die Polarität »Männlich«–»Weiblich« steht – erfährt eine doppelte Umkehrung. Der positive Akzent verschiebt sich vom Ordnungsprinzip Staat auf die

Bürgerkriegsseite Anarchie. Das geht aber nicht zusammen mit einer Option für das Meer gegen das Land, wie man denken möchte. Vielmehr wird im selben Moment, in dem die Anarchie eine positive Bewertung findet, die Vision der »neuen Reiche«, die in der planetarischen Großraumordnung realisiert werden könnte, vom Meer auf das Land zurückgenommen. Bei aller Begeisterung für große Räume und Meere war Carl Schmitt immer der Erde »treu« geblieben. »Der Mensch ist ein ›Landtreter‹« (LM,). Die universalistischen, ortlosen Räume waren ihm bei aller theoretischen Anerkennung nie so recht geheuer. Im Grunde schien es ihm unmöglich, eine dauerhafte Ordnung ohne eine terrane Basis zu konstituieren. »Das Meer kennt keine ... sinnfällige Einheit von Raum und Recht, von Ordnung und Ortung« (*Nomos,* S. 13).

Dem Individuum wird indessen nicht mehr empfohlen, sich präzisen Ordnungsvorstellungen und deren Autoritäten zu unterwerfen, sondern sich auf einen Status einzurichten, der das Überleben sichert. Der »Anarchismus« erscheint nun als die einzige Philosophie, die dem einzelnen in der chaotischen Welt des »Weltbürgerkrieges« eine Überlebenstechnik an die Hand gibt. Er ist die einzige Überlebenschance des in seiner Existenz gefährdeten Menschen.

Das sind neue Töne. Wir vernehmen sie auch beim alten Ernst Jünger. Die geistige Frontlinie läuft jetzt nicht mehr zwischen Ordnung und Anarchie, sondern zwischen Anarchie und Nihilismus, wobei dieser verstanden wird als die letzte radikale Negation des »Menschlichen«, als die Gefahr der Vernichtung des Menschen, als das Ergebnis der von ihm in Gang gesetzten Mechanismen und Automatismen (zu denen auch der Staat in seiner modernen Ausformung gehört).

Bei der Rückkehr zum Lande haben wir es, wie bei der Umkehrung der Austrocknungskatastrophe in die Sintflut, mit einem Bedeutungswandel der Symbolik zu tun: eine Umkehrung der Muttersymbolik von der Äquation »la mer = la mère« (Meer – Mutter) in die Äquation »la terre = la mère« (Erde – Mutter). Die »Erde«, die jetzt in der Spätphase Carl Schmitts eine entscheidende Rolle spielt, ist nicht das Terrain staatlicher Konstruktionen, sondern ein mythischer Boden, ein »Element«. Sie ist auch sprachlich nicht einfach *terran*, sondern *tellurisch*. Es ist die »Mutter Erde«, und auf sie werden jetzt jene Regressionswünsche übertragen, die zunächst eine Hinwendung zum Meer bewirkt hatten.

S. Ferrenczi hat in seinem *Versuch einer Genitaltheorie* (1924) als den Urimpuls der (männlichen) Sexualität den Drang identifiziert, in die feuchte Wärme des Mutterleibs zurückzukehren. Er nannte das den »talassalen Regressionszug«. Seine Theorie macht verständlich, warum auf der Ebene der Repräsentationen das Meer als Symbol für die Mutter erscheinen kann. Der »Mutterleib« kann aber auf dieser Ebene ebensogut als der Leib der Mutter Erde phantasiert werden. Wenn auf der äquatischen Ebene das angestrebte Ziel ist, sich »wie ein Fisch im Wasser zu fühlen«, so ist es auf der terranen das herrliche Gefühl, »in ein Erdloch zu schlüpfen«. Wie sehr diese beiden Ebenen bis zur Identität der Bilder sich übereinander schichten können, weiß jeder, der sich etwas mit dieser Frage beschäftigt hat. Das Lexikon des Unbewußten ist nicht nur polyglott, sondern auch polyvalent.

Das ist das »Erdloch«, in dem der Partisan Schutz findet – diejenige welthistorische Figur, in die Carl Schmitt jetzt seine letzten Hoffnungen in eine Überlebenschance des Menschen investiert. Indem er den tellurisch-terranen Charakter des Partisanen herausarbeitet, bietet uns Carl Schmitt eine neue Überraschung in der Wahl der von ihm berufenen Meisterdenker. Nach De Meistre und Donoso Cortez ist seine höchste Autorität jetzt Mao Tsetung, hinter dessen Partisanentheorie eine schmiegsame Ying-Yang-Philosophie steht. »Weich ist stärker als Hart«, bekennt Carl Schmitt jetzt ohne Scheu (Gespräch mit Joachim Schickel).

Da sitzt er nun also, der »Mann«, der »hart« sein mußte, der stolze Soldat, der einstmals seinen Gott, seinen König und seinen Staat mit dem Säbel verteidigen mußte, zum irregulären Einzelkämpfer degradiert, angehalten, sich gegen alles, was sich als regulärer Staat und reguläre Armee aufspielt, »tout azimut« zu wehren, da hockt er in seinem Schützenloch und »erwartet eine neue Welt mit einem neuen Menschen« (*Partisan,* S. 80).

Das ist das Szenario des »Endspiels«. Der letzte Hegelianer ist ein Maoist, der letzte Preuße ist ein Partisan. (Carl Schmitt legt ausgesprochen Wert auf die Feststellung, daß die moderne Partisanentheorie der Scharnhorst-Gneisenau-Clausewitz von keinem anderen Punkt als von Preußen aus hätte gemacht werden können.)

Der Rückzug Carl Schmitts in das Schützenloch des Partisanen hat eine verzweifelte Ähnlichkeit mit der Regression Bekkettscher Figuren in die Mülltonne und in den Sandhaufen. Da sitzen sie, an Gott und der Welt verzweifelt, und erwarten den »Atomtod«, dem sie auch zu entkommen hoffen. Um sich die Zeit zu vertreiben, machen sie allerhand dadaistischen Ulk: »Es ist nicht mehr möglich, eine politische Theorie sozusagen ab ovo neu zu konstruieren, es gibt überhaupt kein ovum in einem alten oder erneuerbaren Sinne mehr; es gibt nur noch ein novum; alle Enttheologisierungen, Entpolitisierungen, Entjuridifizierungen, Entideologisierungen, Enthistorisierungen und weiteren Serien von Ent-Entungen in Richtung auf eine tabula rasa selbst, die mitsamt der tabula entfällt; die neue, rein weltlich-menschliche Wissenschaft ist ein unaufhörlicher Prozeß-Progreß einer durch unaufhörliche menschliche Neugierde weitergetriebenen, nichts-als-weltlich-menschliche Erkenntnis-Erweiterungen und Erkenntnis-Erneuerungen« (*Politische Theologie II*). Und weiter: »Der in diesem Prozeß sich selbst neu produzierende Mensch ist kein neuer Adam, auch kein Prae-Adamit, noch weniger ein neuer Christus-Adam. Der Prozeß-Progreß produziert nicht nur sich selbst und den Neuen Menschen, sondern auch die Bedingungen der Möglichkeit seiner eigenen Neuheits-Erneuerungen; das bedeutet das Gegenteil einer Schöpfung aus dem Nichts, nämlich die Schöpfung des Nichts als der Bedingung der Möglichkeit der Selbstschöpfung einer stets neuen Wirklichkeit.« Das ist die »Partisanenweisheit« des greisen Carl Schmitt, mit der er in seinem Buch *Politische Theologie II* seine Schüler, die immer noch brav seine *Politische Theologie I* nachbeten, verunsichert oder an der Nase herumführt. Hier treibt ein später Neo-Anarchist in der ad-absurdum-Führung seiner eigenen Demonstrationen einer politischen Theologie einen makabren Schabernack. Auch dieser Zug gehörte zur Plettenberg-Idylle. Da nahm das »Buribunkische« aus der Frühzeit überhand.

Der greise Carl Schmitt war zurückgekehrt zu seinen Anfängen im Umkreis Däublers und Dadas.

Hinter all seinen Theorien ist sein Thema die historisch unbewältigte Zweigeschlechtlichkeit des Menschen. Wenn je ein Neuer Mensch aus dem Erdloch des Partisanen hervorkriechen wird, so ist es der Androgyn.

Statt eines Nachwortes:
Vom Historismus zur Psychoanalyse

Standortbestimmung 1968

Man kann nicht sagen, daß es in den letzten Jahren an kritischen Büchern über Deutschland und die Deutschen gemangelt hat. Im Gegenteil, wer immer auf sich hält, muß seinen Beitrag zur Klärung der »Deutschen Frage« geliefert haben.

So hart und unerbittlich es dabei auch manchmal hergehen mag, so sehr eine leicht masochistische Note nicht zu leugnen ist – es wäre grundfalsch, dieser unermüdlichen Anstrengung der Deutschen um ein angemessenes Selbstverständnis eine autodestruktive Tendenz zu unterstellen. Sie ist vielmehr ein Zeichen geistiger Vitalität und darf uns – angesichts der Tatsache, daß auf vielen Gebieten der »Deutsche Geist« abgedankt zu haben scheint – zur Beruhigung gereichen. Von Goethe und Heine über Marx und Nietzsche bis zu Thomas Mann und Karl Jaspers ist die Tradition der deutschen Selbstkritik ja vielleicht überhaupt die einzige geistige Tradition, auf die die Deutschen uneingeschränkt stolz sein dürfen. Sie ist es auf jeden Fall, die eine perplexe Umwelt immer wieder mit ihnen versöhnt hat. Es ist ihr freilich bislang nicht gelungen, die Deutschen mit sich selber zu versöhnen.

Während der letzten 20 Jahre stand die deutsche Selbstkritik verständlicherweise ganz im Banne der Frage: *Wie war Hitler möglich?* Und alle Bemühungen konzentrierten sich auf die Deutung dieses Phänomens. Die Hitlerepisode erschien als der Höhepunkt der deutschen Selbstentfremdung, und alles, was vorher lag, wurde zur Vorgeschichte, die notwendig und unausweichlich in dieses Ergebnis münden mußte. Der Versuch, Hitler zu verstehen, wurde somit zu einem Unternehmen, die Deutsche Geschichte besser zu verstehen.

Nun hat sich, so scheint mir, in der jüngsten Zeit eine interessante Wendung vollzogen. Das Selbstverständnis der Deutschen emanzipiert sich von der Geschichte. Die Faszination der großen nationalen Fehlleistung verblaßt vor der Notwendigkeit, sich den Aufgaben der Zukunft zu stellen. Die Kritik der unmittelbaren Gegenwart wird wichtiger als die »Bewältigung der Vergangenheit«.

Ausgangspunkt dieser Überlegungen ist dabei gar nicht mehr ein spezifisch deutsches Phänomen – sondern man beginnt, im deutschen Milieu die Umrisse eines viel umfassenderen, weltweiteren Geschehens zu entziffern, für das es erst seit verhältnismäßig kurzer Zeit einen Namen gibt: das Phänomen der Weltindustriegesellschaft. Die deutsche Nachkriegszeit erscheint dadurch in einem ganz neuen Licht: Der entscheidende historische Einschnitt liegt nicht mehr bei 1945, sondern bei 1933.

Der äußere und innere Zwang, während der ersten Jahre nach dem letzten Krieg den Bonner Staat als positive Alternative zum Hitlerschen zu verstehen, hatte ebensosehr dazu beigetragen, den Blick auf die eigentliche Problematik zu verstellen, wie die Prädominanz einer Generation von überlebenden Greisen, die im Historismus des 19. Jahrhunderts wurzelten (Meinecke, Ritter, Alfred Weber). Erst als das Unbehagen an den gesellschaftlichen Zuständen der Nachkriegsära zu Analysen führte, die nicht mehr historisch waren, dämmerte die Einsicht, daß die Naziperiode vielleicht mehr mit der Bundesrepublik gemein haben könnte als mit Weimar. Und als man schließlich begann, beide – Gegenwart und Hitlervergangenheit – unter die neue Thematik der fortgeschrittenen Industriegesellschaft zu subsumieren, erfolgte der Durchbruch zu des Rätsels Lösung. Die Entschlüsselung des Phänomens Hitler wurde unternommen aus der Zeit, die ihm folgte, nicht der, die ihm vorausging.

Die Deutschlandkritik veränderte damit ihren Charakter. Aus einer innerdeutschen, im Grunde provinziellen Angelegenheit wurde ein interessanter Beitrag zur weltweiten Diskussion der Menschheit über ihre zukünftige Gesellschaftsverfassung.

I

Der Durchbruch erfolgte in zwei Schüben: Der erste ist noch vergangenheitsorientiert, nimmt aber von einer ganz modernen Fragestellung seinen Ausgang: ein Rückzugsgefecht des Historismus; der zweite verläßt den Boden der Geschichte und öffnet den Blick auf eine Zukunft, deren wesentlichster Zug es ist, in nichts dem zu gleichen, was in der Vergangenheit gewesen ist.

Für den ersten Schritt ist wohl Ralf Dahrendorfs *Gesellschaft und Demokratie in Deutschland*, Piper 1965, der beste Beleg. Die »Deutsche Frage« wird gestellt und beantwortet in den Koordinaten der sich entfaltenden Industriegesellschaft, wodurch ein entscheidender Ansatzpunkt für das Verständnis deutschnationaler Sonderheiten und Mißstände freigelegt wird, der, wenn auch keineswegs neu, so doch immer wieder ideologisch eingenebelt wurde: die »deutsche Misere« findet ihre Erklärung in dem deutschen Unvermögen, ihre Gesellschaftsstrukturen und staatlichen Institutionen an die sozialen und technologischen Bedingungen der werdenden Industriegesellschaft anzupassen, wie dies die anderen großen Industriestaaten revolutionär oder evolutionär getan haben. Darauf beruht eine spezifisch deutsche »Rückständigkeit«, die zu Zeiten Heines und Marx' strukturell wohl dieselbe war wie zu Zeiten Max Webers und Thomas Manns. Ein entwicklungs-geschichtliches »time lag« gewissermaßen, das sich zu einem »cultural lag« auswächst.

Die Hitlersche Ära erscheint in dieser Sicht geradezu als ein später Versuch der radikalen Modernisierung, sowohl was die Technik als was die »Demokratie« betrifft: als Vorgriff auf Möglichkeiten der industriellen Massengesellschaft. Zum Verständnis der Monstrositäten der Hitlerära, von Belsen und Auschwitz, von Himmler und Eichmann, genügt die Theorie vom »time lag« freilich nicht, wenn sie auch vieles, was sich in den letzten 150 Jahren in Deutschland ereignet hat, in einem neuen klärenden Licht zeigt und endlich auch den sozialökonomischen Ansatz der Marxschen Gesellschaftskritik rezipiert –

dem einzigen positiven Instrument einer brauchbaren Deutschlandkritik, dessen sich nur niemand so recht bedienen wollte. Doch auch der Marxismus und seine ökonomische Theorie des Faschismus als Epiphänomen des Spätkapitalismus reicht nicht aus, das Ereignis Hitler zu erklären, und bleibt historisch. Ein weiterer heuristischer Zugriff war vonnöten: ebenfalls von der Problematik der Industriegesellschaft ausgehend, doch nicht mehr von ihrer Geschichte.

Er wurde gefunden. Das Unbehagen am Bonner Staat lenkte den Blick auf gewisse Abnormitäten, die – wenngleich sie zunächst als »typisch« deutsch erschienen – überhaupt erst im Rahmen einer kritischen Theorie der gegenwärtigen Gesellschaft analysiert werden konnten: die autoritäre Alleinherrschaft eines Greises, die Manipulierung der politischen Meinung bis hin zum Denkverbot in Fragen der deutschen Grenzen, der neurotische Charakter des Wohlstandsfetischismus, der Refus, Konsequenzen aus dem Hitlerschen Debakel zu ziehen, die Unfähigkeit, die Verbrechen von Auschwitz zu »bewältigen«, die Perpetuierung eines unreflektierten Anti-Bolschewismus – das war doch wohl alles nur möglich in einem Gesellschaftssystem, in dem die Herrschaft über die Massen darum so perfekt funktioniert, weil den Machthabern technisch alle Mittel dazu an die Hand gegeben sind, die Massen ihrerseits aber die Unterwerfung willig akzeptieren, weil ihre materiellen Bedürfnisse voll befriedigt, ihre moralischen aber verkrüppelt sind. Die »eindimensionale Gesellschaft« kam in den Blick – doch nicht in der Optik der deutschen »Kulturkritik«, sondern als Weltphänomen. Wie steht es mit den Entwicklungschancen des einzelnen in der modernen Industriegesellschaft, deren geistige und materielle Virtualitäten alles übertreffen, was die Menschheit je gekannt hat? Begünstigt der von den ihr eigenen Produktionsbedingungen ausgehende Zwang zur Konformität und zum Konsum nicht ungeahnte neue Grade der Herrschaft? Findet die Unterbindung weiterer möglichen Fortschritts nicht im Mitläufertum des materiell gesättigten und geistig ferngesteuerten einzelnen, der längst auf jedes Mitspracherecht verzichtet hat, seine Bestätigung? – Kurzum, es tauchten Fragen auf, von deren Beantwortung her auch gewisse Aspekte der Hitlerära ihr Mysterium preisgaben, wie Teile eines Puzzles, dessen Grundmuster einsichtig geworden ist.

Der entscheidende Schritt des deutschen Selbstverständnisses, seine Befreiung von der Geschichte oder, besser gesagt, vom Historismus, ist nun aber nicht – wie man vermuten sollte – vollzogen worden von der deutschen Soziologie, wenn auch die Rezeption der amerikanischen Sozialwissenschaften, die von der Kritik an *amerikanischen* Verhältnissen ihren Ausgang nahm (das Studium der Riesman, Mill, White, Galbraith), das Terrain für die erstaunliche Wendung bereitet hat. Nein, der Durchbruch zur adäquaten Deutung der neuartigen sozialen Problematik der Industriegesellschaft, und von dort her zur schlüssigen, man darf fast vermuten, definitiven Aufklärung gewisser spezifisch nationaler Abnormitäten, als Zugabe gewissermaßen, als spill-over, wurde geleistet, man kann geradezu sagen: wurde erzwungen von der *Psychoanalyse*. Wer hätte das gedacht?

Diskreditiert, diffamiert – was natürlich immer nur die Richtigkeit ihrer Erkenntnisse bewies – hat diese sublimste Leistung des okzidentalen Szientismus, entstanden in einem Moment, in dem sich die deutsche Gesellschaftswissenschaft schon hoffnungslos in die Sackgasse geistes-wissenschaftlichen »Verstehens« verrannt hatte, besser: in sie ausgewichen war – hat dieser in der Emigration großgewordene wissenschaftliche Paria das Instrumentarium für den Kaiserschnitt geliefert, der die Deutschen endlich aus ihrer »outsider«-Stellung erlöst, indem er ihnen nunmehr erlaubt, ihre spezifische geschichtliche Erfahrung als interessante Mitgift in das Gespräch der Völker über ihre Zukunft einzubringen. Welch Triumph!

II

Das Buch, mit dem die entscheidende Wendung, wenn nicht vollzogen, so doch sichtbar wurde, sind Alexander und Margarethe Mitscherlichs Studien über »Grundlagen kollektiven Verhaltens«, die unter dem Titel *Die Unfähigkeit zu trauern* (Piper

1967) im vorigen Jahr veröffentlicht und inzwischen sogar zu einem buchhändlerischen Erfolg wurden, der als solcher symptomatisch ist. Sie vollziehen methodisch und systematisch den Schnitt, der sich in Büchern wie Margret Boveris: *Wir lügen alle*, und Horst Krügers: *Das zerbrochene Haus* ankündigte: von individualpsychologischen Erfahrungen und Analysen her Zugang zum Verständnis sozial-pathologischer Zustände zu gewinnen.

Das Buch der Mitscherlichs gibt eine Vorstellung von der Arbeit, die die Psychoanalyse zu leisten im Stande ist, wenn sie diesen Schritt von der individual- zur kollektivpsychologischen Analyse vollzieht. Das ist kein Kinderspiel. An der großen, von den Autoren selbst empfundenen Schwierigkeit, sich auszudrücken, erkennt man die Widerstände, die noch zu überwinden sind, nicht nur im Leser. Das ist wohl eine Generationsfrage: Die Mitscherlichs müssen das ihnen und uns von den Vätern eingepflanzte Mißtrauen gegen die Psychoanalyse niederkämpfen; nur so erklärt sich auch die dogmatische Härte, mit der sie die nuova sciencia anwenden. Doch das nur nebenbei. Man wohnt einer Operation bei, die im blendenden Schein der Tiefstrahler mit größter Präzision durchgeführt wird, und sieht, wie den Operateuren der Schweiß von der Stirne perlt. Dabei tritt einem selbst der Angstschweiß auf die Stirn. Die Verbissenheit, den Patienten zur Selbsteinsicht zu zwingen, wird nur übertroffen durch die Disziplin, mit der sich der Arzt im Autor dazu zwingt, die Behandlung durchzusetzen und den Durchbruch zum Kern der gesellschaftlichen Problematik zu erzwingen: die Aufdeckung des sexualpathologischen Grundmusters.

Die Antinomien von Triebdynamik und »Kulturfähigkeit« des Menschen erscheinen auf dem Niveau der voll entfalteten Industriegesellschaft in neuem Licht. Zum ersten Mal können sie rationell erfaßt, zum ersten Mal aber auch wissenschaftlich manipuliert werden. Die Alternative von Selbstzerstörung und Selbstentfaltung bekommt über das Einzelschicksal hinaus eine sozialpolitische Wendung. Von ihrer sexualpathologischen Symptomatik her wird es klar, daß das rein soziologische oder gar historische Verständnis der Industriegesellschaft und ihrer

Entwicklungsgeschichte nicht ausreicht, um zu begreifen, was eigentlich auf dem Spiele steht, genausowenig wie es ausreichte, das Phänomen Hitler zu deuten.

Es ist nun aber keineswegs so, als würde eine irgendwie vorhandene »Theorie der Industriegesellschaft« durch die Psychoanalyse vertieft und befruchtet werden. Es verhält sich vielmehr umgekehrt: Erst und nur dank der Psychoanalyse erkennen wir eine neue, vielleicht die entscheidende Dimension der Industriegesellschaft, die bisher aus eben den Gründen im Dunkel geblieben war, die Ursache ihrer Entartungserscheinungen sind. Man kann sagen: Der Widerstand gegen die von der Psychoanalyse geleistete rationelle Erhellung ihrer Triebstruktur ist genau der Punkt, an dem der revolutionäre Protest gegen den repressiven Charakter der Industriegesellschaft sich rechtens entfaltet. Das ist in Amerika nicht anders als in Frankreich oder Deutschland. Es scheint so, als entfalte die Psychoanalyse ihre volle heuristische Kraft überhaupt erst in dem Augenblick, in dem sie den Schritt von der Individual- zur Kollektivpsychologie, zur Soziologie also, vollzieht; eine Entwicklung übrigens, die der des Marxismus analog wäre, der erst in dem Übergang vom nationalen zum internationalen Klassenkampf, vom Bürgerkrieg zum Weltbürgerkrieg seine ganze Virulenz entwickelt.

Ein Vergleich des Buches der Mitscherlichs mit dem etwa gleichzeitig erschienenen Band von Gert Kalow *Hitler, das gesamtdeutsche Trauma* (Piper 1967) macht die Wende, von der wir sprachen, sehr anschaulich. Kalow bezeichnet nämlich sehr genau die Stelle, an der ein kritisches Bewußtsein, das an der Psychoanalyse geschult ist, sich freikämpft von den Fesseln geistesgeschichtlicher und geschichtsphilosophischer Denkgewohnheiten, um, wenn auch noch mehr intuitiv als wissenschaftlich, die psychologische und soziologische Struktur der Industriegesellschaft mit den Kategorien der Psychoanalyse aufzuhellen.

Die technisch-heuristische Unzulänglichkeit geistesgeschichtlicher Interpretation wird thematisch in einer ungemein mühseligen Auseinandersetzung mit der Geschichtsphilosophie deutlich. Sie überzeugt vor allem dadurch, daß an vielen

Stellen das subjektiv Unverbindliche geistesgeschichtlicher Zusammenhangskonstruktionen bis ins Karikaturale demonstriert wird. Man applaudiert dem Autor für die essayistische Brillanz, verargt ihm ein wenig, daß er sich zeitweise auf Kosten seiner Leser zur Klarheit durchringt, freut sich hier und da über eine gute Formulierung, ein nicht bereits zu abgedroschenes Zitat, schüttelt dann wieder den Kopf – und weiß vor allem: Alles könnte so, aber auch genau andersherum stimmen. Die Zeit der universal-historischen Alleingänge – von den Voreiszeiten bis zu Hitler – ist offensichtlich mit der Generation der Alfred Weber, Jaspers und Toynbee endgültig vorüber. Und es ist das Verdienst von Kalow, dem Leser und sich dieses Eingeständnis in puncto Hitler abzuringen. Hintergrund dafür ist natürlich die Historismuskritik zweier Generationen, die etwa in Karl R. Popper ihren prominentesten Exponenten hat (vgl. insbesondere sein Werk *Das Elend des Historizismus*, J. C. B. Mohr 1965). Die Stringenz, die kein noch so gescheites Arrangement von Vergangenheitsresiduen erzwingen kann, bekommt Kalows Analyse zeitgenössischer Zustände und Mißstände in dem Moment, in dem er die Mittel der Tiefenpsychologie zur Anwendung bringt. Die Frage »wie war es möglich« findet eine Antwort in der Aufdeckung eines komplizierten, aber einsichtigen Mechanismus von Identifikationen, Verdrängungen und Projektionen, dessen Ablauf verifizierbar ist – und zwar nicht, weil uns die Hitlerära noch deutlich in Erinnerung ist (und schon gar nicht, weil ein frühes Heinezitat sich darauf beziehen läßt), sondern weil dieser Mechanismus heute besser funktioniert denn je.

III

Deutlich wird – und es ist das Verdienst eines anderen Buches dieser neuen Welle, Hermann Glasers interessante Studie *Eros in der Politik* (Verlag Wissenschaft und Politik, 1967), dies aufgezeigt zu haben –, daß sich parallel zur industriellen Revolution, mit ihr verflochten bzw. durch sie bedingt und zugleich sie bedingend, eine »sexuelle Revolution« vollzogen hat, deren politische, soziale und sozialpolitische Auswirkungen bis heute auf sträfliche Weise mißachtet wurden.

Die Sexualtheorie wird Teil einer sozialen Pathologie, die Gesellschaftswissenschaft kann ohne die Psychoanalyse nicht mehr auskommen. Das wußte man natürlich schon früher. Erinnern wir nur an Wilhelm Reich, dessen *Massenpsychologie des Faschismus* schon 1934 erschienen ist und den weder Glaser noch die Mitscherlichs zitieren (warum?). Doch scheint sich jetzt erst die Einsicht durchzusetzen, daß man es nicht mit spezifisch deutschen Abnormitäten, sondern mit Grundproblemen der modernen Gesellschaft zu tun hat, die man mit den historischen Kategorien nicht mehr in den Griff bekommen kann. Tatsächlich sind Herbert Marcuses Analysen der Psychoanalyse mehr verpflichtet als Hegel und Marx.

Herrscht aber erst einmal Einverständnis darüber, so wird die Vergangenheitsbewältigung zum Teil eines therapeutischen Unternehmens, dessen Ziel die Bewältigung der Zukunft ist. Was für die Deutschen heißt, daß ihre Problematik aufgehoben wird in die neue Weltproblematik, für die der Krieg in Vietnam bedeutsamer ist als Hitler. Und es ist sicher mehr als reine Koinzidenz, daß der neue »approach« in der Deutschland-Frage zusammenfällt mit den Studentenrevolten. Den Hintergrund für die Aufnahme der Mitscherlichschen Thesen gibt zweifellos die Rezeption der Synthese von Freud und Marx ab, die vom Institut für Sozialforschung in New York während der Hitler-Ära vollzogen wurde und ohne die auch der SDS undenkbar wäre. Ein schönes Beispiel von »withdrawel and return«.

Hinter der Fassade der Wohlfahrtsstaat- und der Freizeit-Gesellschaft erkennt eine aufsteigende Generation jetzt, daß die Herrschaftsstrukturen dieser Gesellschaft keineswegs so fortschrittlich sind wie ihr Konsumangebot und ihre Technologie. Sie revoltiert gegen einen Konformismus, dessen sexualpathologischer Ursprung für sie evident ist und dessen Skandal nicht mehr die Ausbeutung der menschlichen Arbeitskraft, sondern die Verhinderung der möglich gewordenen Selbstentfaltung, der »Emanzipation des Menschen zur Freiheit« ist. Vor unseren Augen entfaltet diese Generation das faszinierende Bild einer Weltgesellschaft, deren Institutionen nicht mehr durch Triebverdrängung geprägt wäre, die notwendig zu Individual- und Kollektivneurosen und aggressiven Zwangshemmungen führen, sondern durch die zur Daseinserfüllung drängenden Kräfte der »Libido«. Die historische Bedeutung der studentischen Unruhen liegt sicher darin, daß mit ihnen die deutsche Jugend aus dem Zirkel des deutschen Provinzialismus heraustritt, um ihr Selbstverständnis in planetarischer Dimension zu finden.

IV

Nun sind diese Studenten bisher nur eine kleine Minorität. Wer wissen will, wie es mit der »oppressiven Majorität« steht, muß zu dem Buche von Klaus Mehnert *Der deutsche Standort* (Deutsche Verlags-Anstalt 1967) greifen. Es liefert die Gegenprobe auf die Richtigkeit unserer Überlegungen.

Gemessen an der Anstrengung, mit der Kalow und die Mitscherlichs versuchen, in die Tiefe zu dringen, ist seine Oberflächlichkeit entwaffnend. Die auf 100000 angesetzte erste Auflage wäre eine Unverschämtheit, wenn sie nicht so signifikativ wäre. Mehnert sagt nämlich der Masse der Deutschen nicht, was sie hören sollten, sondern was sie gern hören wollen. Die Weise, in der er es tut – peinlich darauf bedacht, niemandem weh zu tun, alle Lebenslügen zu streicheln, ohne selber zu lügen, Balsam in die Wunden zu träufeln und sie dann sorgfältig zu verbinden –, ist eine Meisterleistung: das Ad-absurdum-Führen der Geschichte durch richtig kalkulierte Geschichtsklitterung.

Erstaunlich ist dabei, daß Mehnert in seinem Buch zu denselben Ergebnissen kommt wie Kalow und die Mitscherlichs. Er weiß, worum es geht: den Aufbruch in die industrielle Weltgesellschaft. Er ist auch bereit, alle dazu nötigen Konsequenzen zu ziehen: Anerkennung der Niederlage, der Grenzen, echte Demokratie, internationale Kooperation. Seine Methode ist nur die genau umgekehrte: Er will den Leser nicht zur Einsicht in seine Krankheit zwingen, zu der er weder bereit noch fähig ist, sondern sie ihm erträglich machen. Er macht es dem Leser leicht. Daß er dabei aber weiß, was er tut, wird an der Stelle deutlich, wo er einen Arzt zitiert, der sagt: »Ich überlege es mir dreimal, ob ich einem Patienten den Gesichtsausschlag heile, der vielleicht sein sicherster Schutz gegen eine Neurose ist.« Das ist durchaus therapeutisch gedacht.

Man ist geneigt, vom Buche Mehnerts zu sagen, was Karl Kraus von der Psychoanalyse sagte – nicht sein einziges Fehlurteil, man denke nur an »Mir fällt zu Hitler nichts ein« –: »Es ist die Krankheit, für deren Therapie es sich hält.« Denn mit seinem genau vorausberechneten und vorausberechenbaren Erfolg spiegelt es eben die Krankheit, um deren Therapie es geht. Ist aber die individual-psychologisch zu fordernde kathartische Selbsterkenntnis ein gesellschaftspolitisch brauchbares Verfahren? Psychoanalyse als Instrument der Gesellschaftswissenschaft ist eins. Als Mittel der Massenaufklärung ist sie noch nicht erprobt. Die Diskrepanz zwischen Theorie und Therapie ist ein bekanntes Problem. Vielleicht gilt, in dem Augenblick, in dem eine kühne Minderheit der Deutschen zu neuen Horizonten aufbricht, für den auf dem Absterbeetat stehenden Rest, mit dem wir aber leben müssen, der alte Psychoanalytikerwitz: »Besser gut verdrängt, als schlecht analysiert.«

Quellenverzeichnis

Werner Sombart: Sozialismus und soziale Bewegung im 19. Jahrhundert:
Vorwort zur Neuauflage des gleichnamigen Buches, Wien 1966
Max Weber und Otto Gross: Zum Verhältnis von Wissenschaft, Politik und Eros im Wilhelminischen Zeitalter: Erstveröffentlichung in *Merkur*, Oktober 1976
Freuds Vienna: Erstveröffentlichung in *Merkur*, Februar 1977
Walther Rathenau – Maximilian Harden: Erstveröffentlichung in *Süddeutsche Zeitung*, 17./18. 5. 1984
»Kein Nationalstaat«: Erstveröffentlichung in *Die Zeit*, 12. 10. 1984
Kaiser Wilhelm II in neuer Sicht (1): Erstveröffentlichung in *Frankfurter Allgemeine Zeitung*, 27. 1. 1979
Kaiser Wilhelm II in neuer Sicht (2): Erstveröffentlichung in *Frankfurter Allgemeine Zeitung*, 17. 2. 1980
Fürst Philipp zu Eulenburg-Hertefeld (1): Erstveröffentlichung in *Merkur*, Juni 1980
Fürst Philipp zu Eulenburg-Hertefeld (2): Erstveröffentlichung in *Die Zeit*, 8. 3. 1985
»Prinz Kuckuck«: Rundfunkbeitrag des *Senders Freies Berlin* vom November 1984
Räuber und Gendarmen: Erstveröffentlichung in *tageszeitung*, 11. 9. 1984
Ernst Jünger: Der Arbeiter: Erstveröffentlichung in *Frankfurter Hefte*, Juni 1965
Winifried Wagner: Erstveröffentlichung in *Merkur*, Dezember 1975
Wir sind mit Hitler noch lange nicht fertig: Erstveröffentlichung in *Frankfurter Allgemeine Zeitung*, 19. 11. 1977
Alfred Weber: Der dritte oder der vierte Mensch: Erstveröffentlichung in *Frankfurter Allgemeine Zeitung*, 12. 8. 1977
Carl Schmitts Endspiel: Der Partisan: Erstveröffentlichung in *tageszeitung*, 16. 9. 1985
Vom Historismus zur Psychoanalyse: Erstveröffentlichung in *Merkur*, Juli 1968

Martin Greiffenhagen

Propheten, Rebellen und Minister
Intellektuelle in der Politik
1986. 236 Seiten mit 36 Abbildungen. Geb.

Intellektuelle haben häufig mit Politik zu tun. Die Rollen, die sie dann spielen, sind höchst unterschiedlich und waren es stets. Intellektuelle haben Macht ausgeübt, direkt oder indirekt; sie haben Macht kritisiert, heimlich oder offen; sie waren Berater und Erzieher von Politikern; sie wurden bezahlt und bestochen, um Meinungen zu verbreiten, zu verändern oder zu unterdrücken; sie haben für politische Loyalität gesorgt, aber auch Revolutionen vorbereitet; sie haben politische Theorien erfunden; sie haben Reden gehalten und Reden für andere geschrieben. Intellektuelle haben Ideale errichtet und verraten, sie haben für Ideen ihr Leben oder das Leben anderer geopfert – alles im Umkreis politischer Macht.

Vom selben Autor liegt vor:

Von Potsdam nach Bonn
Zehn Kapitel zur politischen Kultur Deutschlands
1986. 246 Seiten. Kt.

»Souverän beschreibt er die Bedeutung der deutschen Intellektuellen; brillant ist der Essay über das evangelische Pfarrhaus als Ur- und Vorbild bürgerlicher Kultur in Deutschland. Auch die deutsche Zweigeteiltheit und die daraus erwachsenden Divergenzen wie Ähnlichkeiten der Entwicklung behandelt Greiffenhagen mit erfrischendem Pointenreichtum.«

Westdeutsche Allgemeine

Brigitte Hamann

Bertha von Suttner
Ein Leben für den Frieden
1986. 552 Seiten mit 29 Faksimiles im Text und 16 Tafeln. Leinen

Die Umfrage einer Berliner Zeitung brachte es an den Tag: Bertha Freifrau von Suttner (1843–1914) galt im Jahr 1900 ihren Zeitgenossen als berühmteste Frau der Welt. Sie war die Begründerin der deutschen, österreichischen und ungarischen Friedensgesellschaft, kämpfte genauso leidenschaftlich gegen den Antisemitismus und die Unterdrückung der Frauen wie sie für den Frieden und die internationale Verständigung Partei ergriff. Die zahllosen Artikel und Aufsätze, die sie über diese Themen schrieb, hatten sie zur prominentesten politischen Journalistin ihrer Zeit gemacht. Ihr Roman »Die Waffen nieder!« (1889) wurde zum Bestseller, verschaffte ihr Weltruhm und gewann weite Kreise für die Friedensbewegung.
Ihrer Initiative ist es zu verdanken, daß der Friedensnobelpreis gestiftet wurde, den sie 1905 als erste weibliche Preisträgerin verliehen bekam. Zu ihren engen Freunden zählten Alfred Nobel und Theodor Herzl, Andrew Carnegie und Albert I. von Monaco. Ihre Vortragstätigkeit zur Verbreitung des Friedens- und Abrüstungsgedankens führte sie durch ganz Europa und bis in die USA. Ihren Tod kurz vor Ausbruch des Ersten Weltkriegs begriffen viele als Symbol des Untergangs einer Welt, die nicht von Macht und Waffen, sondern von Vernunft und Toleranz geprägt sein sollte.
Brigitte Hamann hat nicht nur den gesamten in Genf befindlichen Nachlaß der Suttner aufgearbeitet, sondern auch Material aus den Archiven in Wien, Jerusalem, Stockholm und Tiflis. Außerordentlich einfühlsam, aber nie unkritisch, fügt sie so aus Tagebüchern und Briefen sowie aus dem schriftstellerischen Werk ein facettenreiches Bild Bertha von Suttners zusammen: ihre Jugend in Prag und Wien, die Spielleidenschaft der Mutter, ihre Arbeit als Gouvernante im Hause Suttner, ihre romantische Liebe zu ihrem späteren Mann Arthur, die gemeinsame Flucht in den Kaukasus, ihr wachsendes und sie endlich ganz ausfüllendes Engagement für die internationale Friedensbewegung.
Indem Brigitte Hamann den politischen und sozialgeschichtlichen Hintergrund der Zeit mit einbezieht, entwirft sie nicht nur ein Panorama der untergehenden Donau-Monarchie am Vorabend des Ersten Weltkriegs, sondern sie macht auch auf bestürzende Weise die Parallelen zwischen der heutigen Situation und den damaligen Diskussionen und Entwicklungen bewußt. Deutlich wird, wie gefährlich es sein kann, auf die Abschreckungswirkung moderner Waffen, auf ihren kriegsverhindernden Charakter zu vertrauen.

PIPER

Herbert Meschkowski

Jeder nach seiner Façon
Berliner Geistesleben von 1700 bis 1810.
1986. 303 Seiten mit zahlreichen Abbildungen. Leinen

Dieses Panorama des frühen Berliner Geisteslebens, in dem monarchische Toleranz, bürgerliches Selbstbewußtsein und die französische Aufklärung Leitmotive sind, erscheint rechtzeitig zur 750-Jahr-Feier der ehemaligen Reichshauptstadt 1987. Die Begrenzung der Darstellung auf die Jahre 1700–1810 ist absichtsvoll: Die Gründung der »Societät« durch Leibniz setzt einen Anfang zu neuem geistigen Leben in der preußischen Hauptstadt; mit der Entstehung der Universität in Berlin und den damit neu einströmenden, vielseitigen Einflüssen klingt diese Epoche des Berliner Kulturlebens aus. Der Berliner Mathematiker Herbert Meschkowski ist mit seinem Buch bewußt über die Grenzen seiner eigenen Fachwissenschaft hinausgegangen. Wie bereits in seinen Darstellungen der Geschichte der Mathematik gelingt es dem Autor glänzend, kulturelle und geistesgeschichtliche Zusammenhänge darzustellen. Der Text ist zitat- und anekdotenfreudig und zeugt von der Belesenheit, Sachkunde und Kompetenz des Autors. Der Leser sieht sich – bei höfischen Tafelrunden, bei Akademiesitzungen, in Salons und Kaffeehäusern – einem bunten Kaleidoskop von Personen gegenüber, die nicht nur das Berliner und das preußische, sondern anhaltend auch das deutsche Geistesleben geprägt und beherrscht haben.

PIPER

Michael Stürmer

Dissonanzen des Fortschritts
Essays über Geschichte und Politik in Deutschland
1986. 338 Seiten. Geb.

Vierzig Jahre nach Kriegsende erinnern sich die Deutschen wieder einer Angelegenheit, welche die Nachbarn nie vergaßen: der Deutschen Frage als Problem der Gestaltung Europas und der Rolle der Deutschen darin. Zwischen Patriotismus und Neutralismus – wohin treibt das deutsche Nationalgefühl, und wohin wird es getrieben?
Was folgt aus der jüngeren europäischen Geschichte für die Bundesrepublik Deutschland? Was hat es mit dem so verführerischen wie gefährlichen »deutschen Sonderweg« auf sich? Was bedeutet heutzutage Geschichtsbewußtsein? Ist aus der Geschichte nur zu lernen, daß nichts aus ihr gelernt wird? Der Autor plädiert dafür, die europäischen Bedingungen deutschen Daseins und Denkens endlich zu einem Hauptthema des politischen Diskurses zu machen. Es geht um politische und historische Standortbestimmung.
»Die Essays, die dieser Band zusammenfaßt, erinnern im ersten Teil an alteuropäische Lebensformen, die weit genug zurückliegen, daß in dem Kontrast von humaner Nähe und historischer Fremde ein Leitmotiv heraustritt: wie altmodisch der Mensch blieb in den Fortschrittswelten der Moderne. Der zweite Teil des Bandes rekapituliert Aufstieg und Fall des deutschen Nationalstaats vom ersten Scheitern 1848/49 über den Triumph von 1871 bis zu Hybris und Nemesis des 20. Jahrhunderts. Und endlich erinnern diese Essays an die Gegenwart: die Entstehungsbedingungen des heutigen Weltsystems in den Jahren 1944 bis 1948, ihren Entscheidungslagen seitdem und ihre offenen Horizonte.« (aus der Einleitung)

Vom selben Autor liegt vor:

Herbst des alten Handwerks
Meister, Gesellen und Obrigkeit im 18. Jahrhundert
1986. 360 Seiten mit 12 Abbildungen.
Serie Piper 515

PIPER

John Bowle

Geschichte Europas
Von der Vorgeschichte bis ins 20. Jahrhundert
Aus dem Englischen von Hainer Kober. 2. Aufl., 18. Tsd. 1985.
720 Seiten. Serie Piper 424
(Auch als gebundene Ausgabe lieferbar)

Dieses Werk des Oxforder Historikers ist eine umfassende, ungemein spannend erzählte Darstellung der Geschichte Europas in einem Band, für die es auf dem deutschen Markt kein zweites Beispiel gibt. Gestützt auf eine Fülle von Quellenmaterial und reiche Literaturkenntnis gelang Bowle eine meisterhafte Beschreibung der miteinander verwobenen Strömungen der verschiedenen Kulturen Europas.
Wir erleben die stete Wechselwirkung von Politik und Kultur. So entfaltet sich vor unseren Augen das ganze Spektrum der europäischen Geschichte von prähistorischer Zeit bis hin zur neuzeitlichen Entwicklung von Nationalstaat und Demokratie nach der industriellen Revolution.
Bowle endet seine Darstellung mit dem Jahr 1939.

»Bowles Fähigkeit, anschaulich und engagiert Tatsachen und Zusammenhänge zu verdeutlichen, der trockene Witz seiner historischen Porträtkunst, die Entschiedenheit des Urteils, aber auch die keineswegs nur den Deutschen geltende Skepsis machen sein Werk in einer Zeit ›maschinenseliger Neobarbarei‹ vor allem als Einführung junger Menschen in die Geschichte so wichtig. Denn seine ›Geschichte Europas‹ ist nicht nur beschauliche Lust an Altem und Anekdotischem, ein Karneval der Kuriositäten, ein Führer zu großen Kunstwerken, eine Entdeckungsreise zu fernen und fremden Kontinenten der Zeit, sondern ebenso und vor allem ein Memento der Macht: Erinnerung an Versäumtes, Abrechnung mit blinden Gewalten und verblendeten Gewalthabern, Mahnung für die Zukunft, die einem Kontinent gilt, der einst der Welt die Gesetze gab und jetzt nur noch die Klinken- und Schuhputzer der Supermächte zu stellen scheint.« Der Spiegel

PIPER

Pipers Handbuch der politischen Ideen
Herausgegeben von Iring Fetscher und Herfried Münkler

Bereits erschienen:

Band 3
Neuzeit: Von den Konfessionskriegen bis zur Aufklärung
1985. 670 Seiten. Leinen

Band 4
Neuzeit: Von der Französischen Revolution bis zum europäischen Nationalismus
1986. 646 Seiten. Leinen

In Vorbereitung:

Band 1
Frühe Hochkulturen und europäische Antike

Band 2
Mittelalter: Von den Anfängen des Islams bis zur Reformation

Band 5
Neuzeit: Vom Zeitalter des Imperialismus bis zu den neuen sozialen Bewegungen

»Pipers Handbuch der Politischen Ideen« bietet in 5 Bänden einen umfassenden Überblick über die Geschichte politischen Denkens von den frühen Hochkulturen bis zu den neuen sozialen Bewegungen unserer Zeit. In der Darstellung des Wechselspiels von Denken und Gesellschaft entsteht zugleich ein lebendiges Bild der Zeiten. Ein unentbehrliches Werk für Forschung und Lehre, aber auch für alle politisch, historisch und philosophisch Interessierten.

PIPER